戦略的サプライチェーンマネジメント

競争優位を生み出す5つの原則

ショシャナ・コーエン
Shoshanah Cohen
ジョセフ・ルーセル
Joseph Roussel
尾崎正弘・鈴木慎介 監訳

Strategic Supply Chain Management

The Five Disciplines for Top Performance

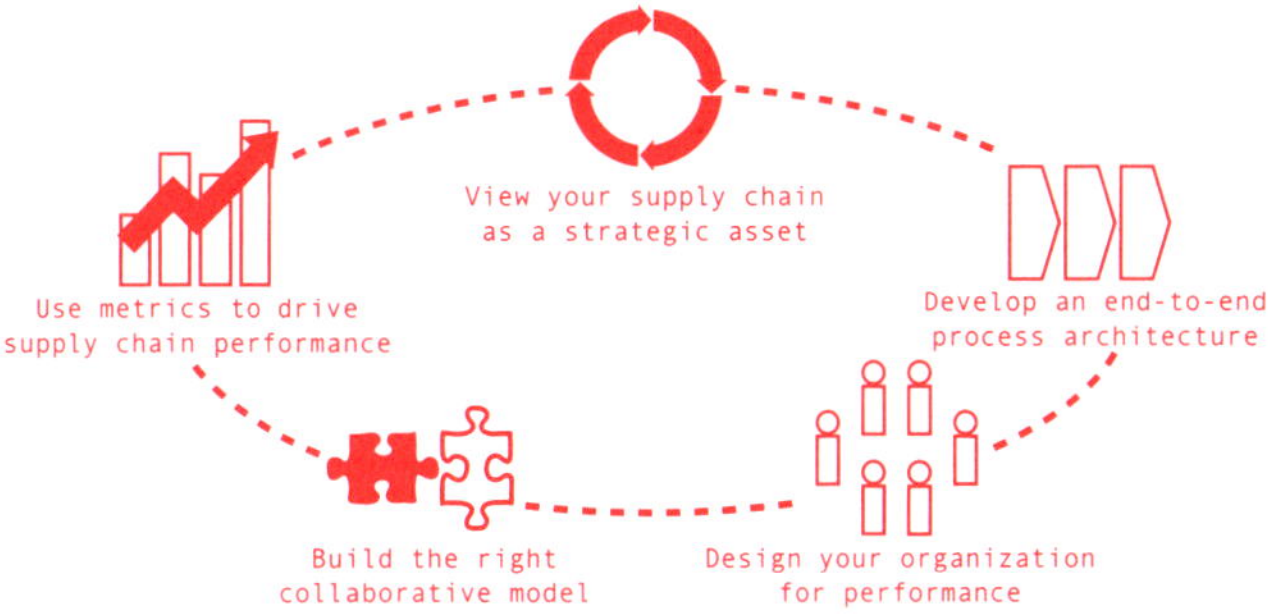

英治出版

Strategic Supply Chain Management, Second Edition

The Five Disciplines for Top Performance

by Shoshanah Cohen & Joseph Roussel

監訳者まえがき

最先端の配送システムで勝負するアマゾン。売れている商品を迅速に世界中の店舗に揃えるザラ。圧倒的な品質で人々を魅了するレクサス（トヨタ）。だれもが知っているこれらの企業の共通点――それは、ビジネス戦略と合致した、強力なサプライチェーンの存在である。

マネジメントコンサルタントとして15年以上にわたり、製造業の戦略・オペレーション革新に取り組んできた中で、近年、日本企業にとってサプライチェーンマネジメント（SCM）の重要性がますます高まっていると感じる。

実際、企業実務者の方々とディスカッションすると、多くの企業がSCMに関する課題に直面しており、なかでもよく耳にするのは、「以前はできていたはずのSCMの基本動作ができなくなっている」という声である。生産サイドから販売チャネル上の在庫状況が、販売サイドから工場の供給キャパシティーの実態が見えなくなっていると言うのだ。サプライチェーンの上流から下流までを情報共有し、規律を持ってオペレーションを同期させるというSCMの「基本」、上流から下流までの情報の透明化・可視化という「はじめの一歩」ができていないのである。

このことは、現代のサプライチェーンが以前に比べて格段に複雑性を増したからに他ならない。すなわち、ここ10年間で多くの日本企業は更なるグローバリゼーションに舵を切り、生産と販売の両面でアジアを中心とした新興国への進出に邁進した。M&Aなどを通じて欧米販売網の強化を図った企業も少なくない。そして、先陣争いの混沌を経て気がつけば、多くの企業において、サプライチェーンの複雑性が自らのSCM能力を超えてしまっていたというわけである。

そうした中で、本書でも例をあげているアマゾンやザラ、レクサスなどの企業、そして本書に事例紹介がされているBASF（世界最大の総合化学メーカー）やエシロール（世界最大の眼鏡レンズメーカー）などは、今日のビジネス環境に適したSCMのあり方を再設計し、複雑性を巧みに管理し、さらには複雑性を差別化につなげている。

一方、後塵を拝している企業の多くは1990年代後半のSCMブームが去った後、SCM改革への興味を失い、その組織能力を高める努力を怠ってしまっているように見える。本書でも繰り返し述べられているように、「SCMとは定期的にそのパフォーマンスを評価し、企業戦略とビジネス環境を踏まえて継続的にアップデートされなければならない」のである。変化・進化を止めるのは衰退を意味することを肝に銘じたい。

本書の特筆すべき点は、筆者の同僚であり、豊富なコンサルティング経験を持つ著者が、戦略的サプライチェーンマネジメントの実践に不可欠な要素を網羅している点である。ビジネス戦略との連携にはじまり、サプライチェーン組織の設計、プロセスアーキテクチャーの開発、社内外とのコラボレーションの構築、メトリクスを用いたパフォーマンス測定まで、サプライチェーンの変革を志す人にとって、常に手元に置いておきたい一冊と言えるだろう。

ＳＣＭとは、調達から販売・サービスにおよぶ企業のビジネスオペレーション（価値創造プロセス）そのものとも言える。すなわちＳＣＭ能力とは、イノベーションや顧客体験、品質、コストといった自社の強みを支える「競争力の基盤」なのである。本書が次代を担うビジネスパーソンの変革への取り組みに貢献できればと切に願っている。

２０１５年１月　プライスウォーターハウスクーパース ＰＲＴＭ

マネジメントコンサルタンツジャパン

代表パートナー　尾崎正弘

目次

戦略的
サプライチェーン
マネジメント

戦略的
サプライチェーン
マネジメント

第1章

原則 1

サプライチェーンとビジネス戦略の連携

企業の経営陣は、取締役会や株主から、現実世界で確実に機能するビジネス戦略の策定を強く迫られている。実行可能なビジネス戦略の鍵を握るのは、事業のあらゆる面をしっかりとサポートし、なおかつ今日の市場環境のめまぐるしい変化に機敏に対応できるサプライチェーン戦略である。難しい要求ではあるが、適切にアプローチすることで、企業のサプライチェーンは他社との差別化を可能にする真の競争力の源になる。

私たちはいま、経済成長が低迷し、需要が予想外の動きを見せ、コモディティなど主要原材料の価格が乱高下する世界を生きている。この点に異論はないだろう。経済が不安定なこの時代を、多くの著名エコノミストが「ニューノーマル」と呼んでいる①。持続的な成長路線に回帰するには、マクロ経済的な大がかりな調整が必要だ。しかし、さまざまな分野で個々の企業がアクションを起こすことも求められている。

ニューノーマルの時代に世界規模の成長と収益性を追求するすべての企業にとって、いまやサプライチェーンは極めて重要な資産である。ところが多くの企業では、何らかの不具合——例えば在庫の増大、顧客の不満の高まり、サプライヤーに関する問題——が生じたときにしか、自社のサプライチェーンに目を向けない。もしくは、ベンチマーク分析の結果、自社のサプライチェーンのパフォーマンスが同業他社を下回ることがわかったときだろう。最高の業績をあげる企業は、自社のサプライチェーンを競争上の強みとして活用している。こうした企業では、サプライチェーンで付加価値を生み出し、パフォーマンスをさらに拡大する新しい方法を追求し続けている。そのうえ現状の改善も怠らない。だからこそ、彼らのサプライチェーン——ひいては全社的な業績——は、常に一歩リードしたポジションを保つことができるのだ。

戦略的なサプライチェーンマネジメントを実現するには、さまざまな原則を守る必要がある。中でも重要なのはサプライチェーン戦略だ。優れたパフォーマンスのサプライチェーンを備えた企業は、サプライチェーン戦略を全社的なビジネス戦略と密接に連携させることの重要性を理解している。サプライチェーン戦略によって、他の主要領域（プロセス、組織、コラボレーション、パフォーマンスの測定と管理）に関する意思決定が、かなりの程度まで決まってくることを彼らは知っているから

① Andrew Sentence, "Time for West to Adjust to 'New Normal,'" FT.com, July 30, 2012. Accessed November 1, 2012. http://www.ft.com/intl/cms/s/0/9213d8a4-d4d4-11e1-b476-00144feabdc0.html#axzz2Ay16urJX.

だ。

企業が適切なサプライチェーン戦略を策定するときは、根本的なパラドックスに対処する必要がある。サプライチェーン戦略の全面的な実行には何年もかかる可能性があるが、その一方で、ビジネス環境の変化にすばやく対応していかなければならないのである。長期的判断と短期的判断のバランスをとることは極めて難しい。しかし、戦略に重要な要素を検討しておくことで、いつ問題が浮上しても対処できる準備を整えつつ、将来的な差別化の武器になるサプライチェーンの構築も進めることができる。

コアとなる戦略ビジョン

効果的なビジネス戦略の出発点は、コアとなる戦略ビジョンである。「自社はどのような企業なのか」「どのような企業ではないのか」「今後何をするのか」「今後何をしないのか」という自社のビジネスの境界条件を規定するものだ［図1］。

コアとなる戦略ビジョンは、「自社の全体的な戦略目標は何か」「顧客にどのような価値を提供するか」「市場で自社を差別化するポイントは何か」という3つの問いに答えを出す。サプライチェーン戦略の意思決定では、必ずこれらの答えを踏まえるべきだ。そうしなければ、サプライチェーンのオペレーションは孤立してしまうだろう。

図1　コアとなる戦略ビジョンの境界条件

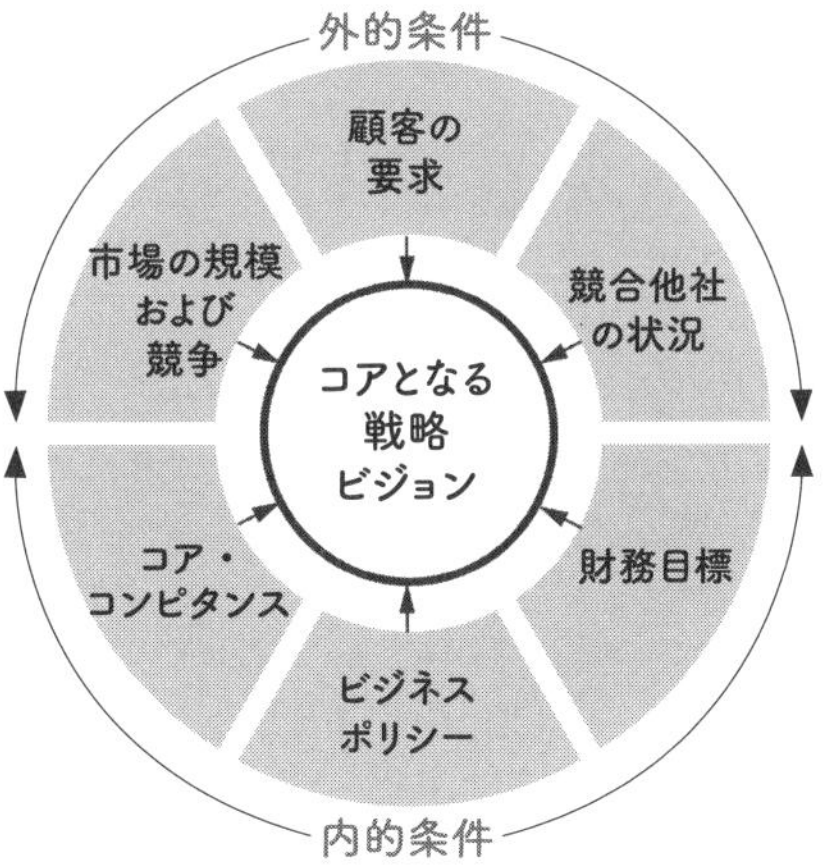

サプライチェーンを競争力として生かす

企業はイノベーション、顧客体験、品質、コストという4つの側面で競い合っている［表1］。どれも大切だが、リーディング企業ではその中の1つを特に重要な競争基盤と位置づけ、その他の要素は競争上のポジショニングを強化するものとして活用している。

ここで肝心なのは、その競争基盤が顧客にとって真に重要な意味があり、競合相手と差別化する強力な武器を与えてくれるものであることだ。この目標を目指すうえで、サプライチェーンは大きな役割を果たしうる。ただし前提として、その企業の競争基盤が、サプライチェーン戦略やそれを補強する領域（プロセスアーキテクチャー、組織、コラボレーション、パフォーマンスの測定と管理）にも反映されている必要がある。

最も優れた企業は、万人にとって最高の企業になることは不可能だと自覚している。企業のサプライチェーン戦略は、その企業にとって最も重要な競争基盤を支えるものでなければならない。とはいえ、戦略は難しいバランスの上に成り立つという点に注意する必要がある。コスト責任者が顧客体験を無視したり、イノベーターが市場での価格の上限を無視したりすることは決して許されない。最も優れたパフォーマンスのサプライチェーンを備えた企業は、サービスレベル、リードタイム、運転資本、コストが相互にトレードオフの関係にあること

表1　サプライチェーンの戦略的資産としての活用

主な競争基盤	製品とサービスの特性	サプライチェーンの主な貢献
イノベーション	最先端・マストアイテム	市場投入までの時間・大量生産までの時間
顧客体験	顧客の特別なニーズに合致	顧客目線で設計されたサプライチェーンとのインタラクション
品質	信頼できるパフォーマンス	調達および生産の卓越性と品質管理
コスト	最低価格	効率的で低コストの構成およびプロセス

を理解し、全体的な戦略ミッションに最もふさわしい意思決定をする。まずフォーカスする領域を決めて、そこで最高のサプライチェーンパフォーマンスを実現することが大切だ。

イノベーションで競争する

イノベーションを競争基盤とする企業は、その業界でのマストアイテムと呼べるような製品やサービスを開発する。イノベーションをリードするアップル、BMW、アルストムといった企業は、顧客の心理を把握する力を持ち、競争を勝ち抜くヒット製品を生み出し続けている。

イノベーションで戦う企業を、サプライチェーンはどのような面で支えているのだろうか。決定的に重要なのは市場投入までの時間である。イノベーションを打ち出すと、すぐにフォロアー企業が現れてシェアの奪い合いになるため、チャンスはごく限られているかもしれない。ここで成功を左右するのは、サプライチェーンとエンジニアリングチェーンの統合、つまり新たな製品・サービスの設計にかかわる社内外のすべての活動を統合できるかどうかという点である。また、このレベルの統合を実現するには、プロセス、物的資産、情報を一貫した方針の下で管理することも求められる②。

大量生産までの時間も重要だ。イノベーション主導型の企業において、新製品に対する強い需要があるのに生産量がそれに追いつかないという状況は、考えられる最悪の事態の1つである。需要が増え始めるまでに確実にサプライチェーン全体の準備を整えておくためには、エンジニアリングチェーンとサプライチェーンの緊密なコラボレーションを実現することが有効だ。

イノベーションで戦いつつ、コスト削減にも熱心に取り組んでいるスペインのアパレルメーカー、ザラを例に考えてみよう。アパレル業界では、多くのメーカーがアジアに生産をアウトソーシングすることによって低コストを維持している。しかし請負業者は決められた生産スケジュールで動く

② Bob Bruning, Matt Kaness, and Kevin Lewis, "Close Encounters," *PRTM Insight*, 2007.

ため、企業が発注製品の種類や点数を急に変更しようとしても、場合によっては限界がある。消費者の好みが刻々と移り変わるファッションの世界では特に、このことが大きな問題となる。売れない製品を大量に抱えてしまった場合、小売企業は在庫を割引価格で処分せざるを得ず、利益を損ないかねない。

世界的なアパレルメーカーのインディテックスが展開するザラは、まったく異なるモデルを採用している。ザラのポジショニングのコンセプトは「ファストファッション」、すなわち最新の流行を取り入れた手頃な価格帯の衣料専門店である。この戦略を実現するために、ザラでは製品の約50%を近場のスペイン、ポルトガル、モロッコで生産している。競合他社と比べると生産コストは15~20%高くなるが、消費者が欲しい製品を欲しいと思ったときに購入できるようにするメリットは、それを補って余りあるものだ。同社では、世界中の店頭端末から集まる情報をもとに売れ筋製品を見極めると、その製品をすぐに生産して各店舗に供給する。その結果、定価で販売できる製品が増え、値下げ販売を減らすことに成功している。2005~2011年にインディテックスの年間売上高は倍増。ザラの2011年の利益率は19・3%と、競合他社と比べて著しく高かった③。

顧客体験で競争する

顧客体験を競争基盤とする企業は、顧客固有のニーズを満たす体験を提供する。彼らは顧客の好みを深く理解し、関連するサプライチェーンもそれに合わせて調整している。PwCパフォーマンス・メジャーメント・グループ（PMG）が実施した調査によると、並外れた顧客体験を提供する企業は、EBITDA*が競合他社と比べて平均5%ほど高い。さらに、売上高の年成長率も平均して8%以上高かった④。

優れた顧客体験の提供が、なぜこのように顕著な業績の差につながるのか。顧客体験の分野に秀

③ Inditex Annual Report, 2011; "Fashion Forward," *Economist*, March 24, 2012.

④ PwC Performance Measurement Group.

＊利払い前、税引き前、償却前利益

でた企業はサービスのコストと収益性の相関関係を理解しているため、顧客ごとにカスタマイズしたサービスを提供するコストを評価できる。彼らは顧客に豊富な選択肢を提供すべき状況を把握しているだけでなく、そうすべきでない場合も心得ている。製品やサービスを、顧客が欲しいと思ったそのときに、欲しい場所に届けることで、無理に生産を急ぐことによるコストも、顧客離れが引き起こすコストも、ともに回避できる。そのため顧客体験で戦う企業では顧客離反率や顧客維持コストが比較的低く、優れた業績を達成できるのだ⑤。

インターネットのおかげで、一般消費者向けに製品・サービスを提供する企業は、以前よりも顧客体験を強化しやすくなっている。例えばアパレル業界を見ると、今では多数のオンライン新興企業がオーダーメイドの衣料を販売しており、その価格はかつてのオーダーメイド服に比べると格安だ。

米国を拠点とするJ・ヒルバーンは独自の手法を取り、オンラインとオフラインの両方を使った購入プロセスを作り上げた。まず顧客がオンラインで注文すると、販売コンサルタントが顧客の自宅を訪問し、採寸して、生地サンプルから生地を選ぶ。服が仕上がって顧客に届けられると、再び販売コンサルタントが顧客のもとを訪れて、製品がきちんと体に合っているかどうかを確認する。J・ヒルバーンでは顧客の採寸情報をオンライン上のファイルに保管しているため、顧客はウェブサイトにログインし、次の製品を簡単に注文できる。米国内でオーダーメイドの注文を受け、イタリアで生地を設計・生産し、中国で縫製するという革新的なサプライチェーンによって、同社は1人ひとりの顧客にぴったりと合った製品を、既製品に匹敵する価格で提供できるようになった⑥。

B2B企業にとっても、顧客体験は競争上の強みを生み出す重要な要素である。多くの業界の企業が顧客に合わせたカスタマイズサービスを生み出し、顧客の収益力向上への貢献により、対価を得てきた。例えば鉱山業界では、24時間年中無休で操業するために各種設備はいつでも使える状態

⑤ Mithun Samani and Brett Cayot, *The Best of Both Worlds: Strategies for a High-Service, Low-Cost Supply Chain*, PwC, 2011.

⑥ Ian Mount, "Men's Clothing Firm Wants to Expand into Online Sales," *New York Times*, November 2, 2011.

でなければならず、信頼性と安全性が最優先される。掘削機の場合、地下1万フィートの深さを年間100マイルも掘り進むという過酷な用途で何年間も使用されるのだ。

サンドビック・グループ傘下のサンドビック・マイニングは、鉱業用機械の大手サプライヤーであり、信頼性と先進的な技術力に定評がある。同社では削岩、探査ボーリング、切断、破砕サービスのほか、地表および地下の採鉱作業のマテリアルハンドリングも手がけている。サンドビックの掘削・探査・削岩担当プレジデントのジェラルド・エリオット氏は次のように述べている。「世界の鉱業ビジネスはめまぐるしく変化し、サービスが重要な差別化要因となっています。設備や交換部品のイニシャルコストではなく、生産性に注目する鉱山企業がますます増えているのです」

これをサンドビックの立場から見ると、作業時間、掘削距離、あるいは生産物の重量に応じて課金するということになる。同社はそれと引き替えに、設備のライフサイクル全般にわたり、顧客側の現場保守担当者の協力を得て設備の正常稼働を維持する。サンドビックはこのアプローチを通して、顧客にとって最も重要な目標——総コストを減らし、生産高を増やすこと——を実現しているのである。

品質で競争する

品質を競争基盤とする企業は、プレミアムな製品やサービスで知られ、いつも変わらぬ信頼感を提供する。すぐに思い浮かぶのは、レクサスの自動車、ルイ・ヴィトンの革製品、トロピカーナのジュースなどである。品質の高さには製品開発が大きく影響するほか、生産、調達、品質保証、返品対応といったサプライチェーンの主要プロセスが極めて重要な意味を持つ。また、壊れやすい、あるいは傷みやすい製品を扱う場合は、輸送や保管のプロセスも欠かせない。

世界有数のフルーツジュースブランド、トロピカーナの例を見てみよう。同ブランドを展開するトロピカーナプロダクツは、単独企業として最大のフロリダ産フルーツのバイヤーであり、「grow to glass（果樹園からコップへ）」というコンセプトのもと、旬を逃さずにフルーツを収穫する独自システムを開発している。またジュースの新鮮さを保つために、特殊技術を用いた紙パックやプラスチック容器を採用し、最新式の冷蔵トラックや特別設計の鉄道車両を使って、製品を北米各地の物流センターに配送している⑦。

品質で戦う企業の多くにとって、製品の生産過程の始まりまで遡って追跡できる、トレーサビリティの能力が競争上の差別化要因の1つになっている（一部の業界では、規制当局の要請への対応という意味もある）。製薬業界など、模倣品の脅威が深刻化している業界では、サプライチェーン全体を統合的に管理することが重要だ。トレーサビリティを確保するために、メーカーは製品が顧客にわたるまでの流れを厳密に管理しており、さらに荷印やトラック・アンド・トレース技術を用いて、顧客が購入した製品が「正しく出荷されたもの」であることを保証している。

コストで競争する

どの企業もコストに無関心ではいられないが、それはコストで競争するという意味ではない。コストを競争基盤とする企業は、コストに敏感な買い手を引きつける価格や、コモディティ市場でシェアを維持できる価格を提示する。この競争基盤で戦う企業には、極めて効率的なオペレーションが求められる。その土台となるのは製品やプロセスの標準化である。同様に、サプライヤー、生産品質、在庫の管理も重要だ。サプライチェーンのパフォーマンスは、効率性に関するメトリクス（測定基準）、すなわち資産稼働率、在庫日数、製品コスト、サプライチェーン総コストなどに基づいて評価される。

インドの製薬最大手、ドクター・レディーズ・ラボラトリーズは、独自ブランドの先発医薬品と

⑦ Tropicana company website, http://www.tropicana.com/#/trop_grovetoglass/grovetoglass.swf.

後発医薬品（ジェネリック）を垂直統合体制で開発する企業である。同社のジェネリック事業が目指すのは、高価な薬の代替となる安価な薬を提供し、世界中の人々が薬を買えるようにすることだ。ドクター・レディーズ・ラボラトリーズはインド国内の自社施設でブランド薬とジェネリック薬の両方を生産し、同社のサプライチェーンが流通を管理して世界100カ国以上の顧客に出荷している。同社ではサプライチェーンコストの無駄を徹底的に排除しているため、品質と価格の両面で現地の競合他社と戦える製品を提供することができる⑧。

サプライチェーン戦略の主要素

サプライチェーン戦略には、関連する大小さまざまな活動や意思決定が含まれる。経営戦略の大家で『競争優位の戦略』（邦訳はダイヤモンド社）の著者であるマイケル・ポーター氏によれば、優れた経営戦略はフィット（戦略適合性）という概念に立脚している。つまり、一連の活動が全体として1つの競争戦略を支えているということだ。他社が個々の活動をまねることはできても、それらが1つになって作り上げるシステムを模倣することは実質的に不可能である⑨。

ポーター氏が提唱するフィットの概念は、サプライチェーン戦略にも同じように当てはまる。ここで基本となるのは、ビジネスに含まれる次の5つの要素（および、各要素に対する企業の選択）だ。

- **顧客サービス**　デリバリーのスピード、正確さ、柔軟性に関する目標は？
- **販売チャネル**　顧客が自社の製品やサービスを発注し、受け取る方法は？
- **バリューシステム**　サプライチェーン活動のうち、自社が担当するものは？　パートナー企業が担当するものは？

⑧ Pamela Cheema, "The Right Prescription: Dr Reddy's Laboratories Discusses Their Complex Supply Chain," *LogisticsWeek*, July 5, 2011.

⑨ Michael Porter, *Competitive Advantage*, New York: Free Press, 1998.〔M.E.ポーター『競争優位の戦略』土岐坤ほか訳, ダイヤモンド社, 1985年〕

図2　サプライチェーン戦略の要素

- **オペレーションモデル**　顧客サービスの提供と、運転資本やコスト面の目標達成を両立するための、計画、調達、生産、出荷プロセスの調整方法は？
- **資産配置**　サプライチェーンのリソースの配置場所は？　リソースの活動範囲は？

企業がこれらの要素について決断する際、1つの要素だけに注目し、他の要素を検討しないことがある。しかしこれには問題があり、例えばコストを抑えるために生産拠点を立ち上げたが、その結果として顧客のサービスレベルを満たせなくなった、などという事態が起こりうる。サプフイチェーンから戦略的メリットを最大限に引き出すには、各要素を全体の一部として扱うことが重要である［図2］。

顧客サービス

サプライチェーン戦略を策定するための最初の一歩は、顧客サービスの目標を定義することである。顧客のタイプに合わせてデリバリーのスピード、正確さ、柔軟性のレベルを多様に検討してみると、全体的な顧客体験を見極めるうえで役に立つ。例えば、どの顧客にも同じスピードで納品すべきだろうか。それとも得意客には特別に速く対応すべきだろうか。あるいは、どの顧客も同じ発注プロセスでよいだろうか。こうした問いに対する答えは各企業のビジネス戦略によって決まり、その企業のターゲット顧客——一般消費者向け（B2C）か企業向け（B2B）か——もかかわってくる。

一般消費者向けビジネス（B2C）

B2Cの世界では、製品の供給力がサービスの評価基準になることが多い。有名企業の人気製品を手に入れるためならば、消費者は喜んで待つだろう。しかしそれにも限度がある。小売大手のノードストロームは、オンライン販売に革新的な手法を導入した。同社のオンラインショップから、115カ所の実店舗の在庫状況を確認できるようにしたのである。従来はオンラインショップの在庫しか確認できず、消費者が求める製品が「在庫なし」になっている場合もあった。同社のこの取り組みは、製品の供給力の向上、売上の増加、在庫の削減につながった⑩。優れた顧客サービスや顧客体験の素晴らしさで知られるノードストロームは、このようなアプローチを高い評価の維持に役立てている。

企業向けビジネス（B2B）

B2Bの世界では、顧客に提供する製品は顧客の収益創出に使われるため、優れた顧客サービスとは納期を厳守することだと理解されることが多い。しかしリードタイムに関するパフォーマンスも重要だ。

例えばある鉱業用機械のサプライヤーが、鉱山を自社で保有する鉱山企業と、鉱山企業の下で鉱山開発やその他の作業を担う請負企業という、まったくタイプの異なる顧客に機械を納入しているとする。鉱山企業には設備投資計画があり、維持すべき設備がある。そのため一般的に、計画されたスケジュールに従って、実際に使用する時期よりかなり早い段階で設備を発注する。多くの場合、サプライヤーが鉱山企業に納入するまでには6カ月以上の期間がある。これとは対照的に、請負企業は非常に過密なスケジュールで動くことが多い。これは鉱山企業との契約締結を待って設備を発注するためで、彼らが求める設備の納期は3カ月以内である。

⑩ Stephanie Clifford, "Nordstrom Links Online Inventories to Real World," *New York Times*, August 23, 2010.

販売チャネル

企業が製品やサービスを買い手に届ける方法は多数存在する。流通業者や小売企業という間接的なチャネルを経由することもできるし、インターネットや営業チームから直接的に販売することもできる。このような意思決定は、ターゲットとする市場セグメントや地理的条件を踏まえて行われることになる。使用するチャネルによって利益率が大きく変わるため、チャネルの最適な組み合わせを判断しなければならない。また、製品が不足したり需要が高まったりした場合に、誰に優先的に製品を供給するのかという点も決める必要がある。

市場規模数十億ドルのボトル入り飲料水業界を見てみよう。この業界は3つの流通チャネルによって3つの消費者セグメントに製品を届けている。従来型の小売企業は小売客に、自動販売機は個々の消費者に、サービス会社はウォーターサーバーで家庭やオフィス向けに、それぞれ提供している。そしてセグメントごとに、必要とするサプライチェーンプロセス、資産、サプライヤー、パフォーマンスは異なる。

ある企業がボトル入り飲料水業界に新規参入しようとする場合、すでに主要小売店との間にルートを確立している流通業者を通して自社製品を販売すべきだろうか。それとも、自社から小売店に直接販売すべきだろうか。仮に流通業者のチャネルを選択するとして、自社のオーダー管理システムや在庫管理システムを、流通業者側のシステムと統合すべきだろうか。統合する場合、どの範囲までを統合し、その費用は誰が負担するのだろうか。また、すべての流通業者に専用の在庫を確保すべきだろうか。あるいは、戦略的パートナーと見なす企業にだけ在庫を確保すればよいだろうか。

こうした判断は企業の資産やコストパフォーマンスに影響を与えるため、価格設定やベンダーファイナンス、プロモーションなどに関する意思決定と併せて、全体的なチャネル戦略の中で検討しなければならない。

バリューシステム

効果的なサプライチェーン戦略を策定するためには、企業のバリューシステムを確実に理解している必要がある。前述のポーター氏によると、バリューシステムとは、企業、サプライヤー、顧客、サプライヤーのサプライヤー、顧客の顧客によって行われる、付加価値をもたらす一連の活動のことである⑪。これを理解すれば、個々のサプライチェーン活動について、自社とパートナー会社のどちらが担当するかを決めるときに役立つだろう。

このことに関連し、サプライチェーン活動には2種類あることを念頭に置かなければならない。すなわち、意思決定に関するものと、実行に関するものである。企業はしばしば、意思決定の活動を自社でコントロールし、実行の活動をアウトソーシングすることを選択する。例えば自社で製品を大量生産している消費財（CPG）企業は、生産の最後の段階を請負業者（CM）にアウトソーシングしていることが多い。原料の仕入れについてはCPG企業が責任を負い、品質やリードタイムについてはCMが全面的に責任を負う。こうしてCPG企業は、スケールメリットを生かして安価に原材料を調達し、CMの製造コストの安さも生かせるのだ。

アウトソーシングのメリットとデメリット

一般的に、企業がサプライチェーン活動をアウトソーシングするのは、他社のスケール、領域、技術的専門知識、あるいはリソースを活用するためである。

● **スケール**　サードパーティーのプロバイダーは、大規模な顧客基盤を生かして製造や物流など

⑪ Porter, *Competitive Advantage*.

のサービスをより安価に提供する場合が多い。彼らを利用することで、高い稼働率と低いユニットコストを実現することができる。また外部パートナー企業との協力も、生産設備に投資せずにすばやく規模を拡大することに役立つ。

- **領域**　企業が新たな市場や地域への進出を考える場合、パートナー企業と協力することによって、新たな場所でのオペレーションへのアクセスを確保できる。もしその時点の自社のスケールで同じことを実現しようとすれば、余計なコストがかかりかねない。
- **技術的専門知識**　パートナー企業が、製品やプロセスに関する技術的専門知識を持っているケースもある。それも、自社で獲得しようとすれば多大な資本投資が必要になる。
- **リソース**　バリューチェーン内のパートナー企業は、原材料、人材、資金への迅速なアクセスを提供してくれる。

一方で、アウトソーシングは深刻なリスクも引き起こす。多数の外部パートナーを抱え込んでサプライチェーンが肥大すると、リードタイムが延びたり運転資本が増加したりする可能性がある。また、仮に生産工程で重要部品の供給を単一サプライヤーに依存していた場合、そのサプライヤーからの供給が何らかの理由で急に途絶えてしまえば、リスクは現実の課題となる。従ってバリューシステムには、透明性と将来を見越した意思決定を実現するためのプロセスや情報システムが不可欠だ。これらによって、企業は需要や供給の予期せぬ変更に迅速に対応できるようになる[12]。

アウトソーシングの意思決定をする

アウトソーシングについて決断する際、企業幹部はしばしば「コア」か「非コア」かという視点で検討しようとする。その企業が得意とする分野、すなわちコア・コンピタンスの部分は社内に残す

⑫ Peter Vickers and Charles Thomas, "Reducing Exposure," *PRTM Insight*, 2009.

べきで、コア・コンピタンスではない部分は外に出すべきだという考え方だ。しかしこれはあまりに単純すぎるロジックである。まず、その企業が秀でている活動やプロセスが必ずしもコア・コンピタンスとは限らない。逆に、最善のパフォーマンスを実現できていない分野が、実はその企業にとっての成功の鍵かもしれない。最も重要なのは、競争における差別化、ビジネスの成長、顧客体験、優れた製品やサービスを実現するうえで不可欠な活動について、自社の支配力を保つということである。

この支配力を獲得するための主要な手段の1つが、垂直統合である。時計ブランドのロレックスで世界的に有名な、マニュファクチュール・デ・モントレ・ロレックスは、時計の部品を作るだけでなく、部品を作るための機械や道具、消耗品も生産している⑬。高級時計メーカーとして名をはせる同社の品質を守るためには、生産に対する支配力を維持することが不可欠なのだ。

オペレーションモデル

製品やサービスをどのように生産するかという1つひとつの意思決定を総合したものが、オペレーションモデルである。こうした意思決定の影響は、製造工程だけでなく計画、オーダー管理、調達、納入の進め方にも波及する。

オペレーションモデルには、次の4種類がある［表2］。

●**見込生産**　大量販売される規格品を生産する際に、最も広く採用されるモデル。工場では顧客から受注する前に生産を開始し、注文が来るまで完成品を保管する。大量生産によって生産コストを抑えられ、すぐに出荷可能な在庫を維持することで顧客の需要にすばやく対応できる。

●**受注生産**　カスタマイズが必要な製品や、受注頻度が低い製品の生産に適したモデル。顧客の

⑬ Shoshanah Cohen and Joseph Roussel, *Strategic Supply Chain Management*, New York: McGraw-Hill, 2004, 16.

注文が発生してから製品やサービスを生産する。在庫が膨らむことを防ぎつつ、多彩な製品を提供できる。

● **受注仕様生産**　製品の汎用部分だけ事前に見込生産し、受注してから完成させるハイブリッドモデル。最終製品のバリエーションが多く、受注生産よりも顧客リードタイムを短縮しなければならない場合に適している。受注仕様生産の一種に受注組立生産がある。このアプローチでは売上予測に基づいて事前に部品を生産し、顧客の注文を受けてから製品を完成させる。

● **受注設計生産**　個々の顧客によって仕様が異なる複雑な製品やサービスを生産する業界に適したモデルで、その特徴は受注生産と多くの点で共通する。顧客の発注プロセスの最終段階でメーカーの設計部門が仕様を定義し、その顧客の注文に必要な原材料のリストを作成する。

オペレーションモデルはパフォーマンスの強みを生み出す強力な武器となる。ある消費者向けソフトウエア企業の例を見てみよう。この企業はソフトウエアを見込生産モデルで生産し、各国の在庫保管施設に直接配送していた。個々のパッケージ製品がカバーする地域は狭く、しかも各国言語バージョンが必要なため、生産工程のかなり早い段階から特定市場

表2　オペレーションモデルの種類

オペレーションモデル	使用に適した製品	メリット
見込生産	● 標準化され、大量に販売される製品	● 生産コストの抑制 ● 顧客の需要への迅速な対応
受注生産	● カスタマイズが必要な製品 ● 受注頻度が低い製品	● 余剰在庫の回避 ● 製品の幅広いオプションへの対応 ● 簡素な計画プロセス
受注仕様生産	● バリエーションが多い製品	● カスタマイズ対応 ● 余剰在庫の回避 ● 納入期間の短縮
受注設計生産	● 顧客固有のニーズを満たすための複雑な製品	● 顧客固有の要求事項への対応

に向けたカスタマイズが発生する。しかしその結果として余剰在庫が発生し、また製品がバージョンアップすると在庫が陳腐化するという問題が生じていた。

同社は、サービスレベルを改善しつつ余剰在庫を解消することを目指し、見込生産モデルから受注仕様生産モデルへの転換を図った。新しいモデルでは、まず汎用製品を工場から中央物流センターに配送する。そして各国からの発注に応じて、製品をカスタマイズして出荷する。受注仕様生産にはいくつかの重要な強みがあった。見込生産だったころは、在庫保管施設ごとに売上予測や在庫管理を行う必要があったため、需要と供給が一致しないことが多かった。しかし、中央物流センターを設けたところ、需要を満たすための適切な在庫量を維持することがはるかに容易になった。それと同時に、受注仕様生産モデルではサプライチェーン計画が単純化され、何百という言語別バージョンではなく、相対的に種類の少ない汎用製品に焦点を当てることが可能になった。そして当然のことながら、製品の供給力が格段に改善し、余剰在庫も解消できたのである。

製品ごと、あるいは市場セグメントごとに異なるオペレーションモデルを採用すると都合がよい場合もある。自動車業界がその例だ。同業界では昔から見込生産モデルが好まれてきたが、一部の高級車は受注生産モデルや受注仕様生産モデルで作られてきた。

だが、受注生産モデルの実行は容易ではない。乗用車の最終構成までには何百万通りもありうるため、受注生産で車を作り、なおかつ競争力のあるリードタイムを維持することは困難だ。受注生産のサプライチェーンにサプライヤーを完全に統合することができない限り、自動車メーカーは余剰在庫の拡大というリスクを負うことになる。これはつまり、旧式の車や買い手のつかない車の原材料在庫を抱えて立ち往生することになりかねないということだ。そのうえ、1台ごとにユニークな特徴を実現できるようにする場合、それに対応するための生産プロセスの変更には莫大な費用がかかる。

⑭ Takahiro Tamino, *Nissan Production Way and Build-to-Order Systems: Comparative Study to Toyota System*, July 3, 2010.

図3　製品のライフサイクルに応じたオペレーションモデルの変化

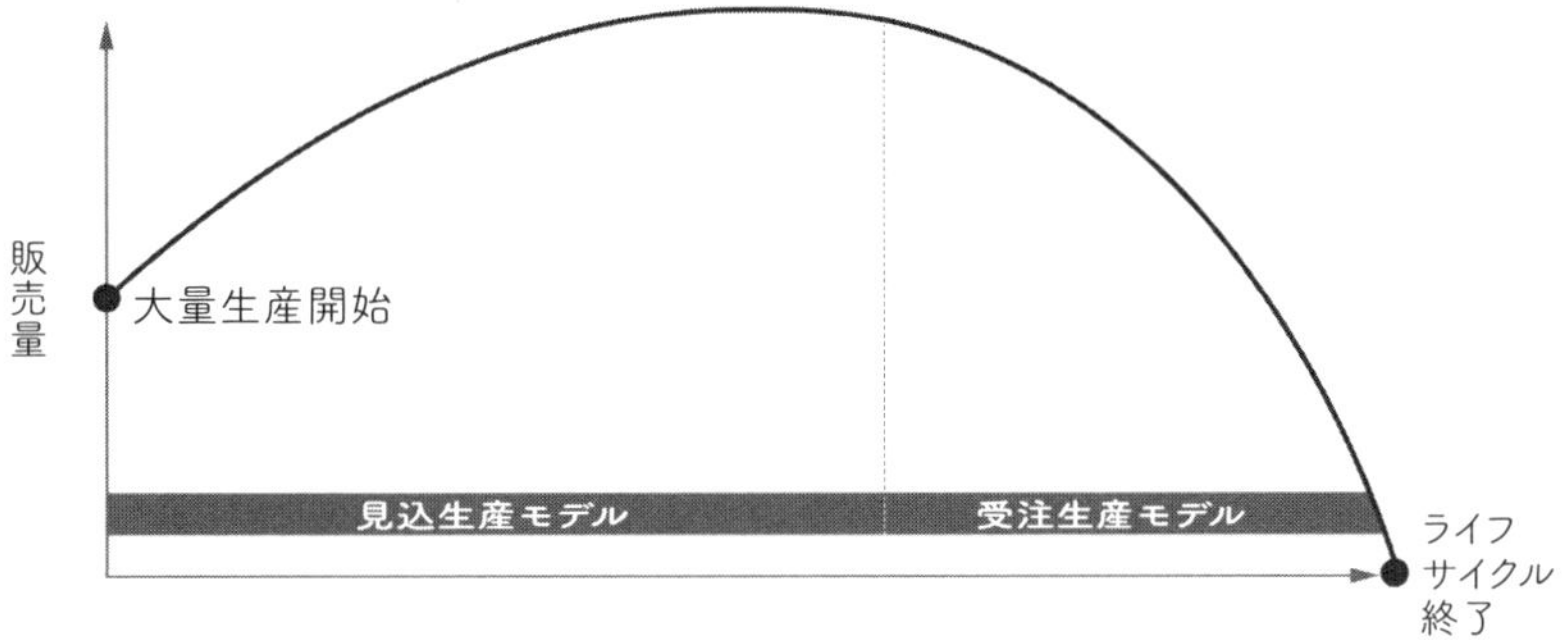

2011年に米国で販売されたレクサスのうち、受注生産で作られたものがわずか2%にとどまったのも不思議ではない。それ以外は見込生産モデルで生産され、自動車ディーラーを通して販売されたのである。受注生産の車の比率は、欧州ではもっと高くなる。例えばドイツ市場では、BMW、アウディ、ポルシェ、メルセデスが生産する高級車の約60%が受注生産である。日本では、日産自動車が販売した自動車の約50%が受注仕様生産だ[14]。

ただし、この数字は全体像の一部を説明するものでしかない。カスタマイズのかなりの部分が自動車ディーラーで行われているためだ。基本的にディーラーでのカスタマイズは、メーカーから届いた自動車に対して受注生産または受注仕様生産で行われる。北米のディーラーでは、2つのタイプのカスタマイズ作業を実施している。1つ目は、エンジンの改造やサスペンションのリフトアップ、再塗装など、車体に大幅な変更を加える作業である。2つ目は車体そのものには変更を加えない作業で、非標準のタイヤやリムの装着や、泥よけなどのアクセサリーの追加が含まれる。

他の要素と同じように、オペレーションモデルも企業のサプライチェーン戦略の一角を成すものである。そして、製品の新規発売から販売終了に至るライフサイクル全体で生じる需要の変化に対応しなければならない。例えばライフサイクルの段階に合わせて、初めは製品の供給力を最大化するために見込生産モデルを採用し、次に競争力のある価格と供給力を確保しながら余剰在庫リスクを抑えるために、受注生産モデルに移行するといった方法が考えられる[図3]。

新たな技術が登場すれば生産プロセスは変化し、それにともなってオペレーションモデルも変化する。その最も身近な例が、出版業界に革命を起こしたデジタルオンデマンド印刷やデジタル配信である。また、「アディティブ・マニュファクチャリング（積層造形）」とも呼ばれる3Dプリンター技術の登場により、医療や工業製品などさまざまな分野で、非常に複雑な設計の製品（義肢など）を1つだけ作ることも可能になった。プラスチックや金属などの異素材を何層にも重ねて物体を形成する3Dプリンター技術は、受注生産モデルの生産戦略に理想的に合致する。現時点で見込生産モデルで生産されている多くの製品が、将来的に3Dプリンターで生産されるようになるかもしれない⑮。

資産配置

サプライチェーン戦略を定義する際に検討すべき最後の要素は、資産配置である。ここで言う資産には、有形資産（工場、倉庫、装置、発注デスク、サービスセンターなど）だけではなく、無形資産（人材、プロセス、情報システム、資本へのアクセスなど）も含まれる。これらの資産の場所、規模、目的はサプライチェーンのパフォーマンスを大きく左右する。生産、計画、調達、オーダー管理、倉庫保管および物流のプロセスごとに、資産配置は異なる可能性がある。

生産にかかわる資産

生産にかかわる資産については大部分の企業が、ビジネスの規模、顧客サービスの要求事項、税制上のメリット、サプライヤー基盤の有無、現地調達規則、人件費といった要素を考慮して、次の3種類のネットワークモデルのいずれか1つを選択している。

⑮ "3D Printing: The Shape of Things to Come," *Economist*, December 10, 2011.

●世界モデル　ある一地点の生産ラインで世界全体の市場に向けた生産を行うモデル。高度に資本集約的な製品の単位生産コストを抑えることを望む企業や、高度に専門的な生産スキルへのアクセスを必要とする企業に適している。

●地域モデル　主に製品の販売地域で生産を行うモデル。ただし場合により、ある地域の生産施設はある特定の製品の生産に特化し、別の地域の施設は別の製品の生産に特化するという方法を取ることもある。このモデルは、製品の要求事項が地域によって異なったり、世界モデルではデリバリーの期日に間に合わなかったり、総コスト（税金、輸送など）の観点から顧客の近くで生産したほうが都合がよかったりする場合に選択されることが多い。

●国モデル　製品を販売する市場がある国で生産を行うモデル。新聞用紙など、輸送コストが極めて高い製品を生産する場合の選択肢となる。その他の要因には、税金や関税、国内生産を条件とする市場へのアクセス権などが含まれる。

生産にかかわる資産配置に対する意思決定は、製品のライフサイクルに左右されることが多い。例えば家庭用電化製品など変化の激しい業界に属する企業では、まずは世界モデルのフレームワークで新製品の生産量を増やして製造プロセスをテストし、その後、顧客サービス向上のために地域モデルに移行するという方法が考えられる。製品のライフサイクルの最終段階では、原価や在庫投資を最小限に抑えて需要を満たすという観点から、もう一度世界モデルに戻すことが有力な選択肢になるかもしれない。

計画および調達にかかわる資産

計画および調達にかかわる資産は、生産にかかわる資産配置に関する意思決定に沿って調整することが重要だ。ただし、生産にかかわる資産配置が地域モデルあるいは国モデルだからといって、単純に計画および調達でも同じモデルを選べばよいという話ではない。肝心なのは、効果的なオペレーションパフォーマンスを発揮できる場所に、これらの資産を配置するということである。

計画および調達にかかわる資産の配置を考える際、企業によっては税の最適化も検討材料になるだろう。供給量や購入量の意思決定を行うリソースを、比較的税率が低い税務管轄区域に置くことで、実効税率を大幅に下げることができる。意思決定を一極集中させることができれば、それだけ節税の可能性は高くなる。ただ、計画や調達のプロセスで分散した意思決定モデルを採用している企業の場合、税制的に有利な場所に意思決定を集約しようとすると、大変な労力になる可能性がある。顧客サービスや運転資本のパフォーマンスなど税に関係がない部分で、その労力を上回るメリットが得られるかどうかが重要である。

サプライチェーンの多重化

顧客のニーズが多岐にわたる場合、1系統だけの物的資産、プロセス、情報システムで構成される単一サプライチェーンでは、効率的に対応できないことがある。このような場合はサプライチェーンの多重化が有効である。個々の顧客のニーズを、その他を犠牲にせずに満たしやすくなるからだ。

その1つの例がミシュランである。同社の乗用車向けタイヤ事業は、2つの市場カテゴリーを対象に製品を提供している。すなわち自動車メーカーと、流通業者や小売企業など個々の消費者にタイヤを売るアフターマーケットの企業である。ミシュランでは、自動車メーカー向けとアフターマーケット向けのタイヤを同じ工場で生産することで、生産計画プロセスを1つに集約し、工場の稼働率を最大化するアプローチを取っている。

⑯ *Next-Generation Supply Chains: Efficient, Fast, and Tailored*, Global Supply Chain Survey 2013, PwC, 2012, 12–13.

図4　異なる市場セグメントのニーズに対応するための多重構成の例

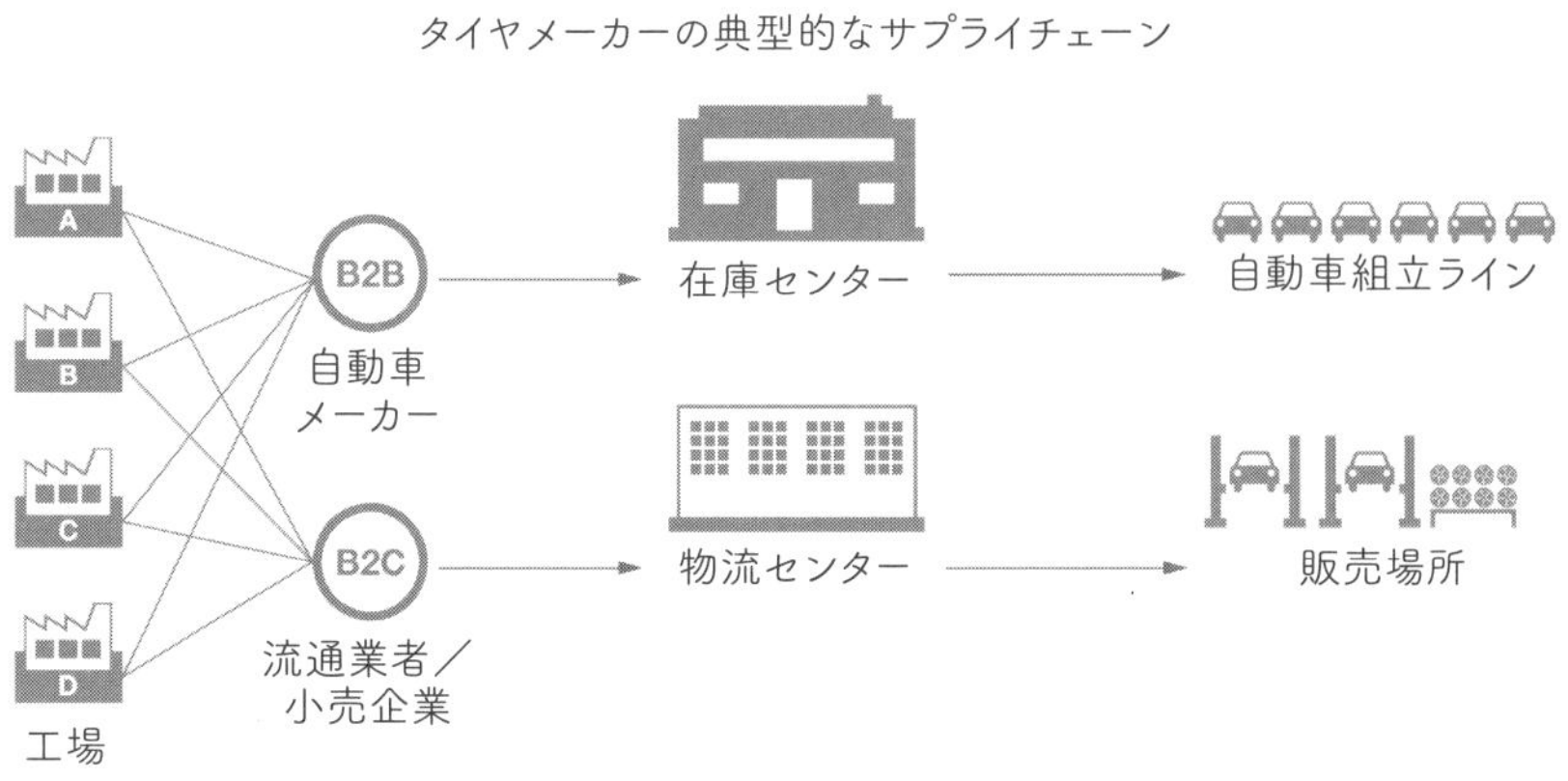

だがそこからのタイヤの動きは、自動車メーカー向けとアフターマーケット向けで大きく異なる［図4］。自動車メーカーには決まった生産スケジュールがあり、納品は期日通りに行われる必要がある。この場合、まずミシュランが在庫センターにタイヤを搬入する。そして在庫センターが、厳密な納品スケジュールを守ってタイヤを自動車組立ラインに運ぶ。一方、アフターマーケット向けのタイヤは物流センターに送られ、そこから流通業者や小売店の広範なネットワークへと供給される。

研究によれば、各業界のリーディング企業は、1つのチャネルの中でも各顧客セグメントの需要に応じてサプライチェーンを調整している⑯。このようなリーディング企業では、サプライチェーンに求められる条件に大きく関係するのは、販売する製品やサービスそのものよりも、むしろ個別のチャネルや顧客のニーズのほうだと考えている。デリバリーのパフォーマンス、サービスのコスト、柔軟性の最適なバランスを実現することを通してこうしたニーズに応えることが、個々のサプライチェーン構成のゴールなのである。

優れたサプライチェーン戦略のテスト

自社のサプライチェーンを真の競争上の強みにするためには、サプライチェーン戦略の5つの要素――顧客サービス、販売チャネル、バリューシステム、オペレーションモデル、資産配置――のそれぞれについて、多くの基準をクリアしなければならない。図5に示すように、サプライチェーン戦略は次の条件を満たしている必要がある。

- **自社の市場における優位性と一致している**　サプライチェーンの目標と市場に対する影響力とを一致させるため。
- **複雑性が適正レベルに調整されている**　サプライチェーンにとって、製品やサービスの提供が手に負えないほどの負担にならないようにするため。
- **回復力がある**　リスクを管理し軽減するため。
- **責任を果たす**　健全な社会や環境に貢献するため。
- **適応性がある**　ビジネス環境の変化に対応するため。

自社の市場における優位性と一致している

優れたサプライチェーン戦略を立てるには、顧客やサプライヤーに対する自社の影響力を理解していることが求められる。なぜなら、戦略目標を満たすためにサプライチェーンを再構成できるかどうかは、その企業の相対的な力によって、かなり左右されるからである。

サプライチェーンのイノベーションで本や雑誌に取り上げられるような企業はいずれも、大企業であり市場に対する巨大な影響力を持つという、羨ましいポジションを獲得している。こうした企業は生産量の多さを武器に原材料を安く仕入れ、資産の稼働率を上げ、

図5　サプライチェーン戦略のテスト

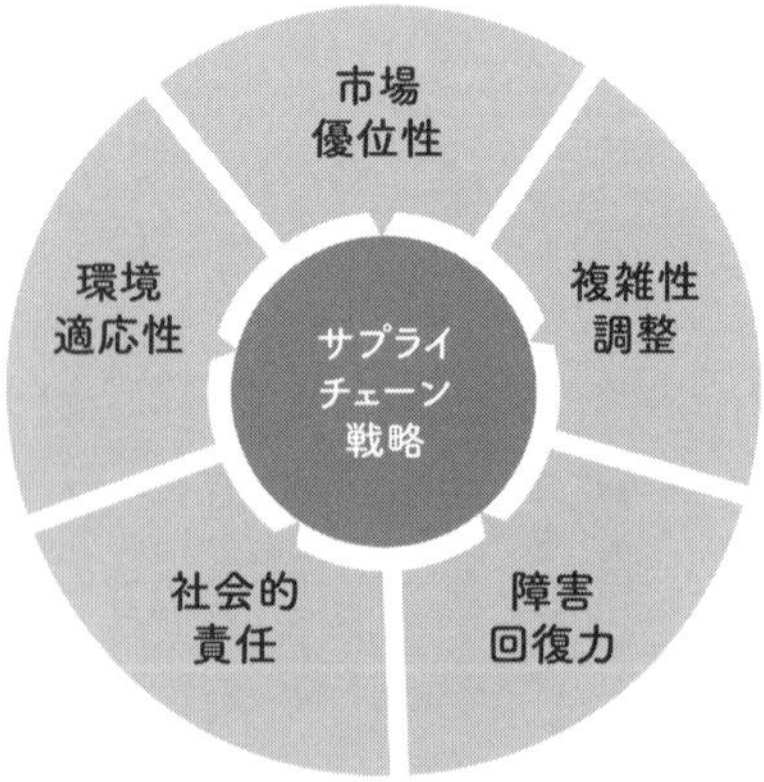

情報システムから輸送に至るまで、あらゆる面でコストを抑えられる。さらに、サプライヤーや顧客に自社のプロセスやルールを守ってもらうことができるという点も、同じように重要だ。

例えば自動車業界では、サプライヤーが納期を守らず、そのために自動車メーカーの生産ラインが止まってしまった場合、そのサプライヤーはライン停止によって失われた利益に相当する罰金を支払わされる可能性がある。もちろん、すべての企業がこのような条件を相手に認めさせることができるわけではない。規模の大きさによる力が必要なのだ。

しかし、規模とは相対的なものである。企業は自社の力をしばしば過小評価する。なぜなら、国や市場セグメントではなく世界という広い観点で自社の力をとらえるからだ。比較的小さな企業であっても、厳選したサプライヤーや顧客を相手にした仕事をすることで、競争上の強みを得る道はある。鍵を握るのはセグメント、集中、集約である。

自社のパワーポジションを正しく評価するためには、自社のサプライチェーンが、ブランド主導型、チャネル主導型、サプライヤー主導型のどれに当てはまるかを見極める必要がある。チャネルが自社を必要としている以上に、自社がチャネルを必要としているだろうか。サプライヤーについてはどうだろうか。自動車業界など、供給サイドの企業がばらばらで、需要サイドの企業は一極集中化しているような業界では、サプライヤーの力は限られるだろう。しかし電子機器業界ではその逆が成り立つかもしれない。なぜならOEM*に大きな需要がある特殊部品のサプライヤーが相対的に少ないケースがあるからだ。

もっとも、サプライチェーンの支配は1つの可能性ではあるが、ほとんどの企業はサプライチェーンの協業を目指すほうが得策である（第4章を参照）。

＊ Original Equipment Manufacturing. 受託者（製造者）に製品の生産を依頼する方法。設計などは自社で行う

複雑性が適正レベルに調整されている

サプライチェーンが複雑化すると、オペレーションのコストがかさみ、運転資本が増加し、需要の変化への対応は遅くなる。パートナー企業への仕事の割り当てに関する意思決定は、複雑性と極めて密接に関連する。資産配置に関する意思決定、すなわち生産、オーダー管理、物流に必要な拠点の数に関する判断も同様だ。選択するオペレーションモデルの種類によっても複雑性は増し、特に複数のモデルを用いる場合はそれが顕著になる。

サプライチェーン戦略の主要素はもちろん重要だが、サプライチェーンを複雑化させるものという意味では、製品・サービス戦略――製品やサービスの数と種類、カスタマイズのレベル、顧客が選べるオプションの数――のほうがさらに重要であることも珍しくない⑰。PMGが実施した調査によると、ベストインクラスのサプライチェーンパフォーマンスを発揮している企業は、生産拠点や物流センターの数、オーダー数、顧客数という点では他の企業とたいして変わらない。しかし彼らが提供する製品やサービスの種類はより絞り込まれている。販売できるアイテムとして維持する製品やサービスの種類が、50%ほど少ないのである（第6章を参照）。

ただ、複雑であることは必ずしも悪ではない。同じ決断が「悪い」、つまり無用の複雑性を招くこともあれば、「良い」複雑性、つまり強力な競争上の強みになりうる個々の施策を生むこともある。例えば、製品やサービスの種類を増やすという決断によって売上が伸びる可能性もあるが、単に在庫が膨らむだけかもしれない。ゴールは複雑性を排除することではなく、複雑性の適正なレベルを決定してパフォーマンスを管理することだ。ベストインクラスの企業の半数以上が、複雑化を招く要因を継続的に測定し、それを主要業績指標（KPI）に含めている。これに対し、ベストインクラスではない企業では、こうした習慣のある企業がわずか15%にとどまっている⑱。

⑰ Scott Constance, Tavor White, Alex Blanter, and Jim Snyder, "Pot of Gold," *PRTM Insight*, 2010.

⑱ PwC Performance Measurement Group.

ここでは、サプライチェーン戦略の5つの要素に関する意思決定を出発点として、複雑性の管理について検討した。しかしそれ以外にも、サプライチェーンのプロセス、組織の役割と責任、パフォーマンス指標を設計する際に、複雑性に関する検討が不可欠である（第2章、第3章、第5章を参照）。

回復力がある

回復力（レジリエンス）は、安定したサプライチェーン戦略が持つ重要な特徴の1つである。もっぱら理想的な状況下でコストや在庫を最適化することを目的として構築されたグローバルなネットワークでは、自然災害、政情不安、経済的困難などに見舞われたときに、デリバリーを実現することはできないだろう。しかし、サプライチェーンの回復力とは、単に大惨事に対処するためのリスク管理や計画策定を行うことではない。競争上の強みを生み出せるような手段で、混乱の可能性に備えることである⑲。

一般にサプライチェーンの回復力は、冗長性および柔軟性を高める手法を組み合わせることで確立できる。

冗長性を高める手法には、調達の二重化、複数の生産施設、余裕在庫の確保などがある。こうした手を打つことで、必要な場合に確実に予備のリソースが利用できるようになる。ただしいずれの手法も追加コストが発生するため、その正当性が証明できなければならない。強力な価格決定力を持つ企業ならば、単純にコストの増分を顧客に転嫁すればよい。しかしほとんどの企業は、冗長性が必要な部分と効率性を重視すべき部分を見極める必要がある。

柔軟性を高める手法は、既存の資産配置を最大限に活用して需要と供給の変化に対応することに焦点を当てる。ここで大切なのは、リソースの余剰があるところと不足しているところを可視化することだ。そうすることで、リソース不足の局面でも、戦略上の重要性が高い製品やサービスの生

⑲ Dirk De Waart, "Be SMART About Risk Management," *Supply Chain Management Review*, 2007; Mark Crone, Jeff Holmes, and Kyle Hill, "Ounce of Prevention," *PRTM Insight*, 2009; "10Minutes on Business Continuity Management," PwC, 2012.

産に原材料を再配置できる。また可視化によって、需要の急増に対応して生産や輸送などの活動に変更を加えることも可能になる⑳。

責任を果たす

責任感のある企業は、自社のバリューシステム全体の活動が、持続可能性《サステナビリティ》、労働条件、倫理の面で確実に基準を満たすことを重視する。

多くの企業が、生産や梱包に使う資源の節約、サステナブルな供給源からの原材料調達、リサイクル可能素材の使用の徹底を進めており、サステナビリティはサプライチェーンの主な関心事の1つである。この分野の取り組みで成功している企業は、サプライチェーンのコストの抑制だけでなく、環境問題に対する関心を高めつつある顧客に対して他社との違いをアピールすることにも成功している。こうした企業は、いわゆる「トリプルボトムライン」に注目しているのである。

トリプルボトムラインは、Profit（収益）、People（人）、Planet（地球）を意味する「3P」とも呼ばれ、財務面に加えて社会や環境に対するパフォーマンスを評価するものである。同じように、サプライチェーンの実務に関する透明性も今日のビジネス環境で求められる要件となっている。国外の委託工場における不法労働や虐待、強制労働といった問題の解決に取り組んだ企業もある。公正労働協会（FLA）やそれに類する組織の発達を背景に、各企業はバリューシステム全体に含まれる自社およびパートナー企業の施設の労働条件について、その所在地に関係なく、管理・検証することが求められるようになっている。

世界各国に委託生産施設を持つ企業は、この点に注目し始めている。ナイキの例を見てみよう。インターブランド社が選定した2011年版の「ベスト・グローバル・ブランド」リストで、同社はサプライヤー責任の分野をリードする企業と評価され、25位にランクインした。また、コーポレ

⑳ Reinhard Geissbauer and Shoshanah Cohen, "Globalization in Uncertain Times," *PRTM Insight*, 2009; Reinhard Geissbauer and Michael D'Heur, *Global Supply Chain Trends 2011: Achieving Flexibility in a Volatile World*, PRTM, 2011.

ート・レスポンシビリティー・マガジンの2011年版の「ベスト・コーポレート・シチズン100社」では10位に入っている。同社がこのように高く評価されているのは、労働条件が基準を下回る工場を特定するための監視・執行システムを確立し、サプライヤーの工場名と住所を発表しているからだ。この戦略は、労働条件に関する同社のコンプライアンスに役立っただけでなく、プーマ、アディダス、リーボックが同様の取り組みを始める契機にもなった㉑。

適応性がある

変化が止むことがない以上、適応力を保ち続けることが重要である。サプライチェーン戦略に常に目を配っていなければ、あっという間に市場のニーズとずれてしまうことになりかねない。サプライチェーンは、内外のさまざまな要因を踏まえて調整する必要がある。例えば次のような要因だ。

●**市場環境の変化**　顧客の倹約志向が強い局面でも、企業が利益率を犠牲にせずに顧客のニーズを満たすことは可能である。サプライチェーンの要素のうち1つかそれ以上について再検討することで、品質を落とさずに顧客の要求に応えるための、コスト削減の道が見えてくる可能性がある。

●**業界の力学を一変させる技術の登場**　業界を揺るがすような技術が登場すると、業界に新たなプレーヤーが参入する余地が生まれ、その一方で既存プレーヤーが撤退を余儀なくされ、バリューシステムの根幹が変化する可能性がある。例えば電子配信といった新しい技術を活用すれば、商品の発売頻度を増やしたり、カスタマイズの範囲を広げたり、小口注文のデリバリーコストを抑えたりすることが可能になるだろう。これらに対応するためには、顧客サービスや資産配置、オペレーションモデルの変更が必要になる。

㉑ David J. Doorey, "The Transparent Supply Chain: From Resistance to Implementation at Nike and Levi-Strauss," *Journal of Business Ethics*, May 19, 2011, 103, 587–603.

●**提供する製品やサービスの変更、あるいは市場の変更**　企業が新たな製品やサービスの提供を始めたり、新たな市場をターゲットにしたり、地理的に拡大したりする場合には、生産面や物流面の強化、新規チャネルの開拓、新規サプライヤーの確保といった対応が必要になるだろう。あるいは、サプライチェーン戦略全体の見直しも必要かもしれない。

●**競争基盤の変更**　自社よりも優れた価値提案をする競合企業が現れるかもしれない。あるいは自社が、より迅速なデリバリー、より高い柔軟性、より高い品質が求められる市場への進出を目指すかもしれない。企業の競争基盤を大きく変更するときは、必ずサプライチェーン戦略も見直すべきである。

●**企業の合併や買収**　企業の合併や買収の結果、サプライチェーンの再構成が必要になることがある。冗長性を排除すべき部分はどこか、どの部分のオペレーションを別々のまま残し、どの部分のオペレーションを統合するかといった点を見極めなければならないだろう。デリバリースピード目標の引き上げを目指すならば、顧客に対するパフォーマンスを落とさず速やかに変更できるサプライチェーン活動はどれかという点を理解したうえで、目標値を決める必要がある。

サプライチェーン戦略には、その企業の成長曲線も大きくかかわってくる。販売量は伸びているのか、それとも落ちているのか。業界全体は拡大しているのか、それとも縮小しているのだろうか。成長フェーズを支えるために策定されたサプライチェーン戦略は、コスト管理に重点が移る縮小フェーズには、もはや適さないかもしれない。

変化が起こることは既定の事実だとしても、重大な変化が起こる頻度は業界によってまちまちだ。家電業界の動きは、例えば航空宇宙業界よりも速い。そして、変化のペースは業界内部でも異なる可能性がある。例えばパソコン業界を見てみると、1990年代から2000年代のほとんどの期間で、消費者の選択肢と言えばデスクトップが主流だった。しかしそれ以降は急激に変化が加速し、コンピュータの技術はノートパソコン、ネットブック、タブレット、ウルトラブックとさまざまなプラットフォームに伝播していった。

企業にとって、変化は適応することへの強力なインセンティブになることがある。世界的な食品コングロマリットのダノンは、他の大手企業と同じく、2008年の世界的な景気後退の打撃を受けた。しかし同社はじっと需要の回復を待つのではなく、同社の売上全体のおよそ60%を生み出すフレッシュ・デイリー・プロダクト部門の製品の価格を引き下げて売上を伸ばすという、大規模な策に打って出たのである。

ダノンは「リセット」と名付けたこのプロジェクトを実行するにあたり、サプライチェーンの非効率な部分を一掃することを通して、利益率を下げずに製品価格を引き下げることを決意した。合理化の努力により、同社は最大15%もの値下げを実現した。そしてもたらされた販売量の伸びは、値下げの影響を補って余りあるものだった㉒。

最後に、PwCが企業の取締役を対象に実施した2012年の意識調査によると、3分の1以上(36%)の企業が、6カ月ごとに戦略を見直している㉓。取締役会は経営陣に対し、不測の事態や間違いを起こさずに遂行できる戦略の策定を、ますます強く迫るようになっている。このように定期的に行われるレビューは、サプライチェーン戦略を見直す格好の機会でもある。結局のところ、ビジネス戦略が変更されれば必ず——たとえ些細な調整であっても——サプライチェーン戦略にもそれにともなう変更が必要になる。両者のバランスを取ることは簡単ではないが、企業の成否はこの努力にかかっている。最高のパフォーマンスを発揮する企業は、それを知っているのである。

㉒ Jean-Léon Vandoorne, "Danone Bounces Out of the Slump," *Danone 09 Economic and Social Report*, 2009, 43–51.

㉓ *Insights from the Boardroom 2012: PwC's 2012 Annual Corporate Directors Survey*, PwC, 2012, 23.

第1章のまとめ

- サプライチェーン戦略は、企業の全体的なビジネス戦略と整合性があり、それをサポートするものでなければならない。
- ビジネス戦略と連携させるために、サプライチェーン戦略をいくつかの重要な要素、すなわち顧客サービス、販売チャネル、バリューシステム、オペレーションモデル、資産配置という観点で設計する。
- サプライチェーン戦略は、いくつかの基準に基づいて頻繁に評価する必要がある。その基準とは、市場優位性、複雑性調整、障害回復力、社会的責任、環境適応性の5つである。
- サプライチェーン戦略は定期的に評価して更新する。最高レベルのパフォーマンスを発揮するには、この努力が不可欠である。

BASF

化学イノベーションによる収穫量アップ

小麦の収穫期を数週間後に控えた時期に、ドイツ全域が例年にない大雨に見舞われ、農地が水浸しになり、収穫に壊滅的な被害をもたらす真菌《しんきん》病が広がる可能性が高まった。早急に保護殺菌剤を使用する必要がある。最も有効な薬剤は、BASF製の革新的な製品、Adexar®である。事態は一刻の猶予も許されない。だが、Adexarのような薬剤を保管できる倉庫スペースを持たず、手元にストックがない農家は、飛び込みで近所の販売店に注文してAdexarを手に入れる必要がある。収穫時期が迫っているため、薬剤を使える期間は限られている。

一方ブラジルでは、何百万エーカーもの農場が大豆の植え付け期を迎えようとしていた。大豆農家が頼りにするのは、こちらもBASF製の保護殺菌剤、Opera®である。BASFの現地担当者は農場を視察し、この最先端の薬剤を正しく有効に使う方法をアドバイスした。

どちらのシナリオでも、世界最大の化学企業であるBASFの倉庫から流通業者の元に、24時間以内に確実に製品を届ける必要があり、遅れは許されない。しかし厄介なことに、これらの製品を生産するためのリードタイムは1年を軽く超えるのである。

「マルチインダストリー」チェーンを使いこなす

どのサプライチェーンにとっても、AdexarとOperaの生産およびデリバリーのタイミングを決定するのは難しい作業だろう。しかもBASFがこれら2つの他に何千種類もの製品を販売していることを考えると、なおさら難しい。同社の手がける分野は化学製品、プラスチック、高性能製品、農薬、石油・ガスなど幅広い。また製品も多岐にわたり、半導体向けの化学製品、梱包や自動車部品向けのポリウレタン、インク向け顔料、液化天然ガスの生産技術、建築に使われる断熱材、生コンクリートの流動性を高める超可塑《かそ》材、自動車向け塗料、紙おむつ向け超吸収体、医薬品向けの特注生産の分子などがある。そしてもちろん、いくつもの農薬も含まれる。

VERBUND（フェアブント：究極レベルの結合）の価値

極めて多くの種類の製品を生産するには、並外れて多くの目的に対応できるサプライチェーンが必要である。数十年にわたるBASFの成功の秘訣は、同社がドイツ語でフェアブント、すなわち「究極レベルの結合」と呼ぶ斬新な生産アプローチにある。フェアブントを構成する各拠点（世界各地に6カ所）では、フェアブントシステムに基づき、基礎的化学製品から塗料や農薬など高付加価値の製品までをカバーする、効率的なバリューチェーンが構築されている。さらに、ある工場で生じた副産物が他の工場の出発原料として使用されることもある。

フェアブントシステムでは、化学プロセスで使用する原料やエネルギーをより少なくして、生産収率をより高めることに成功している。その結果、フェアブントはリソースの節約、廃棄物の最小化、輸送距離の短縮にも貢献している。こうしてフェアブントは経済面だけでなく環境面のメリットももたらしている。

フェアブントシステムは、競争上の強みを生み出し続ける重要な源である。しかし近年のビジネス環境の変化を受けて、BASFは自社の強みを維持するために追加措置を取ることを迫られた。世界的に競合企業が増加し、かつてプレミアムな価値があった製品はコモディティに変化した。このことを踏まえ、BASFのいくつかのビジネス部門で、全体的な戦略を再調整したのである。より顧客重視の組織を目指す取り組みの一環として、製品ラインナップの中で特殊な高付加価値製品の占める割合が大きくなった。

こうして新たに提供されるようになったのが、Adexarなど高度な技術を駆使した製品である。また、製品とサービスを組み合わせたソリューションも提供されるようになった。例えば、自動車業界向けに単に塗料だけを販売するのではなく、BASFの塗装の専門家がOEMの生産ラインに入って、車体の塗装プロセスを支援するといった方法である。製品とソリューションはどちらも顧客により大きな価値をもたらし、一方でBASFにもより高い利益率や資本収益率をもたらすものである。

しかし、新たな製品やサービスの導入によって、サプライチェーンは別の問題に直面することになる。ビジネス部門ごとに顧客のニーズは大きく異なるため、サービスレベルを引き上げた結果、計画や調達のプロセス、そしてITシステムが極度に多様化してしまったのだ。例えばBASFの農薬部門のサプライチェーンは、在庫量を許容範囲に抑えつつ、世界のさまざまな場所で発生する殺菌剤の需要に、受注後わずか1日で応えなければならなくなった。

調和したプロセス

当然、すべての問題を一挙に解決できるアプローチなど実行不可能だ。BASFの専門家たちはその代わりに、応答性を損なわずにサプライチェーンプロセスを合理化することを目指した。彼らは合理性と応答性の良いところを生かすために、中央のサプライチェーン組織を立ち上げた。この組織の使命は、BASFの世界的なスケールを生かして実現できる経済性を犠牲にすることなく、各ビジネス部門がそれぞれのビジネス戦略を遂行できるような方法で、サプライチェーンのオペレーションを統合することである。つまり、各ビジネス部門に収益を最大化するための十分な柔軟性を与えつつ、同時に全社的なコストを管理するということだ。

BASFがたどり着いたソリューションは「調和」であった。同社はこれを、ある程度の変化の余地を残したプロセスの標準化と定義している。調和を目指す取り組みの中心的な役割を担ったのは「グローバルプロセスの専門家」たちだ。彼らは数多くの標準的サプライチェーンプロセスを定義し、各プロセスについて、取りうる選択肢の一覧を示すという任務を負ったのである。基本的なプロセスは定義通りに実行し、顧客との直接的な接触を含む部分については各ビジネス部門が多様な選択肢の中から選ぶというのが、この取り組みの考え方である。

グローバル・サプライチェーンおよびプロセス・イノベーション担当シニアバイスプレジデントのアンドレアス・バックハウス氏は次のように説明する。「当社には受注から入金までのプロセスがありますが、これはどの企業でもだいたい当てはまるものです。注文を受け付け、在庫を割り当て、製品を顧客に届けるという流れです」。だが注文の受付方法は、電話、ファックス、インターネットなどさまざまだ。注文方法によって発注日の通知方法やデリバリースケジュールの管理方法もいくつか考えられ、それぞれの部門で最も適切なプロセスを選ぶことができる。

このような変革の結果、BASFではすべてのビジネス部門で同じ補充、保管、物流プロセスが実行されるようになり、バックエンドで発生するプロセスが高度に標準化された。一方、フロントエンドでの供給面、すなわちBASFが顧客とじかに接するプロセスでは、それまで以上にカスタマイズが進んだ。BASFが重点的に投資したのは後者のプロセスである。なぜなら、BASFの製品やサービスを競合他社と差別化する武器となるからだ。

BASFグループの情報サービスおよびサプライチェーン担当プレジデントのロバート・ブラックバーン氏は次のように述べている。「顧客にもっと寄り添うという当社の目標を達成するために、このサプライチェーンが不可欠です。BASFのスケールメリットや顧客の業界に対する幅広い知識が生かせるような、他社とは一線を画すサプライチェーンモデルを開発しています」

予想外の需要の動きに1年前から対処する

BASFの調和したサプライチェーンプロセスは、農薬部門のサプライチェーンが殺菌剤を生産して農家に届けるときの出発点となる。同部門が使用する補充、保管、物流プロセスは他部門と共通だが、輸送やそれを支える計画プロセスは同部門固有のビジネスモデルに合わせて調整されている。

農業部門の事業は、BASFの中でも多くの点で特殊である。例えば同部門はエンドユーザー（この場合は農家）に向けて製品を生産しているという点だ。こうした製品は医薬品と似たところがあり、多額のR&D投資を回収するだけの利益を上げなければならない。さらに、BASFでは製品を直接農家に販売することは少なく、多くの場合は流通業者に販売する。流通業者が殺菌剤を保管し、農家のニーズに応じて販売するのである。

計画プロセスの課題

これらの要素が組み合わさることで、同部門の計画プロセスには特殊な課題が生じる。基本的に農業のサプライチェーン組織は、流通業者が農家からぎりぎりのタイミングで注文を受けたときにも対応できる十分な在庫を維持し、なおかつ過剰な在庫を抱えることがないように、多岐にわたる製品の需要をそれぞれ正確に予測する必要がある。しかし病害や天候など予測できない要素があるため、これは簡単なことではない。農業関連製品の需要予測の精度が70％を超えることはまれなのである。

計画プロセスの重要性――そして難しさ――には、リードタイムがかかわっている。殺菌剤に用いられる最先端の化学物質の生産には時間がかかり、場合によっては18カ月を要することもある。これを、発注後1日以内に納品してほしいという顧客のニーズとすり合わせなければならないのだ。製品の組成は、利用可能な原料を常に十分に確保するということを念頭に決められるが、こうした原料は高価かつ傷みやすい。それに加え、法律や登録要件が変われば使用できなくなる製品もある。従って余分な在庫をいつも手元に置いておくことはできない。

さらに、殺菌剤は販売する国ごとに登録する必要がある。ある国で登録済みの殺菌剤でも、別の国では改めて登録しないかぎり販売できない。製品の組成も、各国の規制にしたがって変化する。そのため、製品の組成とラベル表示の両方でカスタマイズが不可欠である。これはつまり、ＢＡＳＦは組成やラベルが異なる最終製品を比較的小さなロットで大量に生産しているということだ。１つ例を挙げると、ＢＡＳＦには欧州、アフリカ、中東地域向けに１５００種類の農業関連製品があり、顧客数は数千だ。カスタマイズした組成やラベルを数え上げれば、販売アイテムの種類は1万種以上である。

このようにさまざまな問題によって需要予測は困難な作業になり、農業部門のサプライチェーン組織は、常に運転資本のコストと失われる売上を天秤にかけて検討することを迫られている。しかもこれは、その年の売上だけの問題ではない。売上を失うことによって、競合他社に長期的に顧客

図6　農薬サプライチェーン

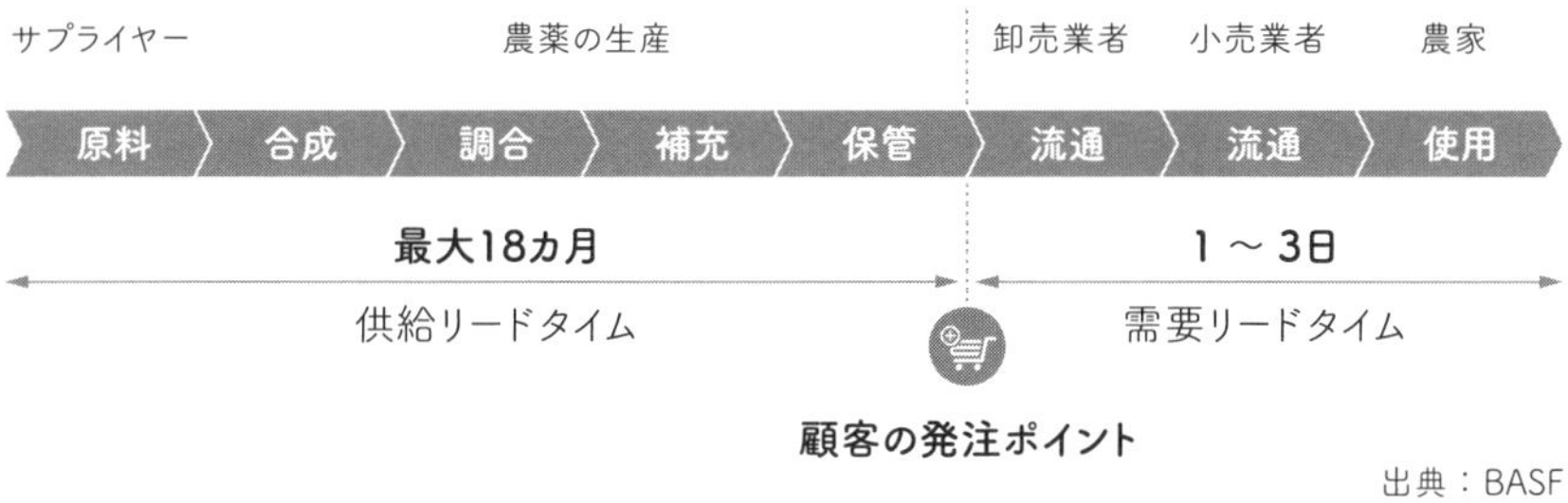

出典：BASF

を奪われることにもなりかねないのである［図6］。

実行中の需要予測

農業関連製品の典型的な消費者は、地元の卸売業者や流通業者と契約して製品を注文する農家の人々である。卸売業者は流通業者に発注する。流通業者は卸売業者に、あるいは直接農家に殺菌剤を出荷する。BASFではこのような在庫の動きを可視化したおかげで、48時間以内に製品を補充することができる。

BASFの需要予測プロセスは、確実に殺菌剤を補充できるようにするものだ。農業関連のサプライチェーンでは、ほとんどの製品（需要がおおむね安定しているもの）について、年に2回、すなわち春と秋にやって来る作物の生育期間の6カ月ほど前のタイミングで需要と供給を調整する。このプロセスの中で国ごとの需要と供給が調整され、各国に供給量が割り当てられる。完成した最終計画は、製造工場での生産計画の策定に使われる。そして作物の生育期間が始まる直前、農家が最初の種の植え付け準備を進めるころに、BASFは流通業者と製品の価格交渉をする。サプライチェーン組織はこの情報をもとに、供給不足になった場合の対応計画をさらに詰めていく。

この基本的なプロセスに加えて、農業関連のサプライチェーンには、利益率が高く需要のボラティリティー（変動）が大きい製品に重点的に取り組むセールス&オペレーション・プランニング（S&OP）プロセスがある。各地域のチームは月に一度行うグローバルチームとのミーティングで、需要予測を最新のものに更新し、必要な供給量を決定する。

サプライチェーンの真価が試されるのは、その信頼性である。欧州、アフリカ、中東地域のセールスエクセレンスに責任を負うヘンリー・コモレット氏は、「何を、いつまでに手に入れたいという顧客の期待に応えることが我々の仕事です。これが我々の日々のミッションなのです」と述べている。BASFがこうしたミッションを果たし続けられるようにすることが、計画プロセス全体の目標である。

現場で使われる製品

BASFの農業関連のサプライチェーンは、適切な需要予測を重視する一方で、製品が農地で正しく効果的に使われるようにするための取り組みにも大きな労力を傾けている。数年前にBASFの農学者は、インドの農家とともに、サンスクリット語で繁栄を意味する「サムルディ」と名づけた取り組みを実施した。BASFの営業担当者は、公会堂での講義、農地での研修、個々の農家への訪問というかたちで、作物の収穫量、価格設定、収益性に関するアドバイスを提供した。この取り組みは大成功を収め、収穫量の増加や農家の所得向上をもたらした。この取り組みはその後、他のアジア諸国、そしてアフリカでも展開された。

成功を測定する

BASFはビジネスパフォーマンスの管理を特に重視しており、提供する製品のラインナップを定期的に見直して最適化することで知られている。サプライチェーンの観点では、パフォーマンスの測定と管理が重点分野である。中央のサプライチェーンパフォーマンス測定チームが社内の上層部向けとサプライチェーンオペレーション向けの月次報告書を作成し、さらに各部門のマネジャーに対しても、サプライチェーンのパフォーマンスに関するデータの理解が進むように支援している。これらの報告書には在庫関連の数値、物流コスト、顧客デリバリーパフォーマンスなど、サプライチェーンの主要な測定結果が記載され、BASFの世界各地の拠点で共有されている。

BASFのマネジャーたちは、同社にとって真の価値になるものを生み出すために、これらのデータを活用する。例えば物流コストや顧客サービスのデータは、物理的なネットワークの最適化やサービスプロバイダーとの交渉に利用されている。また在庫データは、製品ラインナップの決定や毎月の計画プロセスにおいて、重要な判断材料になっている。

顧客デリバリーパフォーマンスを理解するときには、データが特に重要な意味を持つ。農業部門でいえば、世界に400カ所以上ある出荷ポイントからデータを集めることを意味する。サプライチェーン・パフォーマンス測定部門のシニアマネジャーを務めるトレイシー・メイ氏は次のように述べている。「BASFは顧客デリバリーについて両面から――つまり、顧客が要求した期日に納入されたか、またBASFが約束した期日に納入されたかという2つの観点で――調査しています。顧客サービスは最優先事項であるため、パフォーマンスのデータは毎日更新され、事業全体の関係者がオンラインで確認できるようになっています」

サプライチェーンパフォーマンスの測定チームは、BASFでいう「コミュニティ・ネットワーク」と緊密に連携して動いている。コミュニティ・ネットワークは各事業の代表者で構成され、評価基準が全社的に適用されるように取りはからっている。また、各事業に固有の要件を満たすソリューションを定義することで、現在進行中のシステムの進化が確実に持続するようにしている。

ここでも、よりどころになるのは（標準化ではなく）調和である。サプライチェーンパフォーマンスの測定チームは、測定に関する各事業固有のニーズに配慮するためにコミュニティと連携している。これによって、それぞれの部門が自部門のサプライチェーンをオペレーションの観点から監視することを可能にしつつ、管理報告やベンチマーク分析で使用される、世界レベルで整合性のとれたKPIを維持できるのである。各事業固有の観点と全社的な観点の双方を活用することで、BASFのサプライチェーンは変革に成功しつつあり、BASFの価値を高めることに貢献している。ただしBASFにとって、応答性の高い農業サプライチェーンを構築することは単なるビジネス目標ではない。社会的な義務でもある。農薬がなければ、毎年世界全体の収穫量の半分近くが失われると試算されている㉔。世界の人口が増え続ける中、農業生産量を増やす必要性はいっそう高まっていくだろう。

BASFの世界規模のサプライチェーンは、このニーズに応えるために進化を続ける必要がある。革新的な製品を研究室から農地に送り出すプロセスが、今すぐに簡単になることはないだろう。しかし、世界の食料供給を需要の増加に合わせて確実に増やしていくためには、この困難を克服することが不可欠なのである。

㉔ Erich-Christian Oerke, "Crop Losses to Pests," *The Journal of Agricultural Science*, Vol. 144, Issue 01, February 2006, 31–43.

原則2

一貫性のあるプロセスアーキテクチャーの開発

サプライチェーン戦略の実行に向けた第一歩として、サプライチェーン全体の活動を明確化する「プロセスアーキテクチャー」を設計する必要がある。優れたパフォーマンスを発揮するサプライチェーンを備えた企業では、統合されたプロセスアーキテクチャーを実現している。そのアーキテクチャーの中で計画、調達、生産、納入、返品、そしてイネーブルメント（業務の実行を可能にする基盤）の各プロセスが高いレベルで協調し、競争上の強みを生み出す重要な源泉となっている。非常に困難な道のりではあるが、サプライチェーンを最大限に生かすことが重要だ。

サプライチェーン戦略の準備が整ったら、次はその戦略を実行に移すためにサプライチェーンの各プロセスを取りまとめる段階に入る。基本的に、あらゆるサプライチェーンには柱となる6つの主要プロセスがある。それは計画、調達、生産、納入、返品、イネーブルメントである。そして各プロセスは、一連のサブプロセスと活動――製品やサービスを生産し、顧客に届けるために必要な何千ものステップ――で成り立っている。個々のステップは一貫性のあるワークフローの一部として統合され、整合していなければならない。

異なるステップをシームレスに統合するのは簡単なことではない。そのため、この6つの主要プロセスの設計図ともなるサプライチェーンのプロセスアーキテクチャーを構築することが重要だ。この設計図は他にも、サプライチェーンを機能させるために不可欠な情報システムを選択したり、その情報システムを運用したりする際に活用できる。

サプライチェーンのプロセスアーキテクチャーは、サプライチェーン全体のオペレーションの方法を、平常時だけでなく非常時の対応も含めて明確にするものでなければならない。柔軟性と信頼性があり、ビジネス環境の変化に対応できるアーキテクチャーが理想である。

何より大切なのは、一流のプロセスアーキテクチャーは企業の競争基盤を支えるものだということだ。例えばアマゾンのサプライチェーンマネジメントはさまざまな点で優れているが、同社は顧客体験を競争基盤とする企業であることから、オーダー処理のプロセスが秀でている。一方、品質を競争基盤とするレクサスは、生産プロセスに秀でている。もちろん、企業が1つのプロセスだけに力を傾けて、残りは無視するということはあり得ない。しかし、自社の製品やサービスを市場で差別化できるようなプロセスに特に力を入れることが重要なポイントである。

図7　社内のサプライチェーンプロセスアーキテクチャー

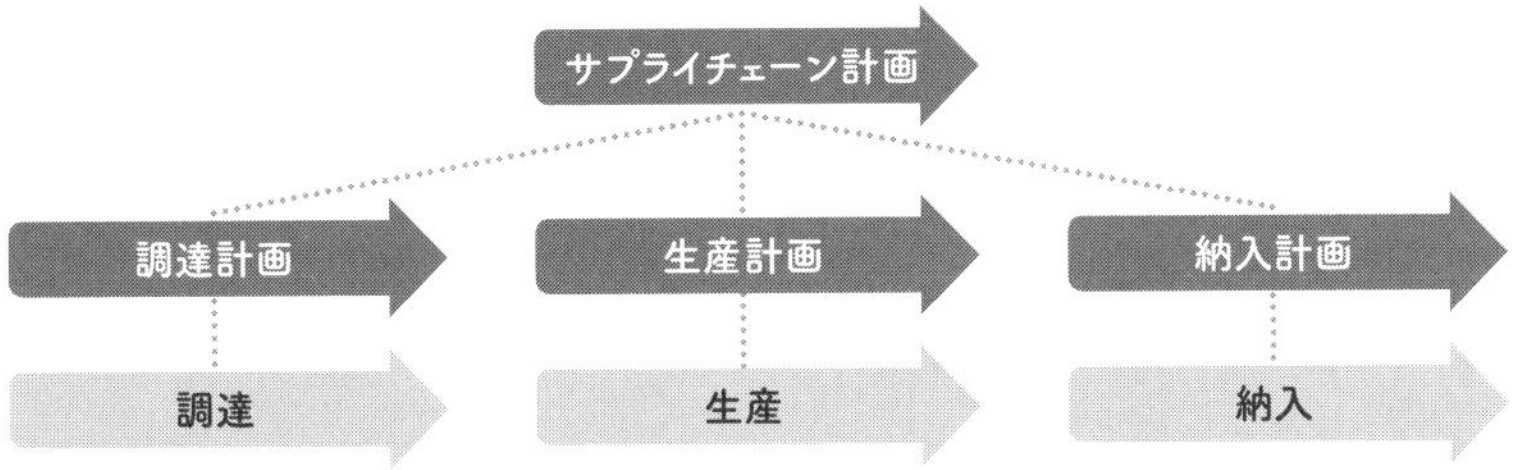

業界や製品を限定したとしても、それに最適なプロセスアーキテクチャーを1つに決めることはできない。ある企業で成功するプロセスアーキテクチャーでも、他の企業では失敗する可能性もある。肝心なのは、プロセスアーキテクチャーがその企業の競争基盤を支えるかどうかという点である。

統合サプライチェーンのプロセスアーキテクチャーの設計

サプライチェーンのプロセスアーキテクチャーでは、サプライチェーンが正しく機能するために必要なあらゆるプロセスや情報について詳細化されている。とりわけ、プロセスが統合されていることを明確にする役割がある。6つの主要プロセス（計画、調達、生産、納入、返品、イネーブルメント）はいずれも独立したプロセスで、それぞれに独自のインプットとアウトプットがある。

そして各プロセスとも、2つの側面で外部と作用しあっている。1つは社内のほかの部門との企業内相互作用。そしてもう1つは、サプライヤーと顧客を含む企業間の相互作用である。各プロセスを設計する際は、これらの相互作用やインプットとアウトプットのタイミングに特別な注意を払うことが理想だ。統合されたサプライチェーンは、このようにサプライチェーン、各機能、顧客、サプライヤーにまたがってかかわり合うプロセスで構成されているのである。図7は、企業内のプロセスの相互作用を簡潔に示したものだ。しかし現実世界のサプライチェーンのプロセスアーキテクチャーには、サプライヤーや顧客を含むサプライチェーン全体の相互作用が含まれている。

広範囲にわたる統合はサプライチェーンのパフォーマンスを左右する鍵である。統合できていない場合、サイクルタイムが長くなり、必要な運転資本やオペレーションコストが増加する。例えば調達プロセスは、サプライヤーからどの原材料がいつ到着するかという情報を発信する。もしこの調達情報が誤っていた場合、設備や人員を割り当てても原材料不足のために生産指示が出せず、貴重な生産時間が失われてしまうだろう。

他の機能プロセスと統合する

サプライチェーンと他のコアプロセス――マーケティング・販売、製品・サービス・技術の開発、顧客サービスと顧客サポートなど――との間には、重要な相互作用がいくつも存在する［図8］。そのため、サプライチェーンのプロセスアーキテクチャーをサプライヤーや顧客と統合するだけでは不十分である。社内の他のプロセスとも統合できていなければ、効果は望めない。

PwCパフォーマンス・メジャーメント・グループ（PMG）が実施した調査の結果も、このことを裏付けている。ベストインクラスの企業、すなわち顧客サービス、運転資本、オペレーションコストの各指標の測定結果が上位20％に該当する

図8　企業のプロセスモデル

企業では、6つの主要プロセスのすべてが密に統合され、他の機能プロセス（製品開発や販売など）と密接にリンクしたプロセスアーキテクチャーを備えている割合が多かった①。

全社的なプロセスの統合を実現するためには、各プロセスの範囲が明確化されている必要がある。さらに、サプライチェーンと他の社内プロセスとの間のインプットとアウトプットがきちんと定義され、同期されていなければならない。ただし、全社的なプロセスの統合は、あくまでも基本であり、問題の一部でしかない。企業はパートナー企業の統合ルールを定め、サプライヤーや顧客とどのプロセスを統合するかを規定しなければならない。外部との統合レベルは、そのサプライヤーや顧客がコラボレーションの分布範囲《スペクトラム》の中でどこに位置付けられるかによって決まる（第4章を参照）。

製品・サービス・技術の開発プロセス

受注設計生産モデルの環境で動く組織——ターンキー契約*で発電所を設置するプロバイダーや、オーダーメイド家具のメーカーなど——では、顧客のオーダー処理の一部として、技術・製品・サービスの開発プロセスとサプライチェーンとの統合が必要である。その他の企業にとっては、これらのプロセスの統合は新製品をタイミングよく発売したり（市場投入までの時間）、新製品の生産目標を予定通りに達成したり（大量生産までの時間）するための鍵となる。

製品開発とサプライチェーンを統合すると、重要なプログラムで必要となる生産やサプライヤーのリソースを確実に準備できるようになる。このように統合することで、企業はより迅速に設計変更できるようになり、市場投入までの時間が短縮される。また調達プロセスを統合すると、自社の製品やサービスにサプライヤーの最高の技術を確実に取り込めるようになる。返品プロセスを統合すると、欠陥やあまり理解されていない機能に関する情報を、既存製品の改善やより良い新製品の開発に確実に生かせるようになる。

① PwC Performance Measurement Group, SC2 Book Analysis, 2012.

＊ プラント輸出などで、設計から調達（資材、機器、人材）、建設、テストまでを業者が一括で行い、完全に稼働可能な状態で引き渡す受注形態。フルターンキー契約ともいう

製品開発とサプライチェーンプロセスの密接な結びつきを実現する手法に、製造性を考慮した設計(Design for Manufacturing: DFM)とサプライチェーンを考慮した設計(Design for Supply Chain: DFSC)の2つがある。DFMでは、組み立てやテストが容易でリソース消費が少ない設計を実現する。また製品をモジュラー化し、生産後期に最終消費者の注文に合わせたカスタマイズができるようになるため、柔軟性も向上する。

DFSCはDFMをさらに進めたもので、製品の発注、包装、出荷、設置、保守が容易になるような設計を実現する。そして生産や納入におけるリソース(電力など)の使い方を考慮することで、サステナビリティも強化する。また、製品が耐用年数に達した後にどの程度部品をリサイクルできるかという点も具体化する。このようにしてDFMやDFSCの手法は、コストの削減、品質の向上、オーダー処理の迅速化、持続可能なサプライチェーンの推進を可能にするのである。

イケアは製品開発とサプライチェーンプロセスの統合で業界をリードする企業であり、スタイリッシュな家具をリーズナブルな価格で消費者に提供している。製品は規格に合わせたモジュールとして設計され、構成部品は薄型のパッケージにぴったり収まるようにできている。コンパクトなパッケージのおかげでイケアの各店舗への輸送効率も上がり、顧客が自分で持ち帰ることができるほど扱いやすい。この納入モデルは、イケアと顧客の双方のコスト削減に貢献している②。

マーケティング・販売プロセス

サプライチェーン計画を策定するときは、顧客の需要を的確に見極め、顧客や市場のニーズに関する情報を入手し、プロモーション活動の必要性やその効果を評価するために、マーケティング・販売プロセスとの統合が不可欠である。それにより、顧客、市場、製品のニーズに基づいて、生産スケジューリングを実行することができる。

② Suzanne VanGilder, "Manufacturing IKEA Style," *Surface and Panel*. http://www.surfaceandpanel.com/articles/cool/manufacturing-ikea-style.

市場セグメントごと、あるいは重要な顧客ごとにオーダー管理プロセスを設計する場合は、営業面で顧客に提供したい価値を反映したサービスメニューの提供が求められる。一般的にサービスメニューには、納入リードタイム目標のほか、製品のカスタマイズ、特殊な梱包、最低発注量などが含まれる。これらに加え、マーケティング・販売プロセスでは個々の発注について、オーダー処理に必要な情報、すなわち価格設定、顧客別の契約条件、顧客の優先事項に関する指針などを提供しなければならない。

財務プロセス

サプライチェーン計画の財務情報の質を確保するためには、財務プロセスとの統合が必要である。株主が企業に期待するのは、質が高く信頼できる財務情報を提供することである。寝耳に水の話は聞きたくないのだ。将来を見越した財務業績資料を作成するためには、受注、利益率、キャッシュポジションについて、サプライチェーン計画からもたらされる情報を考慮しなければならない。企業および規制の要求事項に沿って、サプライチェーンの内外で発生するあらゆる状況を把握・報告する必要がある。財務展望の中には、調達、生産、オーダー管理で生じる主なサプライチェーンリスクが含まれていなければならない。このような情報は、企業の財務戦略や運転資本戦略を実現するうえでも極めて重要である。

優れた運転資本管理を実現するには、サプライチェーンの実行プロセスを強固に統合することも必要だ。肝心なのは、支払い条件を定義し、それをサプライヤーと顧客の両方に確実に守らせることである。納入に罰則や損害賠償の規定が適用される業界の場合、企業はこうした規定に基づいて、優先的に供給しなければならない顧客を判断したり、納品が遅れたサプライヤーと協議したりする。

全社的なプロセスの標準化と調和を実現する

策定したサプライチェーンプロセスを全社に適用する際のルールを定めることも、同じように重要である。具体的には、異なる事業、製品ライン、拠点間でどこまでプロセスを共有するかを定める「標準化と調和」のルールが必要となる。標準化は一律で同じプロセスを適用することを意味する。それに対し調和は、顧客や市場の要求事項、あるいはその企業におけるプロセスの自動化レベルに合わせて、許容されるバリエーションの範囲を定義する。このように重要なルールを明確にしておくことでサプライチェーンが簡素化され、共通するツール、プロセス、ケイパビリティーへの投資を生かしやすくなる。

各ルールは極めて明確に定めなければならない。例えば、対象範囲はプロセスなのか、情報システムなのか、あるいは両方が対象なのかを明確にすべきである。ただし、やり過ぎは禁物だ。複数の事業や製品ラインに1つのやり方を押しつけようとしてはならない。それぞれの事業や製品ラインには、戦略目標や市場の特異性に対応するための独自のプロセスが必要な場合がある。標準化と差異の受容の間でバランスの取れたプロセスを採用するほうが好ましいであろう。

ある一流のバスルーム設備・備品供給業者は、2つの主要市場セグメントに向けてオペレーションを展開していた。比重が大きいのは卸売業者のセグメントだ。卸売業者は小規模小売店を含むさまざまな販売チャネルに製品を提供している。そしてもう1つが、市街地にありショールームを備えた専門小売店のセグメントである。こちらはオペレーションの規模は小さいものの、利益率が高かった。

卸売業者はビジネスモデルの一環として在庫保管スペースを確保しているが、ショールームの場合は在庫保管スペースに限りがあり、まったくない場合もあった。そのためこのプロバイダーは、バスルームの設備一式を指定された日に店舗に届けられるように、ショールーム専用の発注・納入プロセスを構築する必要に迫られた。

このプロバイダーが最初に取り組んだのは、オーダー管理プロセスの標準化である。つまり、卸売業者にも小売店にも同じプロセスを適用しようとしたのだ。だがこの手法は分割納入の増加を招き、専門小売店に不満を抱かせる結果となった。売上も落ち込んだため、同社は次にオーダー管理を2系統に分け、それぞれのセグメントに固有のニーズを満たすことを目指した。ただしその際、両セグメント共通の生産プロセスは標準化したまま残した。

プロセスの標準化と調和を図ったこのアプローチは、同社にいくつかの重要なメリットをもたらしている。まず、有効性が立証された作業手順を社員に教育する基盤ができたため、オペレーションチームのスキルの向上につながったこと。そして、世界各地の組織でベストプラクティスを共有できるようになり、全社的なパフォーマンスの改善が促されたことである。それと同時に、各地の需要のピークに合わせた業務の割り振りが容易になり、固定費を抑えたままで収益を最適化することにも役立った。さらに忘れてならないのは、標準化と調和によって共通の情報システムが利用できるようになり、これらのシステムの展開やオペレーションに関連するコストが削減できたことである。

一貫したサプライチェーンマネジメントのための主要プロセス

優れたプロセスアーキテクチャーになるかどうかは、それを構成するプロセス次第で決まる。そのため、プロセスアーキテクチャーを設計する第一歩として、どのプロセスをアーキテクチャーに含めるかを決める必要がある。

同じ活動でも企業によって呼び方が異なり、サプライチェーン活動の分類方法もまちまちである。そこで混乱を避けるために、ここでは計画（Plan）、調達（Source）、生産（Make）、納入（Deliver）、返品（Return）、イネーブルメント（Enable）という用語を用いることにする［表3］。

これらの6つの用語は、恣意的に選んだわけではない。我々が策定に携わった標準参照モデルである「サプライチェーン・オペレーションズ・レファレンス（SCOR®）モデル」で使われているものだ（コラム「SCORモデル」85頁参照）。SCORでは主要プロセスを「プロセスタイプ」と呼ぶ③。そして各主要プロセスに含まれる活動は、計画、実行、イネーブリングのどれかに分類される（コラム「プロセスの3つのカテゴリー」左頁参照）。

表3　エンドツーエンドのサプライチェーンマネジメントの主要プロセス

活動	プロセス	説明
計画	計画	ビジネスの優先事項に合致した実行計画を策定するために、需給バランスの調整を支援する。
実行	調達	顧客の注文や将来の需要に応えるために、社外で生産された製品やサービスを獲得する。
	生産	顧客の注文や将来の需要に応えるために、リソースを販売可能な製品やサービスへと変換する。
	納入	注文を受け、製品やサービスを顧客に届ける。
	返品	メンテナンスや修理のための返品、あるいは環境面や品質面の理由による返品を管理する。
イネーブリング	イネーブルメント	業務ルール、製品データとマスターデータ、パフォーマンス、コンプライアンスとリスクなどの管理を通し、計画プロセスと実行プロセスを支援する。

③ *Supply Chain Operations Reference Model*, Revision 11.0, Supply Chain Council, October 2012.

コラム

プロセスの3つのカテゴリー

プロセスには次の3つのカテゴリーがある。

- **計画活動**　サプライチェーンが正しく機能するように、需給情報に基づいてリソースを確実に配置する活動。
- **実行活動**　サプライチェーンの実行中に行われる活動。製品やサービスを生み出して顧客に届けるために、企業は調達、生産、納入、返品の各活動を行う。
- **イネーブリング活動**　サプライチェーンの計画プロセスと実行プロセスの有効性を確保するための活動で、イネーブルメントと呼ばれることもある。イネーブリング活動には、パフォーマンス管理、リスク管理、規制順守が含まれる。

マネジャーの多くは、具体的な活動である実行活動に注目しがちだ。これに対し計画活動はより抽象的である。計画活動には予測や意思決定といった明確な答えのない活動が含まれる。この不確実性のために、一部のマネジャーは苦手意識を持つのである。

イネーブリング活動も同じである。この活動には、白か黒か明確に決められないような重要な意思決定が多数含まれる。場合によっては意思決定に必要なパラメーターさえはっきりせず、選択肢を定義するところから始めなければならないこともある。例えば業務ルールについて考えてみよう。生産能力を超える注文が来た場合、どの顧客を重視すればよいだろう。最も利益が大きい顧客だろうか。あるいは納期が最も近い顧客だろうか。企業は多数の業務ルールを決めなければならないが、顧客の優先順位づけはその1つである。その他のイネーブリング活動として、主要サプライチェーンデータの管理などは比較的理解しやすいものと言える。

計画活動やイネーブリング活動が貧弱であっても、サプライチェーンのオペレーションは——少なくとも短期的には——成り立つ。しかしこれは、エンジンオイルの警告ランプが点灯した状態で車を走らせるようなもので、物事がうまく回らなくなるまでに、それほど長くはかからないだろう。計画活動とイネーブリング活動に優れた企業は、安定して良好なパフォーマンスを維持することができ、ビジネス戦略の進化にプロセスを適応させるのも早いのである。

計画プロセス

計画プロセスは、「サプライチェーン計画」や「統合ビジネス計画」とも呼ばれる主要プロセスである。企業が需要を満たすための適切なリソースを確保し、そのリソースを収益性、市場シェア成長率、運転資本目標といったビジネス目標に合わせて割り当てることを担保するための活動である。

主要プロセスの中で、計画プロセスは他のプロセスと比較して、ある重要な点で特殊である。実行プロセス（調達、生産、納入、返品）が、製品を生み出して顧客に届けるための活動で成り立っているのに対し、計画プロセスはこれらの活動が円滑に行われるよう舞台を整えるものだからだ。例えば、計画プロセスは調達プロセスに対し、製品・サービスの生産に必要な原材料やそのボリュームに関する情報を提供する。同様に生産プロセスに対しては、製品・サービスのボリュームに関する情報を提供する。

計画プロセスは需給バランスの維持に役立ち、優れた業績を実現するうえで極めて重要である。つまり、計画プロセスによって、できる限り正確な需要見通しを得ることにより、全体的な財務目標を逸脱しない範囲で、需要に見合った量の製品やサービスを確保するための意思決定ができるのだ。計画プロセスでは、代替案を検討したり最善の方法を決定したりするために、多数の社内部門（販売、製品ライン管理、総括管理、財務など）や顧客、サプライヤーとのコラボレーションが必要になる。表4に、計画プロセスに秀でた企業の強みを示した。

計画プロセスの卓越性の基盤となるのは、次の3つの原則である。

タイムリーで正確な情報を使用する

需要と供給はどちらも刻々と変化するものであり、今日は正しいことでも、おそらく明日は正しくなくなっているだろう。正確な計画に求められるのは、需要面ではエンドユーザーの消費、販売パイプライン、下流の在庫水準、競合他社の状況に関するデータに基づいた顧客の需要情報である。また供給面で求められるのは、需要を満たすために不可欠なリソース――労働力、生産能力、原材料――についての理解である。ここで言うリソースには、社内のリソースと主要サプライヤーのリソースの両方が含まれる。計画プロセスに情報を提供する部門は必ず、需給のバランスを取る日程に合わせて報告を上げる必要

表4　計画プロセスにおけるトップパフォーマンス企業の測定値

計画	トップパフォーマンス企業の優位性 一般企業の平均値との比較	トップパフォーマンス企業の優位性 一般企業の中央値との比較
予測精度	27％ 精度が高い	20％ 精度が高い
計画サイクルタイム（予測と再計画）	6倍 のスピード	5倍 のスピード
サプライチェーン関連の財務および計画コスト（COGSに占める割合）	56％ 支出が少ない	36％ 支出が少ない

がある。例えば販売管理チームは、需要情報を提供する前に、販売パイプラインを見直す必要がある。

リスク管理と回復力を計画に組み込む

計画プロセスでは、通常の四半期ごとや月ごとの需給調整だけでなく、最悪のシナリオへの準備もしなければならない。企業は自然災害や金融危機、政情不安などが原材料や構成部品の供給にもたらす重大なリスクを軽減させるよう努めなければならない。重要な戦略の1つが、サプライベースのセグメント化である。これは、ガバナンス上の合意内容、パフォーマンス計測方法、リスク管理アプローチについて、サプライヤーごとに異なるモデルを用意することである④。

また、企業が比較的リスクをコントロールできるイベント、例えば新製品発売などの計画を立てるのもよい方法だ。この場合、計画プロセスで特に必要になるのは、需要が急増した場合に既存サプライヤーが増産に対応でき、人手不足に陥らずに済むかどうかを判断することだ。また調達プロセスと連携して、サプライヤーの財務基盤が安定しているかどうかも確認する必要がある。

英国を拠点とする航空機エンジンのリーディング企業、ロールス・ロイスの例を見てみよう。同社はセールス&オペレーションプランニング（S&OP）プロセスを通して、全体の需要が伸びていても、たった1つの製品の需要が落ち込むことで複数の主要サプライヤーが経営難に陥る可能性があることを突き止めた。同社では、S&OPがこうしたリスクを把握し、管理するための絶好の場になると考えている。そのため、S&OPチームの成功にはリスクマネジャーが欠かせない存在となっている⑤。

簡素化を目指す

計画プロセスは可能な限り簡素化し、現実的で実行可能な計画を立てることに集中すべきである。

④ Michael Giguere and Glen Goldbach, "Segment Your Suppliers to Reduce Risk," *CSCMP's Supply Chain Quarterly*, Quarter 3, 2012. http://www.supplychainquarterly.com/topics/Global/20121001-segment-your-suppliers-to-reduce-risk/. Accessed November 2, 2012.

⑤ Sanjiv Sharma, "How to Manage and Mitigate Risk Using S&OP," Institute of Business Forecasting and Planning, May 10, 2011. http://www.demand-planning.com/2011/05/10/how-to-manage-and-mitigate-risk-using-sop/.

だが検討項目が多いために、これを実現するのはなかなか難しい。例えば各種需要情報（国、市場セグメント、製品、ブランド）、各種必要なリソース（原材料、生産、テスト、輸送）、そして各地に散らばる関連拠点（自社工場、パートナーの拠点）を考慮する必要がある。それと同時に、最も利益率の高い製品や各国の重要顧客といったパラメーターに基づいて、リソースを使用する優先順位を決めておくことも重要である。だが、すべての変数を考慮してサプライチェーン全体のリソースを最適化しようとしても、すぐに行き詰まってしまうだろう。その場合は、ボトルネックになる重要なリソースに注目することでプロセスを簡素化し、供給不足時に優先する市場や顧客を決める基準を2つ以内に絞るとよい。

調達プロセス

調達プロセスはサプライチェーンの2つ目の主要プロセスだ。生産に向けて適切な生産能力、原材料、サービスを割り当てるための活動で構成される。外部サプライヤーの場合、調達プロセスには通常、世界および地域レベルの調達チームに加え、現地の調達チームや資材管理チームが関与する。このプロセスに含まれる活動には、サプライヤーの選択やサプライヤーとのリレーションの管理といった戦略的活動から、購入、スケジューリング、受入、検収、サプライヤーへの支払いの許可といった戦術的活動が含まれる。

卓越した調達プロセスは、必要なリソースを必要なときに、適切な品質とコストで、しかも目標在庫水準に合わせて入手できるようにするという点で、優れた業績の実現に役立つ。表5（次頁）に、調達プロセスのトップパフォーマンス企業に関するいくつかの測定結果を示した。

調達プロセスの卓越性の基盤となるのは、次の3つの原則である。

総所有コスト（TCO）に注目する

原材料を最低価格で購入しようとする企業は多いが、これは短絡的なアプローチであり、しばしば逆効果をもたらす。例えば安く車を買ったとしても、故障しがちですぐに買い換えが必要になったり、簡単に買い換えられずに使い続けるはめになったりするようでは、よい買い物だったとは言えない。購入時や契約時に価格を決める際には、必ずすべての関連コストを検討しなければならない。最初に目指すべき目標は供給力を確保することであり、個々の製品やサービスの調達を二重化する必要性も検討すべきかもしれない。そのためには先行投資を増やさなければならないが、供給不足が原因で生産時間や受注を逸失するリスクを軽減することができる。

TCOを減らすためには、製品やサービスだけでなく、サプライチェーン全体のコスト改善目標を設定するとよい。例えばすぐに使える状態の原材料は、価格がやや高くても検収や準備の作業を省くことができるため、生産工程でのTCOの抑制につながる。また、柔軟性も検討事項になる。例えば、安く発注するために何カ月も前にサプライヤーに確定注文を出していることが原因で、結局在庫のミスマッチや償却が発生しているならば、割り増し価格になっても発注を遅らせたほうがよいかもしれない。

調達戦略と統制範囲を連携させる

表5　調達プロセスにおけるトップパフォーマンス企業の測定値

調達	トップパフォーマンス企業の優位性 一般企業の平均値との比較	 一般企業の中央値との比較
生産原材料の供給力（20％増やすために必要な時間）	9倍 のスピード	9倍 のスピード
原材料在庫（在庫日数）	84％ 在庫が少ない	72％ 在庫が少ない
原材料獲得コスト（COGSに占める割合）	64％ 支出が少ない	54％ 支出が少ない

企業は、サプライチェーンのリスクおよび企業の社会的責任という2つの理由から、サプライチェーンを深く管理して広範囲にわたって統制することが求められる。自社に最も近いサプライヤーのオペレーションを可視化するだけでは不十分だ。サプライヤーのサプライヤー、そしてさらにその先（ティア2、ティア3と呼ばれるようなサプライヤー）で発生していることも把握しておく必要がある。専門分野に特化した企業の多くが小規模企業であり、必ずしも財務が安定しているわけではないことを考えると、このことは特に重要である。下位の階層で生じた小さな問題がサプライチェーンを伝わるうちに大きくなり、深刻な結末につながることは珍しくない。

サプライチェーンを深いレベルで管理するための第一歩は、適切なサプライヤーを選定し、彼らと適切な合意を形成することである。最終的には、可視化とタイムリーな是正処置が必要となる。可視化を実現するには、リスクアセスメントと監査、サプライヤーに対する継続的な監視、そしてサプライヤーからの情報開示といった手段が有効である。また環境に対する責任などの分野で、サプライヤーの能力を高める手助けをすることも必要になるだろう⑥。

全社的な視点を持つ

世界規模で全社と取引するサプライヤーを選定し、こうしたサプライヤーから大量に購入することで、スケールメリットを実現することができる。それと同時に、標準品の集中購買チームを通して、同一の仕様、評価基準で世界規模のサプライベースを管理することで、スコープ（範囲）メリットも実現することができる。全社視点を持つことで、より節税効果の高いサプライチェーンを作り出すチャンスも生まれる。例えば、購入の意思決定の権限を持つ組織を税率の低い地域に置くことで、コストを削減することが可能である。

⑥ Angharad H. Porteous, Sonali V. Rammohan, Shoshanah Cohen, and Hau L. Lee, "Maturity in Responsible Supply Chain Management" (working paper, Stanford Global Supply Chain Management Forum), Stanford University, October 10, 2012.

生産プロセス

サプライチェーンの主要プロセスの3つ目が生産プロセスである。ここには、リソースを販売可能な製品やサービスへと変換する活動が含まれる。パートナー企業に生産を担当させている企業の場合は、高度なコラボレーションが不可欠である（第4章を参照）。

卓越した生産プロセスは、リソースを販売可能な製品やサービスへと変換する際に、適切な品質を実現し、予算や所定のスケジュールを守り、また規制上の要求事項がある場合はそれらをすべて満たすようにするという点で、優れた業績の実現に役立つ。表6に、優れた生産プロセスを持つ企業が発揮できる強みをいくつか示した。

生産プロセスの卓越性の基盤となるのは、次の3つの原則である。

コスト競争力だけではなく柔軟性を求める

柔軟性のある生産プロセスは、固定資産を増やさずに高い収益を実現できる。ただし、生産プロセスの柔軟性を1つのベンチマークで評価することはできない。なぜなら一般的に資本集約的な業界（例えばセメント産業）では、労働集約的な業界（例えばアパレル産業）に比べて多くの固定資産が必要となるからだ。しかし、どちらのタイプの業界も、オペレーションモデルの選択が柔軟性を左右する点は同じである。例えばセメント産業の場合、セメントを袋詰めした状態で在庫として保管することもできる。あるいは、顧客の注文を受けてから袋詰めする手法、つまり受注生産も可能である。

柔軟性の高い企業では、顧客にコミットした条件をきちんと守りつつ、生産スケジ

表6　生産プロセスにおけるトップパフォーマンス企業の測定値

生産	トップパフォーマンス企業の優位性 一般企業の平均値との比較	トップパフォーマンス企業の優位性 一般企業の中央値との比較
社内の生産能力（20％増やすために必要な時間）	20倍のスピード	10倍のスピード
仕掛品の在庫（在庫日数）	$\frac{1}{12}$の在庫	$\frac{1}{7}$の在庫

ュールを直前になって変更することも可能である。これを実現するためには、注文状況や生産能力、原材料の供給力などに関して、質の高い情報を確保することが重要である。

柔軟な生産プロセスで有名な企業の1つがトヨタ自動車である。1970年代に開発されたトヨタ生産方式（TPS）は、生産プロセスを合理化する一方で柔軟性を高め、同社のジャストインタイムの納入方式を業界標準に押し上げる原動力となった。TPSの重要な要素の1つである少人化は、生産ラインの生産性を落とさずに需要の変化に対応するための仕組みである。

すべての生産活動を同期させる

サプライヤーが常に最新情報を把握していれば、より機敏に需要の変化に反応できる。従って、サプライヤーに生産スケジュール、原材料の使用状況、在庫水準を伝えることが重要だ。また、サプライヤーとともに補充に関するルール（柔軟性の程度、サイクルタイム、在庫水準を含む）も定義するべきである。社内およびサプライチェーンパートナーとの間で、正式なプロセスや、生産ルール、情報、パフォーマンスデータに関する説明責任を確立しておく必要がある。

品質基準を設定し、監視する

安定した品質の維持は基本であり、製造活動に携わるすべての関係者が品質に関するデータにアクセスできることが重要だ。企業は品質データを生産プロセスの段階ごとに収集し、シックスシグマなどの体系的なアプローチを用いて分析すべきである。そして品質面の問題を速やかに特定して修正できるように、すべての製品をロットや部品のレベルで追跡できるようにする必要がある。また、品質に関する情報をプロダクトマネジャーおよびR＆Dの部門に定期的に提供することで、製造可能性を考慮した新製品の設計に生かすことができる。

納入プロセス

サプライチェーンの4つ目の主要プロセスである納入プロセスは、顧客の注文を受け取った時点から始まり、注文対応、見積もりの提示から支払いの回収までのすべての活動が含まれる〔図9〕。納入プロセスは他の主要プロセスと密接に関連しており、調達活動や生産活動を考慮して、顧客の注文を明確かつ実行可能なものにする必要がある。

卓越した納入プロセスは、顧客が製品やサービスを期日通りに、また要求通りの品質レベルとコストで入手できるようにするという点で、優れた業績の実現に役立つ。一流の納入プロセスを持つ企業の優れたパフォーマンスを示す測定結果を、表7に示した。

納入プロセスの卓越性の基盤となるのは、次の3つの原則である。

ストレートスループロセッシング（STP）でコストと時間を削減する

ストレートスループロセッシング（STP）は、すべての関係部門が受注情報を同時に入手できるようにする。その結果、部門間の協力や顧客とのコミュニケーションがより円滑になるため、効率性が向上してサイクルタイムを短縮できる。STPを実現するためには、顧客からの受注情報をすべての関連部門――オーダー管理、与信承認、生産（受注生産の場合）、設計（受注設計生産の場合）、倉庫保管、輸送、インボイス作成――に対して可視化することが求められる。このアプローチを取ると、実行活動が部門横断的に同期されるため、納入活動をより円滑かつ迅速に進められるようになる。

全体を網羅するトラッキングシステムとトレーサビリティを実現する

図9　納入のサブプロセス

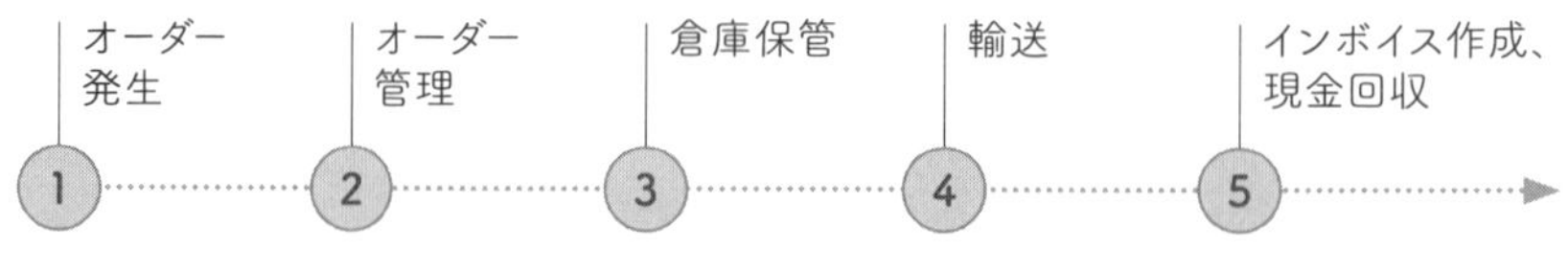

顧客は自分の注文内容や出荷状況が完全に可視化されることを望んでおり、近年では急速に、こうした点が顧客の基本的要求事項に含まれるようになってきている。重要顧客を担当する社内のマネジャーは、各顧客のあらゆる注文情報——注文の見込から、現金回収まで——に対するアクセス権を持つべきだ。業界によっては、模倣、盗難、損傷といったサプライチェーンリスクを管理するために、包装を密封仕様にしたり、生産場所から納入場所までの出荷状況を追跡したりすることが求められる。

納入プロセスにサステナビリティを組み込む

製品の納入にともなうエネルギー消費量や二酸化炭素排出量の削減が重視されるようになり、多くの領域で意識改革が求められている。たいてい、包装を変更することにより、所定のコンテナでより多くの製品を出荷できるようになる。顧客に関連づけて物流センターの場所を検討するのも有意義だろう。

顧客の注文に応じるために多数のソースからアイテムを集める必要がある企業は、すべてのアイテムを現地の倉庫で一元管理してから発送するのが賢明なやり方かもしれない。一元管理によって、注文内容を一度にまとめて発送することが可能になり、輸送工数を削減できる。その他、所定の輸送手段の効率を最適化できるような輸送スケジュールにすることも有効なアプローチだ。またルート選定ツールを用いることで、各輸送車両の最適走行ルートがわかり、より効率よく輸送車両を走らせることができる⑦。

表7　納入プロセスにおけるトップパフォーマンス企業の測定値

	トップパフォーマンス企業の優位性	
納入	一般企業の平均値との比較	一般企業の中央値との比較
完全オーダー遂行率（注文全体に占める割合）	27％ 多い	19％ 多い
売掛金回収期間	47％ 短い	49％ 短い
オーダー管理コスト（収益に占める割合）	64％ 支出が少ない	58％ 支出が少ない

⑦ Shoshanah Cohen and Mark Hermans, "A Blueprint for Green," *PRTM Insight*, Third Quarter 2008.

返品プロセス

主要な実行プロセスの最後に来る返品プロセスには、販売済みの製品を、顧客との取り決めや政府の規制、ビジネス方針に基づいて収集・処理する活動が含まれる。このプロセスは、返品の承認から金銭面の解決までのあらゆる活動をカバーする。返品の主な理由は業界によって異なるが、通常は、製品の欠陥や不備、注文の誤り、チャネルの在庫過剰、改修や再利用、政府の指示によるリサイクルや回収プログラムなどである。返品理由に応じて、それぞれ一連の活動が必要となる。

基本的に、返品プロセスはサプライチェーンプロセスを逆にたどるプロセスとなる。特に重要な活動としては、返品時点での製品データの把握、処分までの製品の追跡、製品のライフサイクル全体のワランティ（保証）管理が挙げられる。また返品理由や生産場所、コスト、返金などについて、各種の分析情報を取得することも必要だ。

返品プロセスの物理的ネットワークには固有の課題がある。例えば、返品対応には一般的に、多くの種類の製品を少量ずつ、不規則な周期で取り扱わなければならないという決まりがある。企業はこうした製品を可能な限り効率的かつ経済的に収集、仕分け、分配する方法を考えなければならない。大量の製品をコスト効率よく集約するために、中央に収集拠点を設けるのは1つの方法である。

返品プロセスの卓越性の基盤となるのは、次の3つの原則である。

返品対応を製品のライフサイクルに含めて考える

返品対応までを考慮して設計された製品は、ライフサイクルの最終段階でも価値を生み出すことができる。製品開発の段階で、業界特有の返品に関する制約条件を考慮するのだ。例えば、ドキュメント管理の技術とサービスで世界をリードするゼロックスは、同業界で初めて再生産、再利用、リサイクルを考慮した機器設計を取り入れた企業の1つである。

同社の革新的なソリッドインクはカートリッジを使用しないため、同等のカラーレーザープリンター製品と比べ、オフィスで発生する廃棄物を90%削減することに成功した。従来型のプラスチック製カートリッジについても、環境負荷を軽減する戦略を取っている。また、同社のリサイクルプログラムである「ゼロックス・グリーン・ワールド・アライアンス」は、独自のプロセスで使用済みの同社製カートリッジに含まれる原料を回収・再利用している。その結果、年間何百万本ものカートリッジやトナー容器が再利用またはリサイクルされている⑧。

総返品コストに基づいて返品条件を決定する

製品の欠陥や注文の誤り、製品に対する不満を原因とする返品については、販売したアイテムごとに返品条件を明確に規定しておく必要がある。顧客は返品処理を迅速かつ容易に行うことを望んでいる。回収や再利用など、その他の返品対応についても、それぞれ固有の返品条件を定める必要がある。回収対象は自社製品だけなのか、それとも他社製品も対象とするのか。1回当たりの最低返品数の条件を設けるのか。こうした条件は返品処理コストをもとに決めなければならないが、常に顧客サービスを念頭に置くことが重要である。

社外の返品対応の専門家を利用することも考えられる。その際は、返品処理の内容や総返品コスト（確認、収集、仕分け、処分を含む）、そして返品対応に関する社内の既存能力を踏まえたうえで判断すべきである。

処分と予防措置の指針として、返品情報を迅速に提供する

返品理由に関する情報の一貫した流れは貴重な知見の宝庫となる。1つひとつの返品処理のデー

⑧ Xerox Green World Alliance, "Managing supplies responsibly," Xerox Corporation, 2010. http://www.xerox.com/digital-printing/latest/GWAFL-01UA.pdf.

タがそろっていれば、購買活動でもサプライヤーと適切に取引することができる。また生産、設計、物流の各活動においても、それぞれの領域での是正処置に役立つ情報を得られる。さらに返品対応マネジャーは、コスト、返金、収益に関するデータを、この逆向きのサプライチェーンのために活用することが可能だ。

優れたサプライチェーンアーキテクチャーのテスト

サプライチェーンの主要プロセスを確立し、それらを一体化することに成功したら、そこから持続可能な方法で必要な価値を生み出せるかどうかを確認するための検証作業が必要である。安定したサプライチェーンのプロセスアーキテクチャーは、次の4つの条件を満たす。

- **網羅性**　社内の部門間のインタラクションだけでなく、サプライヤーや顧客とのインタラクションも網羅している。
- **戦略的整合性**　サプライチェーン戦略を真に支える活動で構成されている。
- **信頼性**　プロセスが統合され、文書化され、質の高いデータに支えられている。
- **適応性**　組織が学習した内容や戦略の変更を反映して調整されている。

網羅性

サプライチェーンのプロセスアーキテクチャーは、サプライヤーのサプライヤーから顧客の顧客までを含めた、サプライチェーン全体を網羅するものである［図10］。それに加えて、企業がサプライヤーや顧客と協業する活動の範囲も明確にされていなければならない。

図10　エンドツーエンドのサプライチェーンのプロセスアーキテクチャー

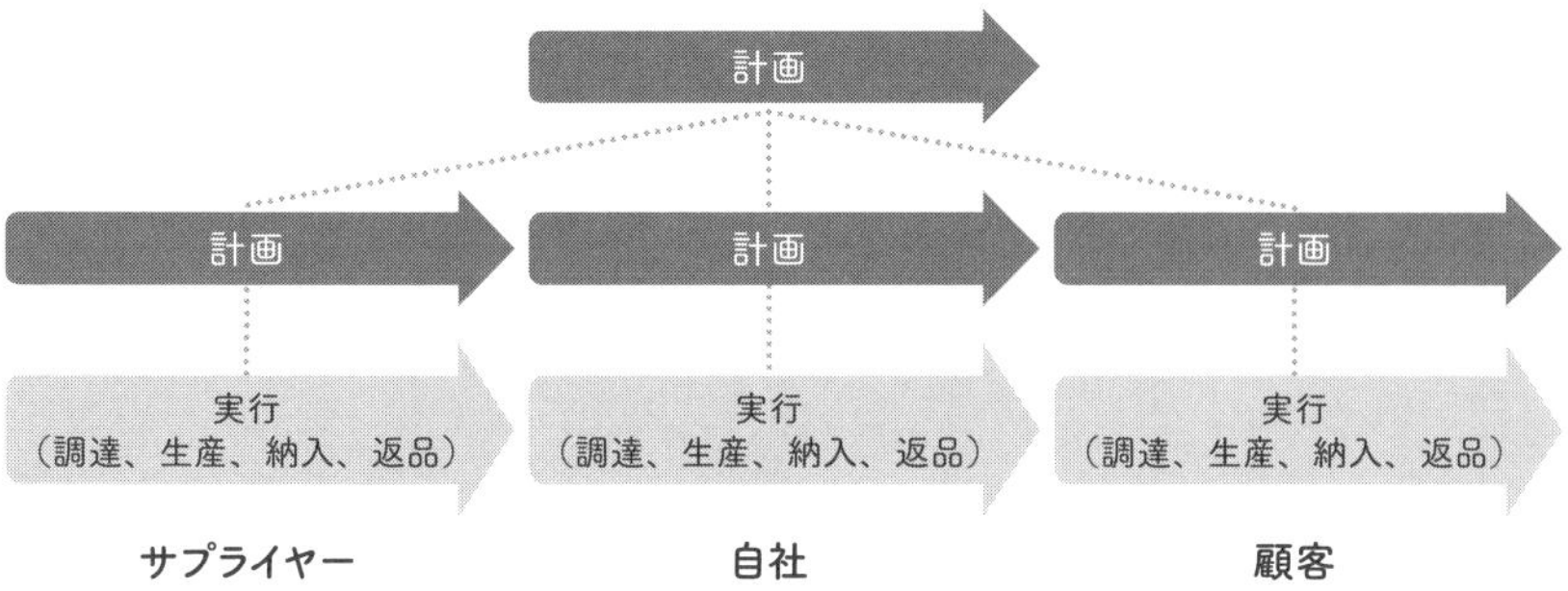

納入のパフォーマンスで競合他社に後れを取っていた、ある世界的なコンピュータ周辺機器メーカーの例を見てみよう。同社の完成品在庫日数は80日もあったにもかかわらず、顧客の注文に期日通りに納入できた割合は75%にとどまっていた。これに対し、業界トップの企業ではこの数字が90%に上っていた。同社はこの問題に対処するために数々のサプライチェーン改善プロジェクトを立ち上げ、オーダー管理、製造、調達、経理の改善を目指して世界規模の統合基幹業務システム（ERP）に大規模に投資した。

しかし、この取り組みを通して同社のオペレーション手法を詳しく調査したところ、個々の部門の目標達成が優先されて全社的な成果が犠牲になっていることが判明した。例えば同社の製造チームは、生産設備を再設計し、サプライヤーの納入をジャストインタイム方式にして、生産時間をベストインクラスのレベルまで短縮していた。同様に物流チームは、工場から物流センターに製品を運ぶトラックの荷台に空きがないように管理して、業界をリードする低輸送コストを実現していた。しかし同社のサプライチェーンにはエンドツーエンドの視点が欠けていたために、こうした各部門の努力は、全社的な納入パフォーマンスの向上にほとんど貢献していなかった。

同社はこの事態を好転させるために、全体のパフォーマンスを向上させることに力点を置いて改善努力を見直した。最優先事項になったのはオーダー処理のリードタイムの短縮である。計画サイクルを加速するため、同社は計画プロセスを毎週実行し、そこに販売、製造、調達、物流の担当者も参加するようにした。また、生産や輸送の時間を短縮するために、カスタマイズ活動を1つの地域センターに統合し、そこから顧客に直接出荷するようにした。

こうした社内的な取り組みは全体的なパフォーマンスの向上につながったものの、納入パフォーマンス目標を達成するためにはサプライヤーとも協力しなければならないことが判明した〔図11〕。同社のベンダーの多くは長いリードタイムを要求し、注文内容の変更を認めていなかった。新製品が次々と生み出される業界でこのような手法を取った結果、陳腐化した在庫が積み上がっていた。

この問題を解決するために、同社は主要部品のサプライヤーを、より密にビジネスプロセスに統合した。そして、サプライヤー側が最終組立工場での部品の在庫維持に責任を持つベンダーマネージドインベントリー（VMI）方式を導入した。こうして協業的な新しい計画プロセスを確立したことで、いくつかの主要部品についてサプライヤーのリードタイムが50％短くなったほか、サプライチェーンの柔軟性や、納期順守率も大幅に向上したのである。

戦略的整合性

新しい手法を取り入れるときには、その1つひとつの価値を検証し、その手法が企業の競争基盤を支えるものであることを確認する必要がある〔表8〕。新しい手法を取り入れることで、運転資本や顧客サービス、資産利益率、サプライチェーンコストが改善するだろうか。その手法は自社の差別化に役立つだろうか。あるいは、競争に参加するためのスタ

図11　企業間の協業的計画プロセス

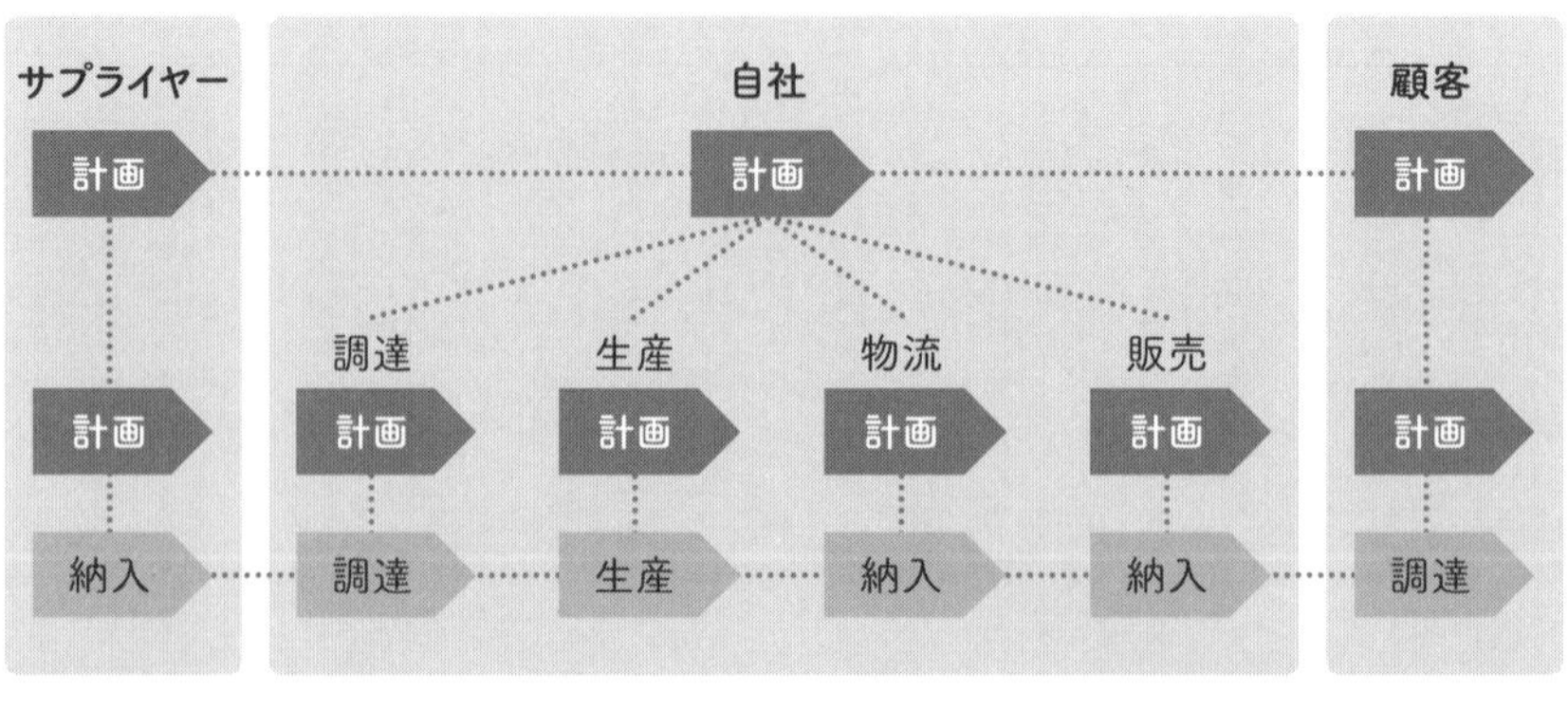

ートラインに過ぎないのだろうか。かつては最先端だと考えられていた手法が、やがて業界標準になることもある。

例えばアマゾンは、可視化されたセルフサービスの発注システムなど、さまざまな手法を打ち出すことで、インターネット小売業界のリーディング企業としての地位を確立した。「地球上で最も豊富な品揃え」で知られる同社は何百万種類もの製品を販売しているが、自社で在庫を確保しているのは最もよく売れる一部の製品だけである。大半の製品はパートナー企業を通すか、必要に応じて流通業者から購入するという方法で提供している。

アマゾンに在庫がある製品の場合、発送日を知らせることは簡単だ。顧客には「通常24時間以内に発送」と通知される。しかしパートナー企業が提供する多くの製品の場合、発送スケジュールがアマゾンの直接的な管理下にないため、正確な発送日を通知することは困難だ。そのためこうした製

表8　サプライチェーンプロセスの競争基盤との連携

主要競争基盤	差別化するためのサプライチェーン手法	重要なサプライチェーンプロセス
イノベーション	● サプライチェーンを視野に入れた設計	● 調達、生産、納入
	● サプライヤーとの協業的なイノベーションと計画プロセス	● 計画、調達
	● 新製品導入（NPI）に特化したサプライチェーン	● 調達、生産
顧客体験	● 顧客のための注文状況の可視化	● 納入
	● ポストポーンメント*	● 調達、生産、納入
	● 顧客との協業的計画プロセス	● 計画
品質	● 製品やロットレベルのトレーサビリティ	● 調達、生産、返品
	● 販売済み製品のライフサイクル全体にわたる追跡	● 生産、納入、返品
コスト	● 統合された工場計画とスケジューリング	● 計画、調達、生産、納入
	● 原材料および製造プロセスの標準化	● 調達、生産
	● 製造性を考慮した設計	● 調達、生産

＊ サプライチェーン効率化のための手法の1つ。製品最終化（完成）を可能な限り顧客オーダーに近い時点まで遅らせること

品については、直近の実際のリードタイムに基づいて「通常X日以内に発送」と通知する。

受注時点で正確な発送日を通知するという意味で、アマゾンはベストプラクティスを実践しているわけではない。しかし、それにもかかわらず極めて高い顧客満足度を実現している。その理由は簡単だ。顧客は注文した製品の出荷状況をいつでも確認でき、また製品が発送された時点でアマゾンからすぐさま出荷通知が届くからである。アマゾンのウェブサイトは配送業者のウェブサイトにもリンクしており、注文した製品が配達されるまでの間も、顧客は輸送状況や到着予定日を追跡することができる。アマゾンは、他の追随を許さない多彩な品揃えを武器にしながらも、在庫投資を最適化し、サプライチェーンコストを抑えることに成功しているのである。

最先端のビジネス手法に多大な投資をしたのに、たいした効果が得られなかったという落とし穴を回避するためには、新たな手法がもたらすメリットを前もって分析すればよい。その際に必要なのは、関連するメトリクス（測定基準）を見極めることと、その手法がサービス、コスト、運転資本に与える影響を理解することである。

信頼性

サプライチェーンアーキテクチャーには高度な信頼性も要求され、プロセスの文書化、データの正確性、そして関連技術統合が実現されていなければならない。そうしなければ、各部門や拠点の活動を連携させるための大がかりな努力が裏目に出て、サプライチェーンのミスが発生しやすくなってしまう。

プロセスの文書化

サプライチェーンのプロセスは文書化されている必要がある。これは質の高いマネジメントや関連する監査に使用するだけでなく、オペレーションチームの日常業務に必要な作業指示書としても使用するためである。プロセスの策定と管理という作業はすべてのビジネスプロセスにつきものだが、活動の大部分が部門横断的な性質を持つサプライチェーンプロセスでは、特に重要な意味を持つ。さらに今日のサプライチェーンには世界各地の複数の拠点が参画していることが多いため、曖昧さがなく明確なプロセスが、すべての関係者の作業方法を同期させる基盤となる。

プロセス文書は、オペレーションチームにとって使い勝手のよいものである必要がある。求められるのは、参照しやすく理解しやすい文書である。専門家が作成した文書はしばしば高度に技術的な内容になり、現場で使うときに大幅に簡略化しなければならない場合がある。それを避けるためには、文書化作業の完了を宣言する前に、新規に作成したプロセス文書が使いやすいかどうか、オペレーションチームを交えて確認するとよい。

サプライチェーンプロセスを定義することは難しくはない。難しいのは、経験やパフォーマンスを踏まえてプロセスを更新することである。プロセスの更新は定期的に実施すべきであり、そのためには各プロセスの責任者が明確になっている必要がある。一般に、機能プロセス（製造など）の責任者は明確である。しかし複数の機能にまたがるプロセス（計画やオーダー処理など）の責任者は特定しにくいことが多い。

データの正確性

いかなるプロセスも、それを支えるデータがなければ機能しない。何千にもおよぶ日々のサプライチェーン活動は、さまざまなデータに依存して遂行されるのだ。例えばマスターデータ（サプライヤーのリードタイム、原材料データ、価格データ、契約条件など）、取引データ（受注データ、在庫データ、発注データなど）、パフォーマンスの目標と実績を比較した分析データなど挙げられる。

しかし多くの組織が重要データの正確性を維持することに苦労している。ある研究によると、平均的な企業でもマスターデータの約20％を古くて不正確なデータが占めている⑨。そして多くの企業では、受発注データのような基本的な取引情報でさえ、これと変わらない状況なのだ。

例を挙げて説明しよう。ある企業は、サプライチェーンの計画プロセスに新しいソリューションを導入する際、サプライチェーンのリードタイムに関連する項目にひとまず初期値を設定し、稼働日までに最新データに更新することにした。しかしその後、リードタイムの項目に正確なデータを入力した者は1人もいなかったのである。不正確なリードタイムデータに基づいて原材料の発注が行われた結果、ある原材料は在庫過剰となり、別の原材料では在庫不足が生じるという事態になった。

データの入力、管理、削除には複数の部門がかかわるため、サプライチェーンプロセスの管理と同じく、サプライチェーンデータの管理も困難な作業である。従って、既存のサプライチェーンプロセス管理の一部に、データの正確性の検証作業を組み込むことが重要だ。

サプライチェーンマネジメントに先進的な手法を導入している企業にとって、データの構造化とクリーニングは最優先事項である。こうした企業では、データ品質を表す指標を利用するほか、データの品質チェックやクリーニングを補助するアプリケーションを用いてデータ管理プロセスを自動化している。またデータ責任者の決定から始まり、データのガバナンスも徹底している。多くの企業では独立したデータ管理部門を設置し、データに合わせて職務を明確に分けている（マスターデータ管理責任者など）⑩。

関連技術の統合

サプライチェーンを効果的に動かすためには、数千もの活動と数百万ものデータが必要だ。しかしそれを支える技術がなければ、これらを最大限に生かすことはできない。サプライチェーンに関

⑨ Nathaniel Rowe, *The State of Master Data Management 2012*, Aberdeen Group, May 2012.

⑩ Marcus Messerschmidt and Jan Stüben, "Hidden Treasure, A Global Study on Master Data Management," PwC, November 2011.

する技術は多岐にわたる。社内の実行プロセスをサポートするのはERPアプリケーションや計画プロセスであり、これらは一般的にサプライチェーンの計画ソリューションが支えている。

だがこれだけでは全体像はつかめない。サプライヤーや顧客との協業を支えるためのツールやアプリケーションも必要だ。またイネーブリングのプロセスにも、マスターデータの管理やパフォーマンスの分析・報告に必要な技術がある。

最高のサプライチェーンでは、業務の流れに合わせて情報の流れも統一されている。しかし残念ながら、アプリケーションが統合されていないために、手動でデータを入力し直したり、フォーマットを変更したり、何度もデータ品質のチェックをしなければならない企業があまりにも多い。「アプリケーションの孤島」化、すなわちプロセスの一部だけを支援するアプリケーションがばらばらに存在する状態に陥っている[図12]。プロセスと情報システムとの連携が欠けていると、ミスの発生リスクが高まり、サイクルタイムが長くなり、コストも増加する。

ほとんどの企業にとって、技術の統合は現在進行

図12　プロセスの統合に役立たないアプリケーションの孤島

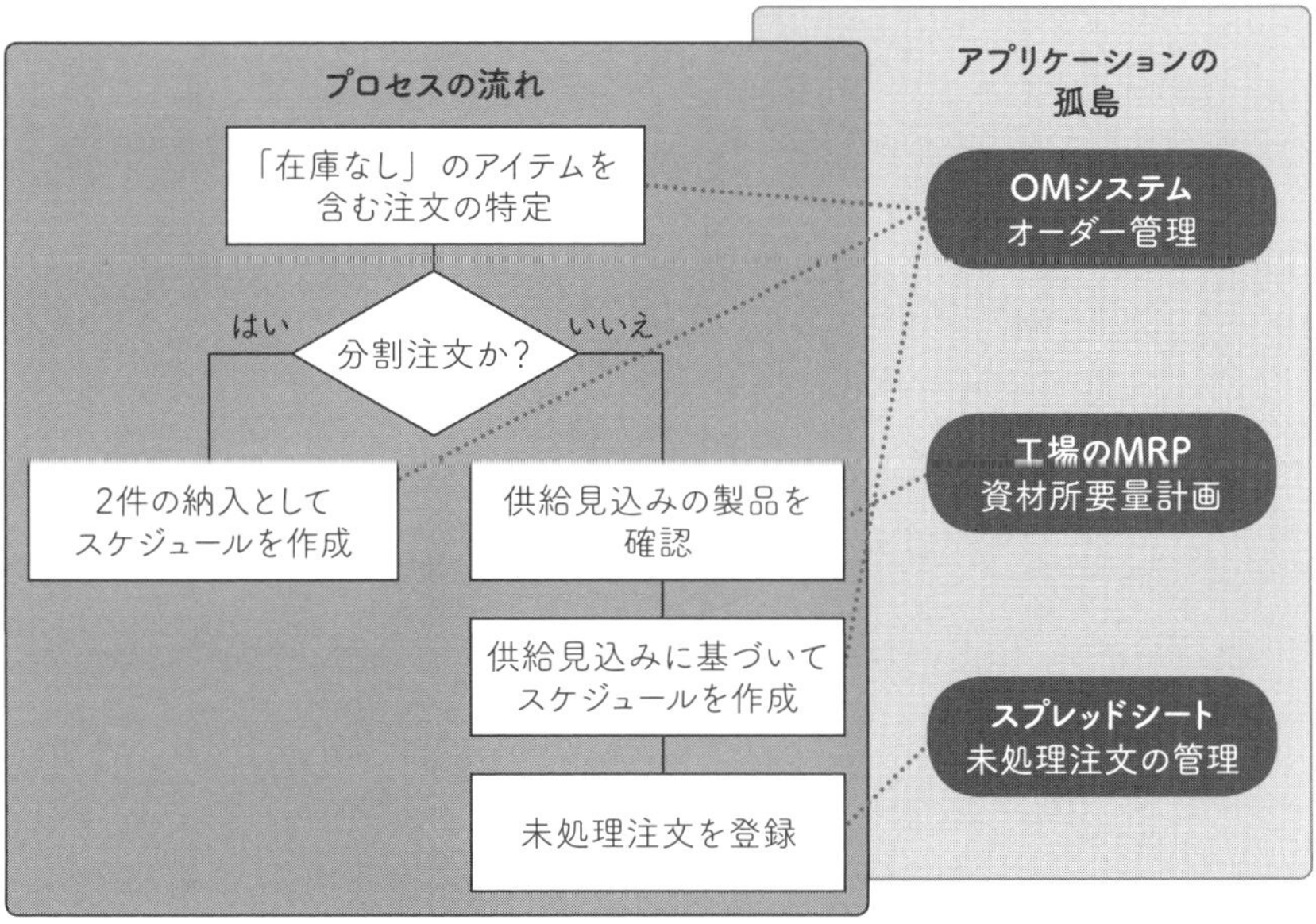

形の課題である。ある企業は、需給バランスを維持できるように予測消費量を監視したいと考えた。そのためには2つの異なる情報源、すなわち顧客の注文データを管理する既存のCRMアプリケーションと、供給関連情報を管理する新しい計画アプリケーションから、データを集める必要があった。しかし2つのアプリケーションでは製品の表現方法がまったく違ったため、同社では結局、顧客の注文データに含まれる要素を計画アプリケーションの項目に合わせて変換するツールを導入することになった。

適応性

一度確立されたサプライチェーンのプロセスアーキテクチャーは、全体としては比較的安定しているはずだが、継続的にプロセスの改善と向上を目指すべきである。各プロセス（計画、調達、生産、納入、返品、イネーブルメント）のパフォーマンス評価に基づいて基本的プロセスを再度分析し、企業目標を達成するために必要な主な変更点を見極めることが可能だ。また日々の業務でも、組織が学んだ教訓や、ベンチマーク分析で収集した他社に関する情報を取り入れることによって、パフォーマンス向上につながる新たな手法を見つけることができる。新規の手法がサプライチェーンのプロセスアーキテクチャーや関連する情報システムに確実に統合されるように、専任のリソースを割り当て、ガバナンスを確立するとよい。

プロセスアーキテクチャーの大幅な改定が必要になるのは、サプライチェーン戦略が変更された場合や、サプライチェーン全体の目標（顧客への納期順守率、オーダー処理サイクルタイム、運転資本の目標など）が達成できない場合に限られる。このような大幅な改定については第7章で詳しく解説する。

SCORモデル

サプライチェーンアーキテクチャーを構成するプロセスにはそれぞれ何百もの活動が含まれ、プロセス間の統合だけでなく、サプライチェーンと他のビジネス機能の統合も求められる。そのためサプライチェーンアーキテクチャーは非常に複雑なものになりがちで、多くの企業がパフォーマンスの客観的な評価が困難だと感じている。この問題に対処するために、我々はサプライチェーン・オペレーションズ・レファレンス（SCOR）モデルの開発に携わった。SCORが提供するプロセスフレームワークと標準的な用語は、企業が自社のサプライチェーンアーキテクチャーについて一貫性のあるパラメーターで検証し、固有のビジネス目標を達成するうえで役に立つ。*

SCORには、パフォーマンス、プロセス、プラクティス（手法）、ピープル（人）という主な4つの要素がある。パフォーマンスは、企業が自社のサプライチェーンの実行状況を評価する際に活用できる、一連の標準メトリクスおよび戦略目標である。プロセスは、個々のプロセスと、プロセス間のインタラクションである。プラクティスは、より良いパフォーマンスを導き出すための活動とサブプロセスである。ピープルは、従業員が各プロセスを正しく遂行するために必要なスキルである。

SCORは、サプライチェーンマネジメントに関する業界横断的な標準を確立することを目指す国際非営利団体のサプライチェーンカウンシル（SCC）が管理している。SCCのメンバーには数百もの企業、大学、政府機関をはじめとして、世界規模のサプライチェーンを持つ組織が名を連ねている。これらの組織ではサプライチェーンパフォーマンスの評価と改善にSCORを利用し、

* Supply Chain Operations Reference Model, Revision 11.0, Supply Chain Council, October 2012.

SCCが提供するベンチマークやその他の改善ツールを使用している。1996年の発表以降も進化してきたSCORは、サプライチェーンマネジメントの科学の進歩にともない、今後も進化を続けていくだろう。

SCORの4つのレベル

SCORではサプライチェーンを4つのレベルに分けているが、直接取り扱うのは最初の3階層、すなわちプロセスタイプ（主要プロセス）、プロセスカテゴリー、プロセス要素である。これらのレベルについてSCORは標準的な用語を定義している。これに対し4つ目のレベルに含まれるプロセス（実行可能なプロセス）は極めて詳細なワークフローレベルのタスクであり、各組織に固有の戦略や要求事項に合わせてカスタマイズされるものである。そのため、このレベルのプロセスはモデルに含まれていない。SCORを用いると、一般的に図13のようなメリットを得ることができる。

SCORレベル1　プロセスタイプ（主要プロセス）

レベル1は6つの主要サプライチェーンプロセス（計画、調達、生産、納入、返品、イネーブルメント）に注目したもので、サプライチェーンの全体的な範囲を定義するときに利用される。このレベルにおいて、企業は戦略目標を見直し、サプライチェーンが支えるべきビジネスの優先事項を明らかにする。

レベル1では、ビジネスプロセスと組織を整合させる。ここで重要なのは、個々のプロセスを、高次の事業構造（ビジネス部門、製品ライン、地域を含む）およびサプライチェーンパートナーと確実に結びつけることだ。この作業はサプライチェーン全体でプロセスの標準化を促進する鍵となる。レベル1での選択はITコストに影響を与えることが多い。一般に、ビジネス部門の各種プロセスでは複数のソフトウェアアプリケーションが使用され、実装コストや保守コストが発生しているからである。

家庭用電化製品業界のあるリーディング企業は、特定の市場セグメントに的を絞った競合他社に市場シェアを奪われつつあった。この企業は長年にわたり中央集権的な事業構造で組織を作ってきたが、より効率的に競争するために、複数のビジネス部門を並立させる構造への改革が必要になっ

図13　SCORの各レベルを用いるメリット

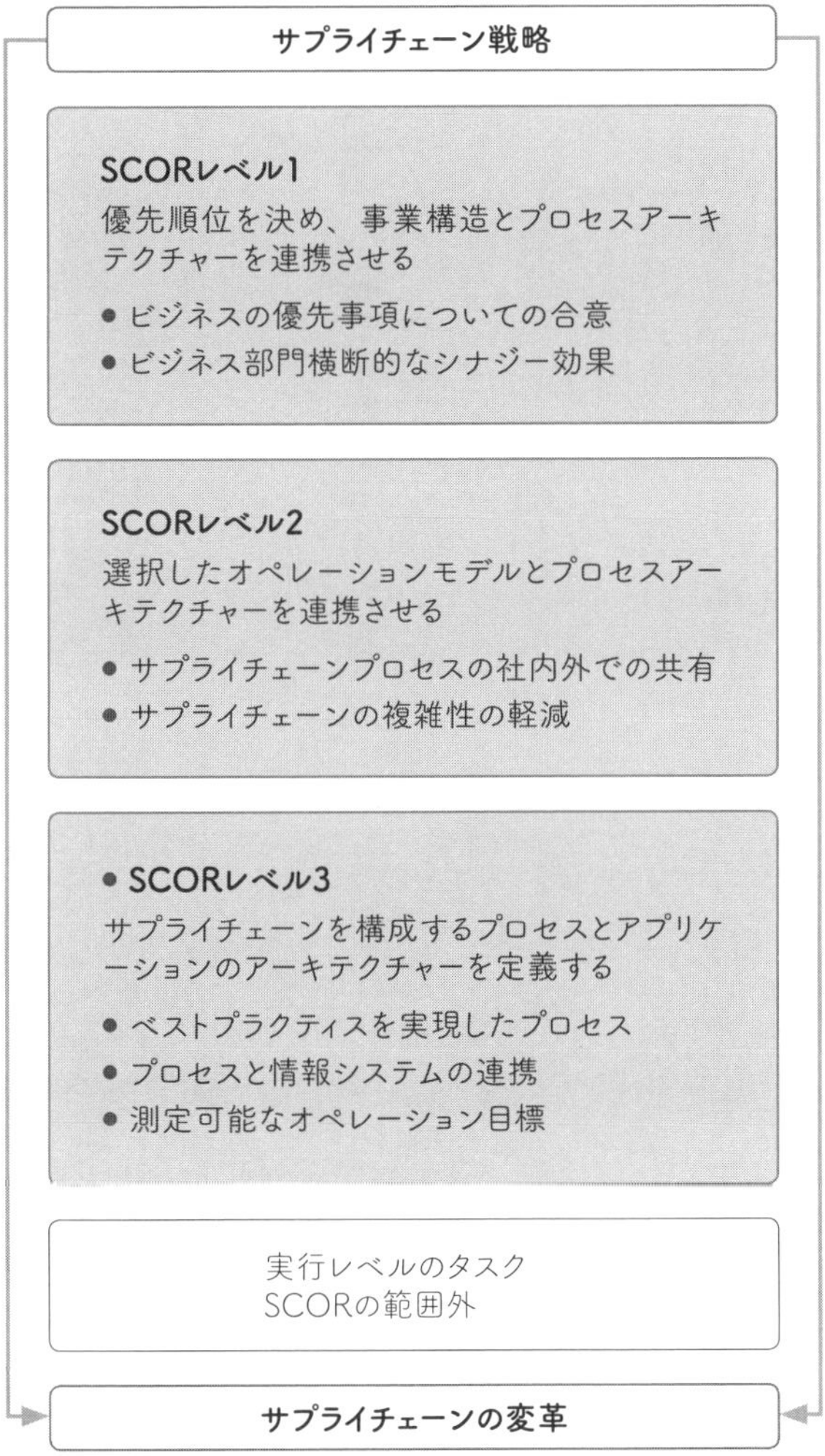
サプライチェーン戦略
SCORレベル1
優先順位を決め、事業構造とプロセスアーキテクチャーを連携させる
● ビジネスの優先事項についての合意
● ビジネス部門横断的なシナジー効果
SCORレベル2
選択したオペレーションモデルとプロセスアーキテクチャーを連携させる
● サプライチェーンプロセスの社内外での共有
● サプライチェーンの複雑性の軽減
● SCORレベル3
サプライチェーンを構成するプロセスとアプリケーションのアーキテクチャーを定義する
● ベストプラクティスを実現したプロセス
● プロセスと情報システムの連携
● 測定可能なオペレーション目標
実行レベルのタスク
SCORの範囲外
サプライチェーンの変革

た。同社の経営陣は、同業界で製品コストの85%を占める原材料コストや、製品の品質、市場投入までの時間の重要性を踏まえ、6つの主要プロセス（計画、調達、生産、納入、返品、イネーブルメント）すべてについて、機能と資産の中央集権的な管理を継続することを決めた。その一方で、各ビジネス部門には固有の在庫方針を設定し、個々の市場に特有のサービスの要求事項を満たせるようにした。

SCORレベル2　プロセスカテゴリー

レベル2はコンフィグレーションレベルとも呼ばれ、サプライチェーン戦略を実現するために必要な、各主要プロセスの下位に属する個々のプロセスを選択する段階である。また、関連するオペレーションモデルもこのレベルで選択する。SCORレベル2の主なプロセスカテゴリーは、見込生産、受注生産、受注設計生産である。

企業はこれらのプロセスを用いて、既存のサプライチェーン構成を表現することができる。典型的な方法としては、顧客、サプライヤー、倉庫、工場、受注デスクの所在地を含むマップを作成し、プロセスカテゴリーを用いて情報やモノの流れを表現する方法だ。要するにこの段階では現時点のプロセスの状況を明らかにする。SCORではこれを「現在（as is）」の状況と呼んでいる。

次の段階では、「将来（to be）」、すなわち将来的な理想像に向けて改善するための選択肢を策定し、評価する。ただしSCORのレベル2の分析では、既存の制限事項（過剰な輸送コストなど）によって、一部のプロセスが最適化できない場合がある点に注意が必要だ。言い換えると、「将来」のすべての要求事項を短期的に実現することはできない可能性があり、その場合は目指す状態に到達するためのロードマップを作成する必要がある（第7章を参照）。

ある民間航空機メーカーのサプライヤーは、主な顧客の1つである航空機メーカーの要求事項をすべて達成することに苦労していた。社内の各オペレーション（販売、物流、製造）の関係が複雑化していることに加え、3つの大陸に存在する下請会社との間で原材料、情報、資金の流れも調整しなければならなかった。その結果、航空機メーカーへの納入が徐々に遅れるようになった。また、航空機メーカーからスケジュール変更の指示を受けた場合、納品日を確定する前にサプライヤーと連絡を取らなければならないが、このプロセスに数週間も要していた。こうした問題が影響して、このサプライヤーは航空機メーカーからの信頼を失ってしまった。

この事態に対処するために、同社のプロジェクトチームはSCORによって問題の所在を突き止めることにした。SCORを活用して社内および下請業者との間のオーダー管理、調達、物理的な流通、サプライチェーン計画、資金の流れをマッピングしたのである。こうしてチームは、各活動をSCORレベル2のプロセスカテゴリーと結びつけることに成功した。このような方法でプロセスカテゴリーの定義を標準化したことで、サプライチェーンに含まれる各企業が初めて、社内外で同一のプロセス用語を使えるようになったのだ。

プロジェクトチームはSCORの分析を通して、サプライチェーンを簡素化できる機会をいくつか発見した。例えば同社では従来、最終組立で使用する前の主な組立部品を、社内の複数の倉庫を移動させながら管理していた。その結果、製品に付加価値が加わらないにもかかわらず、大幅な遅れの原因となっていた。チームは、プロセスと情報システムを変更すればこうした不要なステップが排除され、納入サイクルを数週間短縮できると考えた。

すべての取り組みを終えるまでには数カ月間を要したが、その効果は絶大だった。サプライヤーの納期順守率は20％以上改善し、注文確認の所要時間も劇的に短縮された。現在では顧客の注文を、2～3週間ではなく2～3日で確認できるようになったのである。このような改善は、重要な顧客からの信頼を回復することにもつながった。

SCORレベル3　プロセス要素

この企業は続いてレベル3の段階に進み、SCORレベル2で設計した内容に、必要なインプットとアウトプット、メトリクス、プラクティス、情報システムによるサポート、従業員のスキルを組み込んで、サプライチェーンアーキテクチャーをさらに進化させていった。レベル3の分析をすることで、サプライチェーンを合理化する多くの機会が明らかになる。プロセスや情報システムの複雑性の軽減に役立つほか、プロセス間の連携を改善することにもつながる。また複数拠点での活動の重複を解消したり、プロセスのサイクルタイムを短縮したりする点でも有効である。

さらにレベル3の分析は、自社の将来のサプライチェーンに最もふさわしいベストプラクティス、アプリケーション、メトリクス、組織モデルを決定する機会にもなる。ここには一般的に、既存のプロセスや情報システムの問題点——システム間の不整合、データの欠如、統合が不十分な部分など——を見つけ出す作業が含まれる。

例を挙げて説明しよう。ある大手小売業者は、サービスを犠牲にせずに不要な在庫を削減する必要に迫られた。そこで、数カ月を費やして主要プロセスをマッピングし、改善の可能性を分析した。しかし同社のプロジェクトチームは、将来の理想的なサプライチェーンのあり方について意見をまとめることができなかった。

手詰まり状態を打開するために、チームはSCORレベル3を利用して既存プロセスをマッピングした。調達計画（sP2）のプロセス要素を分析した結果、同社では消費者が好む製品、すなわち日々の販売量を予測できる大量に売れる製品に合わせて、サプライチェーンを最適化していることがわかった［図14］。しかしサブ要素（sP2.1）を分析したところ、同社ではサプライヤーへの発注計画を立てる際に、店舗から送られてくるリアルタイムデータを使用していないことが判明した。

図14　調達計画（sP2）をパフォーマンス改善に活用

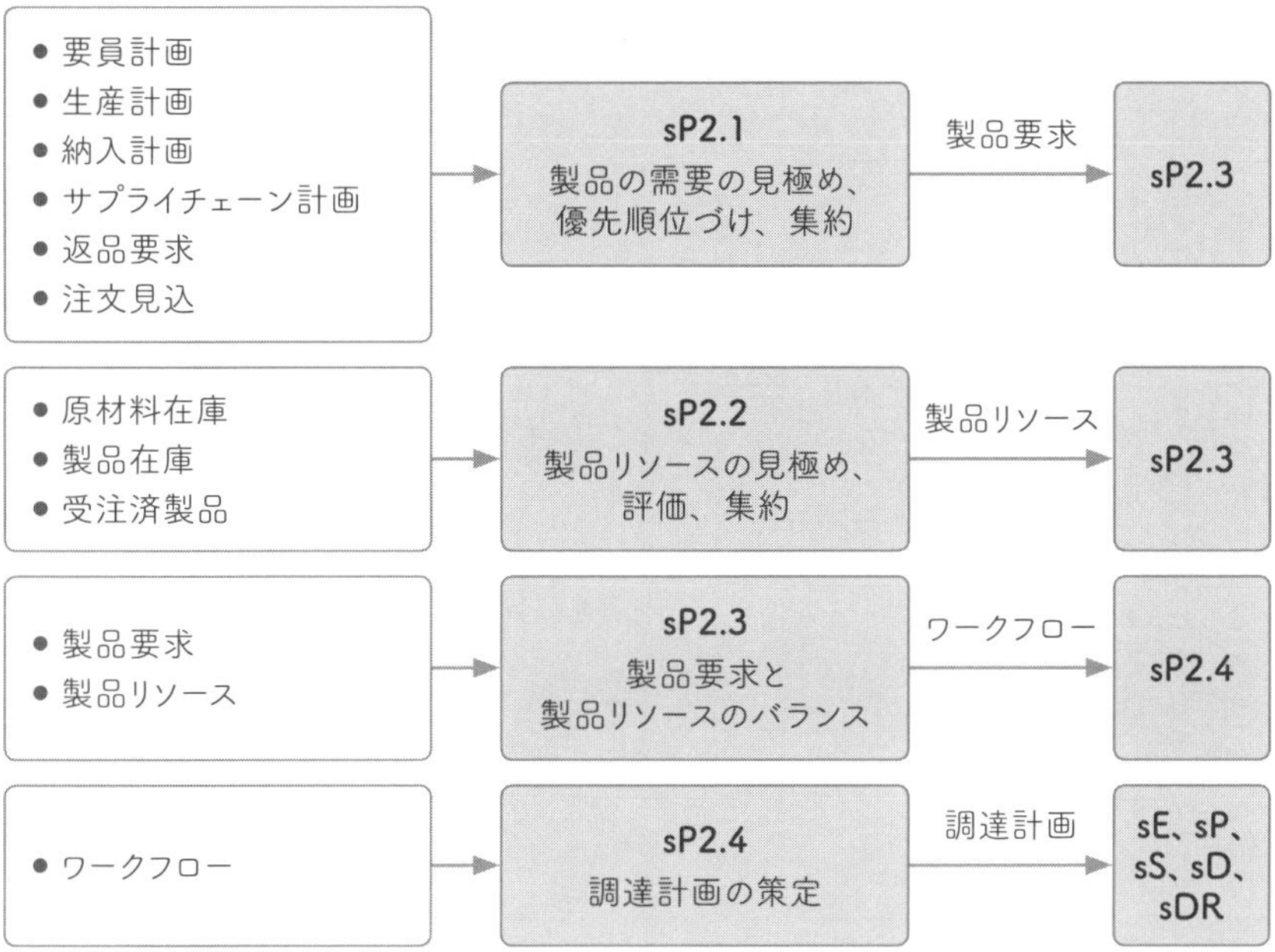

©Supply Chain Council, 2012

各店舗は最新の需要を推定して倉庫に製品を発注していたが、倉庫は全製品の過去の需要パターンに基づいてサプライヤーから在庫を確保していたのである。

現在の需要が過去の需要パターンと一致しているならば、この方法でも問題はない。しかし現実には需要パターンが変わりやすい製品が多く、特に新製品の発売、店舗レベルのプロモーション、周期的な季節製品の投入が大きく影響していた。こうした要素によって需要パターンにゆがみが生じ、ベースとなる需要パターンが特定の時期にしか当てはまらなくなっていたのである。

この問題の解決を目指したプロジェクトチームは、計画プロセスを大幅に変更する必要性を認識した。変更点の中には、プロモーションの実施時や新製品の発売時に、サプライヤーとの協業的な計画プロセスを採用することも含まれた。

以上の例が示すように、SCORはサプライチェーンのプロセスアーキテクチャーの策定に役立つ構造的なアプローチを提供し、それによって全体的な業績向上への道を与える。SCORモデルはトップダウン式アプローチを採用しているため、企業は詳細な分析に取り組む前に全体像を把握することができる。また、プロセスをサブプロセスや活動に分解する階層構造になっているため、変更点が既存のサプライチェーンのオペレーションに及ぼす影響を理解することも可能だ。

このようにして得た知見は、企業が潜在的なリスクや必要なリソース、実行スケジュールをより深く理解することに役立つ。同様に重要なのは、サプライチェーンの継続的なマネジメントとさらなる改善という2つの面で、SCORが確固とした基盤になるということである。

- サプライチェーンが効果的に機能するためには、6つの主要プロセス（計画、調達、生産、納入、返品、イネーブルメント）からなるプロセスアーキテクチャーが必要である。
- この6つのプロセスは相互依存の関係にあるため、各プロセスを統合し、調整しなければならない。さらにサプライチェーンのプロセスアーキテクチャーは、企業のその他のプロセス、すなわちマーケティング・販売、製品・サービス・技術の開発、顧客サービスと顧客サポート、財務などとも整合性が取れていなければならない。

第2章のまとめ

- 一般的に企業は、具体的で取り組みやすい実行関連のプロセス（調達、生産、納入、返品）にエネルギーを集中しがちである。しかし計画プロセスは極めて重要だ。また、各プロセスをサポートするイネーブリングのプロセスも同様に重要である。計画とイネーブリングの活動は実行関連のプロセスと比べて抽象的だが、これらが最終的にサプライチェーンのパフォーマンスを向上させる鍵になるのである。
- 多くの企業では組織構造が複雑化しており、サプライチェーンプロセスの標準化と調和のためのルール作りが必要だ。このルールは、複数の生産拠点、製品ライン、ビジネス部門の間でプロセスやシステムをどこまで共通化するかを定めるものである。
- 安定したサプライチェーンアーキテクチャーは次の4つの条件を満たしている。
  1. 全体を網羅しており、サプライヤーのサプライヤーから顧客の顧客までを含むすべてのインタラクションをカバーしている。
  2. 個々のプロセスや手法が「戦略に適合」している。
  3. 6つの主要プロセスがすべて文書化され、統合され、質の高いデータを含んだ情報システムに裏打ちされているため、信頼性が高い。
  4. 戦略の変更や組織が学習した内容を反映して調整されており、適応性が高い。

エシロール

企業ミッションを支える効率的なサプライチェーンの構築

「より良い暮らしのために眼鏡を必要とする42億人に、当社の19の工場からスピーディーかつ手ごろな価格で製品を提供するためには、戦略の中心に効率的なサプライチェーンがなければなりません。それが私の理想です」

——エシロールCEO、ユベール・サニエール氏

1年か2年に一度、眼鏡店を訪れて、視力やその他の検査をしてもらう。待つこと数時間から数日。新しい眼鏡のできあがりだ。2つのレンズは左右の目の状態に合わせて完璧に設計されている。もちろん両眼で見たときの見え方も調整済みだ。つまり、眼鏡には究極のカスタマイズが施されている。

眼鏡用レンズメーカーのエシロールのおかげで、世界各国の何千もの場所の何百万もの人々にとって、このような体験が当たり前になっている。1972年にエッセルとシロールが合併して誕生したフランスのエシロール・グループは、前身の会社から数えて160年以上のレンズ事業の実績を持つ世界最大の眼鏡用矯正レンズメーカーである。2011年には100カ国以上で3億8500万枚のレンズを販売し、2012年度の収益は50億ユーロ近くに達する見通しだ。

エシロールは世界中の人々により良い視力を提供することを目指している。これは単に、人々が適切な処方で作られた眼鏡を使えるようにするという意味ではない。視力の悪さはさまざまな問題と関連することがわかっており、例えば体調不良、学業不振、危険の増加、職場での生産性の低下、さらには犯罪行為をも引き起こす。そのためエシロールは、できる限り多くの人々の生活の質を改善することを目指し、適切な視力で物が見えるよう手助けすることに尽力しているのである。

同社の最高執行責任者（COO）のポール・デュ・サイヤン氏は次のように述べている。「エシロールのミッションは、世界中の人々の視力を改善し、生活の質を向上させることとです。当社の成長戦略は4つの柱が支えています。すなわち製品とサービスのイノベーション、中～高価格帯の製品の開発、提携と買収による国際的成長、市場拡大とミッション達成のための需要の喚起です。この戦略を実行する際の当社の強みの1つが、サプライチェーンです。これが競争上の真の強みになっています」

イノベーションと顧客サービス：最強の組み合わせ

エシロールは業界内でも革新的な製品で知られている。同社は2012年に、2年連続で米国フォーブス誌が選ぶ「世界の革新的な企業」の30位以内にランクインした。1959年にバリフックスのブランドで世界初の累進多焦点レンズを発売して以降、同社は現在に至るまで、新製品の開発を最優先事項に掲げている。毎年200を超える新製品を発売し、2011年には売上高の45％を発売後3年未満の製品で生み出した。最新のイノベーションの1つが、クリザールUVレンズである。このレンズは過去最高の紫外線カット機能を実現し、白内障や失明の原因となる光線から目を守ることに役立つ。

エシロールでは、レンズの生産工程でもイノベーションが重要な役割を果たしている。同社は過去数年をかけてデジタル表面加工技術を開発した。この技術はレンズの精確な研磨を可能にするだけでなく、使用者のためにより薄く、明るく、平面的なレンズに仕上げることができる。この精密な技術を最大限に生かすため、同社は製造プロセスにも変更を加えた。また、精密なレンズを作るために必要な情報（眼球回転角など）を検眼医が把握できるように、新しい光学装置も開発した。

2012年に発売されたバリラックスSシリーズは、こうしたイノベーションの最新の成果である。最先端の光学技術と人間生理学の深い理解に立脚して開発された同シリーズは、動きの中での広い矯正視野を実現した、初の累進多焦点レンズである。トレードオフの関係にあるこの2つの特性を両立した同シリーズは、光学開発の画期的な成果となっている。

イノベーションの促進剤としてエシロールが活用するのは、同社のセンターズ・フォー・イノベーション・アンド・テクノロジー（CIT）、買収、そして先進技術を持つ多数の企業――高品質なレンズで世界的に有名なニコンなど――との提携である。エシロールは数々の企業買収も実施している。その一例が、ジョンソン・エンド・ジョンソン（J&J）ビジョンケア・カンパニーの眼科用レンズ事業であるスペクタクル・レンズ・グループだ。エシロールはスペクタクルの独自技術を生かして、累進多焦点レンズのさらなるパーソナライズを進めている。

イノベーションを重視するエシロールの姿勢は、同社が2011年に約65万SKU*もの製品を生産したことにも表れている。途方もない生産量である。この数字は、異なる顧客セグメントのニーズに応えて同社が生産する、中～高価格帯のあらゆるレンズ――フレーム、コーティング、カラー、ブランドの違いを含む――の種類を表している。

これらはすべて究極のパーソナライズ製品を生み出すことにつながっている。しかし一方で、サプライチェーン全体の複雑性を――競争上の強みとして不可欠な「良い」複雑性と、無用のコス

*在庫管理単位

トや遅れを引き起こす「悪い」複雑性の両面で——大幅に増す原因にもなっている。複雑性の増大は、同社の別の優先課題、すなわち短いリードタイムで高度な顧客サービスを実現するという観点から見ると、とりわけ厄介な問題である。エシロールはサプライチェーンの革新的なアプローチによって、両方の目標を一貫して達成することに成功している。

2種類のレンズと2種類のオペレーションモデル

エシロールがレンズを販売する小売店の種類は多岐にわたり、国際的な眼鏡チェーンもあれば、個人が経営する独立系の小規模小売店もある。小売店に対するエシロールの価値提案は、注文を受けてすぐに完成できる高品質な眼鏡の提供である。例えば、同社の顧客のある小売店は、来店した客が1時間後に完成した眼鏡をかけて帰れるというコンセプトを掲げていた。

パーソナライズした製品を短いリードタイムで提供することは至難の業だ。なぜならエシロールのサプライチェーンが、完成品と半完成品という大きく2つの種類のレンズを生産して納品する必要があるからである。完成品レンズは、近視などの1つの焦点だけを矯正する場合に用いられる。半完成品レンズは、中年期に発症する老眼への対策として2焦点を矯正する場合に用いられる。

エシロールはこの課題に、異なる2つのオペレーションモデルを開発することで対処している。完成品レンズには見込生産モデル、半完成品レンズには見込生産と受注生産を組み合わせたモデルを採用したのである。

完成品レンズ

小売チェーンでも独立系小売店でも同じだが、眼鏡を購入する際、来店者はレンズの多彩な機能オプションの中から選ぶことができる。まぶしさの軽減、傷つき防止、UVカットといった機能である。そして、検眼医からエシロールに処方箋付きの注文書が送られる。これは極めて局地的な性格を持つ小売ビジネスであり、毎日何十万もの販売店から注文書が送付される。

一方上流では、完成品レンズの生産に特化した工場でレンズを大量生産する。このプロセスでは2種類の成形用金型――レンズ前面（外側）用の凸状金型と、レンズ後面（内側）用の凹状金型――を使用する。

成形したレンズには、検眼医や小売店の要請に応じてさまざまなコーティングやカラーが加えられる。そして地域物流センター（DC）へと配送され、在庫として保管される（大口顧客には直接納品されることもある）。検眼医の注文書を受領すると、現地のDCから小売店に、個々の注文書の条件に合致したレンズが発送される。通常、店舗の技師がレンズの縁を削って顧客の選んだフレームに装着するが、この作業はエシロールの最終加工センターに委託することも可能である［図15］。

半完成品レンズ

エシロールでは、半完成品レンズの最終加工を、現地の処方ラボと大量生産のラボ（輸出処方ラボ）の2系統のルートで実施している。

現地向け半完成品レンズ

図15　完成品単焦点レンズのサプライチェーン　出典：エシロール

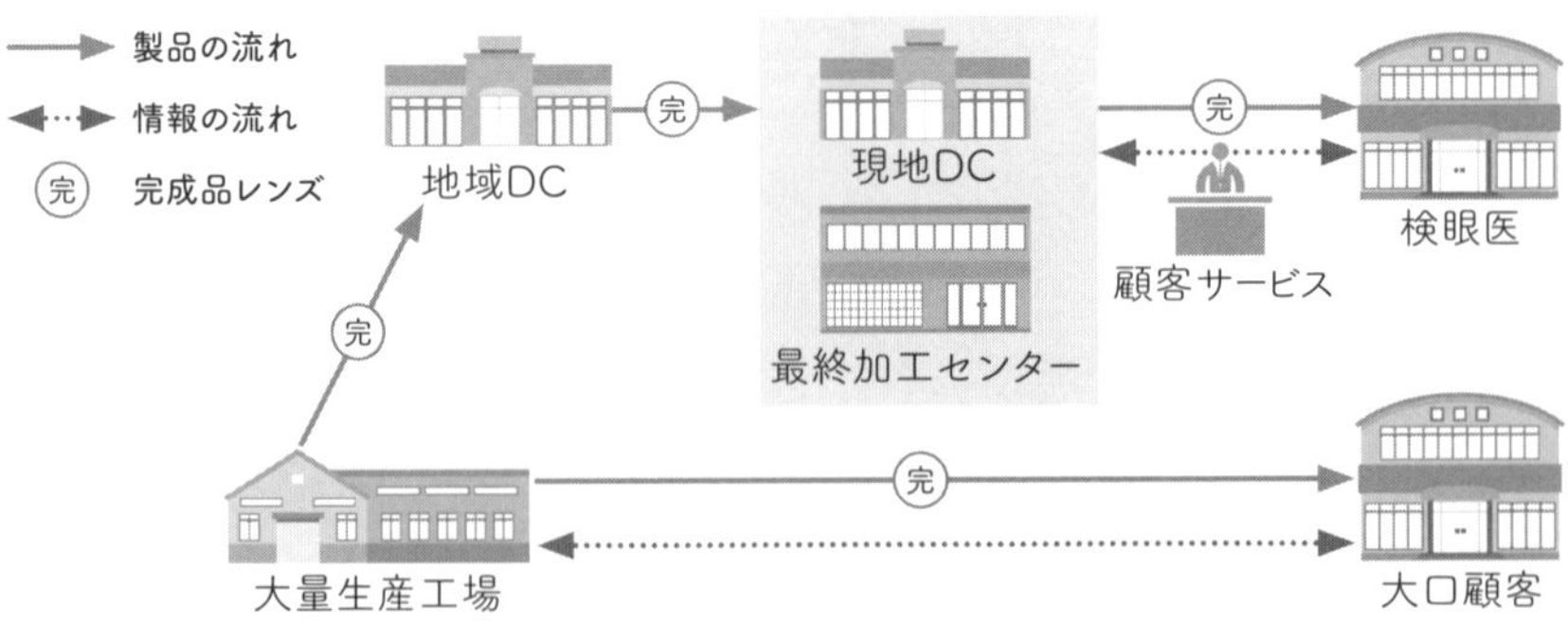

このオペレーションモデルでは、最終顧客が独立した検眼医を訪れる。検眼後、検眼医（あるいは大口顧客）が処方箋と顧客が希望するコーティングの一覧を現地のエシロール処方ラボ（現地処方ラボ）に送付する。このラボはエシロールや同社のパートナー企業、あるいはエシロールのネットワークに含まれないラボの場合もある。プレミアムな累進多焦点レンズは、完成品レンズと4つの点で異なる。種類が豊富であり、処方箋数が多く、より品質が高く、コーティングのオプションが多いのだ。

上流では、半完成品レンズ（透明・偏光）の前面の加工に特化した工場で大量生産している。加工済みのレンズは地域DCに出荷され、そこで保管した後、各ラボの在庫補充に回される。

検眼医の注文書を受領すると、ラボでレンズ後面を研磨し、検眼医が指定したコーティングとカラーを施す。表面の最終仕上げはラボで行うため、エシロールは多様な組み合わせのレンズを生産しつつ、レンズの在庫を低く抑えることにも成功している。

完成したレンズは現地処方ラボから店舗に送られ、技師がレンズの縁を削って顧客の選んだフレームに装着する。この作業はラボで行うこともできる。オーダー処理プロセス全体の所要時間、つまり顧客が最初に眼鏡店を訪れたときから完成した眼鏡を受け取るまでの期間は、わずか2日である［図16］。

図16　半完成品および輸出レンズのサプライチェーン　出典：エシロール

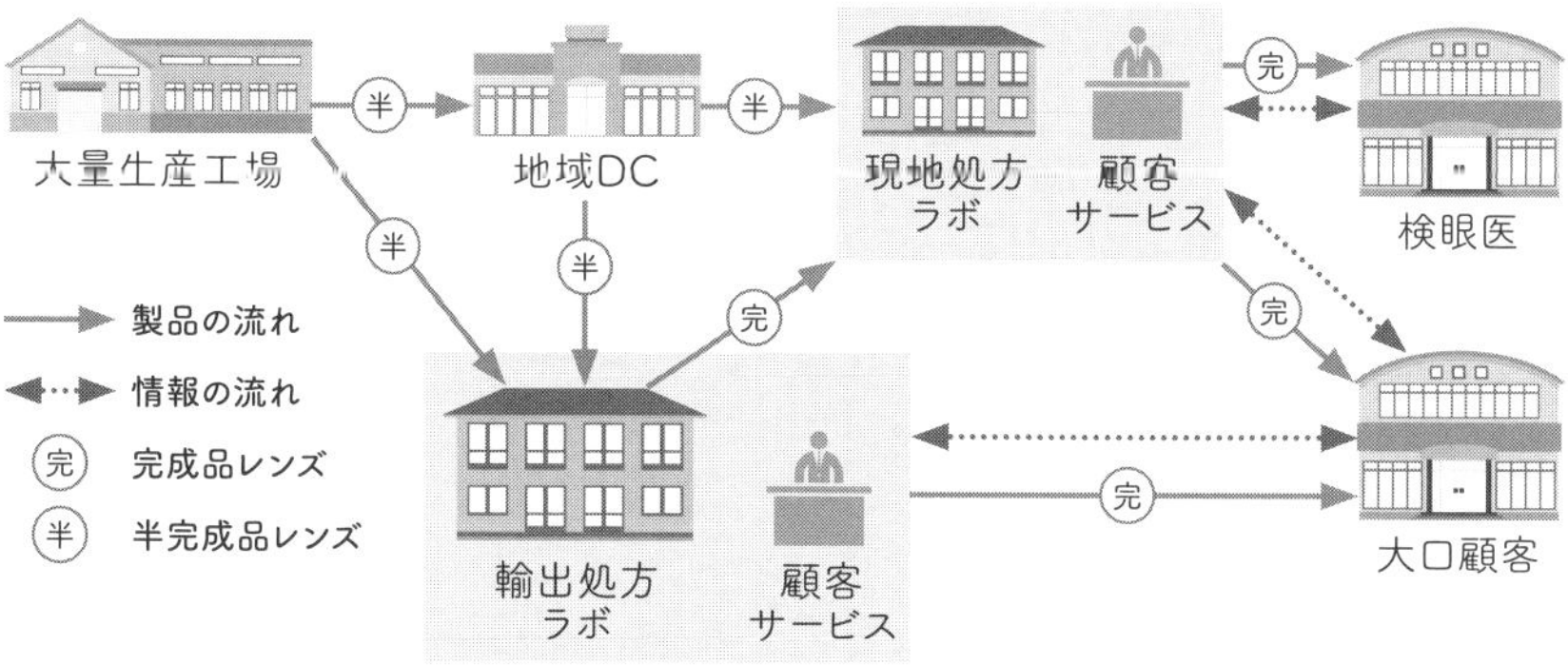

輸出向け半完成品レンズ

数年前、エシロールはサプライチェーンの「輸出処方ラボ」に、製造コストを抑えた処方ラボ──コストの安い国でレンズを大量生産するラボ──を6カ所追加した。一部の半完成品レンズは通常の処方ラボで最終加工を行わず、大量生産工場や地域DCから輸出処方ラボへと送られる。そしてレンズは輸出ラボから世界各地の現地ラボや大口顧客に送られ、ラストワンマイルの販売力を強化した。例えばメキシコにある輸出処方ラボは、米国の小売チェーンにレンズを提供している。レンズの最終加工を行うラボを自社で所有しているのは、一部のメガストアのみである。

サプライチェーンおよび処方ラボ戦略バイスプレジデントのエリック・ジャベロー氏は次のように述べている。「大陸間で国境を越えて製品を運ぶ輸送手段が進化し、ITも進化しています。そのため、先進国市場との近さを維持しつつ、コストの安い国に輸出ラボを立ち上げることができました。おかげで顧客の注文をわずか5日で処理することが可能になりました。ラボでレンズの表面仕上げと加工を行う工程に2日、ラボから店舗への輸送に1日、店舗での縁削りとフレームへの装着に2日の計5日間です」

一貫した世界的サプライチェーンの構築

エシロールは1970年代まではフランス国内でレンズを生産し、主に欧州で販売していた。それから20年で同社は世界進出を進め、各地域の顧客に近い場所に製造・物流施設を立ち上げた。エシロールが欧州以外に工場を置いたのは米国本土とフィリピンが最初であり、メキシコ、プエルトリコ、ブラジルがそれに続いた。

1990年代になると、同社は本格的な世界展開を目指すことを決め、事業展開地域を拡大するために企業買収や他社との提携を推進した。一部の企業とは異なり、エシロールは自社のサプライチェーンを成功戦略と不可分なものと考えて構築した。同社の目標は、先進国市場で売上を伸ばす一方で、新興国市場での存在感を確立することだった。この目標を実現するために同社はタイや中国に工場を新設し、中国のレンズメーカーを次々に買収したのである。

これと並行して、エシロールは米国およびインドの多数の処方ラボを買収、または提携した。そうすることで同社は、需要の大きい地域において、高品質な累進多焦点レンズの生産能力を強化したのである。

注目すべきは、エシロールが自社のネットワークに加わった企業に対し、すべてのプロセスを即座に変更することを強制しなかった点である。もっとも、世界的に整備されたエシロールの製品体系や、注文時の電子データ交換ルールに合わせることは必須だった。これらを導入する見返りとして、各社はエシロールの先進的な製品技術へのアクセスを認められたのである。さらに重要なのは、各社がエシロールの世界的なサプライチェーンの一員となり、その結果として安定した需要と世界規模のスケールメリットを享受できるようになったことである。

世界的なサプライチェーンを支えるために、エシロールは世界規模の調達・計画プロセスを導入した。最初のステップは、世界各地のオペレーションで使用されている多様なITシステムを、全体を網羅する1つの統合システムにまとめることだった。世界の物流を担当するバイスプレジデントのジェラルド・トゥレンク氏は次のように振り返る。「私たちは関連するすべてのオペレーション機能、つまりオーダー管理、調達、購入などを結びつけるERPシステムを立ち上げました。このおかげで当社は世界のあらゆる地域で同じプロセスを展開できるようになったのです」

グローバルなITシステムを構築することで、最終顧客から送られてくる膨大な量の情報――数十種類もの累進多焦点レンズと多様なコーティングの情報――も管理できるようになった。エシロールのITシステムは堅牢性に優れ、処方ラボと輸出処方ラボの両方にこうした情報を伝えることが可能である。

それと同時に、エシロールは世界規模のサプライチェーン組織も構築した。同社が活動する4つの地域、すなわち北米、中南米、欧州、AMERA（アジア・中東・ロシア・アフリカ）にはすべてサプライチェーン部門がある。グローバルチームが計画、工場のスケジューリング、在庫管理にフォーカスしたプロセスと手法の策定に取り組む一方で、各ゾーン（各地域に属する国のグループ）のマネジャーは需要情報の提供と在庫補充に責任を負っている。

こうした世界規模の取り組みの結果、エシロールは業界に先駆けて真にグローバルなサプライチェーンの構築に成功した。2011年には、19の製造工場（欧州に4、南アジアに9、日本に1、北米・中米に4、ブラジルに1）と390の処方ラボを保有するまでになった。

在庫とサービスのバランスを保つ

どのような基準で見てもエシロールの管理するSKUの規模は膨大であり、新製品が投入されるごとに増加の一途をたどっている。このような状況では在庫の過剰や陳腐化は深刻な問題となるため、コストとサービスの適正なバランスを見極めることが極めて重要だ。

エシロールの出した答えは、各工場の在庫を、ゼロとは言わないまでも低いレベルで維持することだった。生産されたレンズは地域DCまたは処方ラボに送られる。このネットワークの形態は地域によってまちまちだ。米国ではかなり一元化されているが、欧州ではリードタイムの要求事項と輸送面の困難を考慮して、実質的に各国に1つずつDCを置いている。

さらに、世界規模の計画プロセスには、各系列子会社の需要予測と在庫量調整も含まれる。年2

回のレビューに加え、S&OPプロセスが毎月実施される。その目的は、需要予測、販売目標、そしてエシロール、外部パートナー企業、サプライヤーのオペレーション能力に基づいて、達成可能な計画を策定することだ。毎月、最新の需要情報をもとに在庫量調整と工場の作業負荷管理が行われる。

米国では、リアルタイムの販売情報に基づいた補充プロセスが導入されている。米国にある127の製作所の1つに累進多焦点レンズ1組の注文が入ると、その製作所の在庫から注文にあった半完成品レンズが用意される。レンズは24時間以内に最寄りのDCから自動的に補充される。次の月曜日、DCはオンラインで補充注文を出し、メキシコまたはアジアの工場で受注生産の生産工程が始まる。生産場所がどこであれ、補充プロセスはサプライチェーン全体、すなわちラボ、エシロールの系列子会社、各地域、世界的なサプライチェーン組織の協業的な作業となる。

エシロールは計画プロセスを完全には自動化していない。これは、コスト削減とサービスのバランスに対する同社の考えを表している。トゥレンク氏は次のように述べている。「一部のステップの判断を人間に頼る仕組みを維持することで、必要に応じてプロダクトミックスを変更する柔軟性を確保しています。何もかも最適化してしまうと、最適化したものがかえって制約になることがあるのです」

複雑性を克服する

約65万ものSKUを生産し、約20万もの送り先に届けるためには、極めて優れた複雑性の管理が求められる。エシロールでは、完成品と半完成品の流れを区別することに加え、納入プロセスも巧みに合理化している。同社は、数度の合併によって何倍にも増えた米国の物流センターの統合を着実に進めてきた。また、最終包装プロセスを顧客から発注を受けた後に回すことによって、ぎりぎりのタイミングでオーダーが変更された場合に包装し直す必要性を排除した。さらに、可能な場合には顧客に直接レンズを発送することも始めている。

エシロールはまた、複雑性を管理するための技術を一貫して活用してきた。その一例がデジタル表面加工技術である。この技術のおかげで、生産プロセス後期に異なる処方に対応したレンズを最終加工することが可能になった。これと並行して、同社は個々の顧客のオーダーがサプライチェーンを通して処理される過程を追跡できるようにする先進技術にも投資している。

これらの手法は、エシロールのオペレーション面と財務面の双方に大きなインパクトを与えた。同社のサービスが業界内で知られるようになっただけでなく、売上に対する在庫比率の指標も1999年の100から2011年には81まで改善したのである。

適応性と信頼性を組み込む

グローバルな企業になることは素晴らしいが、それだけでは不十分である。自然災害によって、突然サプライチェーンが機能しなくなることもありうる。このような事態は、顧客サービスを競争上の強みの源と考える企業にとって、とりわけ大きな問題となる。

エシロールでは、混乱のリスクを軽減するために数々の戦略を展開している。同社はまず、処方ラボと物流センターを結ぶ緊密なネットワークを構築した。このことによって、事前通知にそれほど労力を使わなくても、生産、キャパシティー、流通、価格を調整できるようになった⑪。

また、サプライチェーンの脆弱な部分には、冗長性を持たせるための工場や余裕在庫を置いている。この大規模なネットワークは、同社が2011年後半に発生したタイの大洪水の影響を乗り切

⑪ "Supply Chain: L'Atout Cache D'Essilor," *Essilook*, June 2010.

るときにも力を発揮した。

エシロールではさらに、プロセスアーキテクチャーを世界規模で標準化するための施策も進行中だ。同社は工場間で生産を円滑に移転するために製造プロセスの標準化を進めている。そしてDC間で在庫を簡単に動かせるように流通プロセスの標準化を進めつつ、事業継続計画によって流通ネットワークに信頼性を持たせている。エシロールにおける適応性には、顧客のニーズに応じて新たなサプライチェーン組織を構築する能力も含まれる。さらに、小売チェーンの要望を受けて、付加価値をつけたサービスを開始した。顧客のサプライチェーンの仕事の一部を同社が引き受けたのである。同社は一部の大規模小売店のために、レンズの提供と、小売店が販売する大量のフレームの管理を担うサプライチェーンを構築している。

技術が絶えず変化する業界では、エシロールのように柔軟性を重視することは理にかなっている。新たな進歩に対し――それが新世代の累進多焦点レンズであれ（現在の最新は第4世代）、新しい製造プロセスであれ――サプライチェーンが迅速かつ容易に適応できることが極めて重要なのである。

次の25億人のために

世界で視力矯正が必要な人口は42億人に上る。しかし、そのうち約60%が、経済的な余裕がない、または近隣に眼鏡店がないという理由で、眼鏡を使わずに生活している。このような25億人の大半は新興国に暮らす人々だ。彼らの50%が貧困線*を下回る収入で生活し、60%が農村部に住み、30%が子供である。世界的な取り組みが何もなされなければ、視力矯正が必要であるにもかかわらず眼鏡なしで過ごす人口は、２０３０年までに最大35億人に達する可能性がある。

この膨大な数の人々が良好な視力を得られるようにすることは、エシロールにとって大きな夢で

＊生活必需品が購入可能な最低限の収入を表す統計上の指標（等価可処分所得の中央値の半分）

もあり、責務でもある。同社が目指すのは、必要な視力矯正が受けられない人の数を、2020年までに増加から減少に転じさせる力になることである。

この目標を達成するために、エシロールは新たな製品やビジネスモデルを通してイノベーションを進め、顧客のニーズを満たせる製品の開発に向けてパートナーシップや新たな能力を活用している。そして、インド農村部での移動眼鏡店、中国での視力検査プロジェクト、エシロール・ビジョン・ファンデーションによる慈善活動など、局所的な取り組みも数多く実施され、レンズを必要とする人々のもとに製品を届けることに貢献している。

社会に長期的に貢献していくことは、エシロールの企業としての主な目標の1つであり、各チームに力を与える使命でもあるのだ。

第3章

原則 3

優れたサプライチェーン組織の構築

今日、さまざまな業界の企業がサプライチェーン組織の設計を見直すよう迫られている。最高の組織設計とは、次の3つの問いに答えを出すものである。

「組織の中で、誰がどの活動に責任を負うか」

「どのような組織構造にするべきか」

「トップクラスのサプライチェーンパフォーマンスに不可欠なスキルは何か」

グローバル化、需要の変動、度重なる混乱など、世界的サプライチェーンが絶え間なく困難に見舞われる今日において、サプライチェーン戦略の推進に責任を負っているサプライチェーン組織が果たす役割は、かつてなく重要になっている。

しかし、強力なサプライチェーン組織を作り上げることは簡単ではない。例えば、適切なスキルと知識を持った人材を見つけることからして困難だ。どのような組織構造が最適か、また誰が何に責任を負うべきかといった判断も難しい。

こうした困難に加え、今日最も効果を発揮しているサプライチェーンは、過去とは大きく異なっている。20~30年前には多くの企業が、サプライチェーン組織は戦術的な実行プロセス――例えば原材料の購入、生産、製品の納入――を担う個別機能の集合体だと考えていた。これらの機能はそれぞれ調達、生産、入出荷といった部門を包含しており、これらの部門は製品開発、販売、マーケティングなど、より戦略的と見なされる部門からの指示を受けて活動していた。オペレーション組織の人材が上級幹部に昇進することはまれで、実際のところ、オペレーション組織のマネジャーらは、上級幹部職への道は限られていると感じていたのである。

しかし状況は大きく変わった。企業はサプライチェーン戦略の重要性を認識し、計画、調達、生産、納入、(場合によって)返品、イネーブルメントという6つの主要プロセスを網羅するサプライチェーン組織を設計するようになってきた。また、主要プロセス全体を一貫してサポートするために必要な、方針や手順、情報システム、報告系統の整備も進めている。さらに、サプライチェーン組織と社内のその他の機能や部門、あるいは外部のパートナー企業との強力な結びつきを確立し、製品設計からサービス、サポートに至るあらゆる領域においてサプライチェーン組織が役割を果たせるような環境を作り上げている。

このようなケイパビリティーを持つサプライチェーン組織を設計する際、必ずしも既存オペレーションの全面的な見直しや、部門の新設が必要になるとは限らない。重要なのはむしろ、各プロセスの実行と継続的な改善を担当する要員を、確実にサプライチェーン組織に組み込むことである。場合によっては、従来の組織の垣根を超えた業務の流れをサポートする人材を集めるために、大規模な組織再編が必要になるかもしれない。あるいは、機能横断的なマネジメントを強化することを意図した、比較的小規模な変更で対応できる場合もあるかもしれない。両者の違いは、プロセスの受け渡しをしなくて済むように2つの部門を統合するか、もっとシンプルに特定グループ内の責任の再配置で対応するかという違いと考えてもよいだろう。

本章ではこれらを念頭に、サプライチェーン組織設計のためのガイドラインを提示し、組織設計に不可欠な活動や、効果的に設計された組織の特徴について解説する。

サプライチェーン組織の設計に不可欠な3つの活動

まず、基本的な定義を確認しておこう。本書ではサプライチェーン組織を、計画、生産、調達、納入、返品、イネーブルメントに携わるすべての従業員で構成されるグループと定義する。この組織の責任者はチーフ・サプライチェーン・オフィサー（CSCO）、サプライチェーン担当バイスプレジデント、あるいはこれらに類する肩書きで呼ばれ、同組織に属する従業員は全員、この責任者の指揮下にある。

企業が効果的なサプライチェーン組織を設計するためには、次に挙げる3つを行わなければならない。これらは相互に関連し、強化しあう関係にある［図17／次頁］。

図17　サプライチェーン組織の設計に必要な、相互に関連する活動

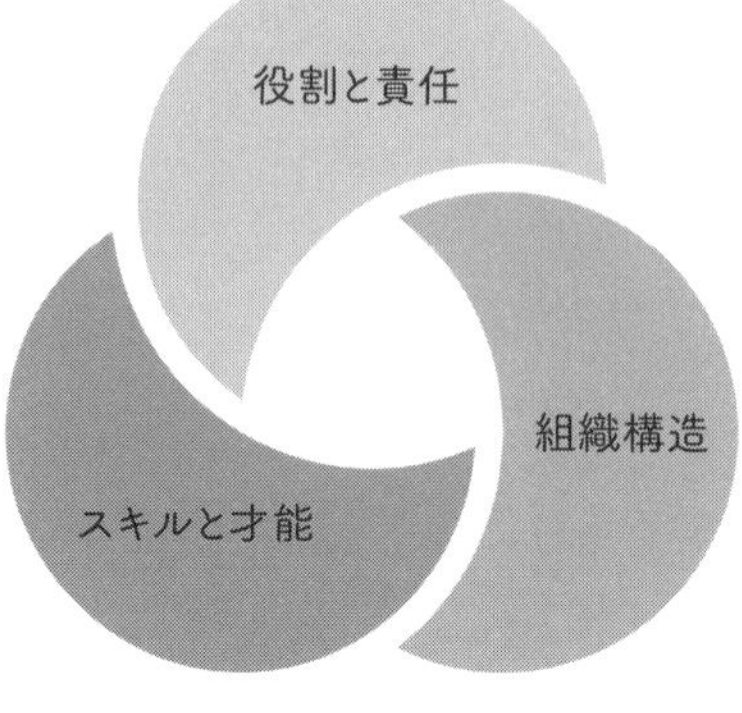

- 役割と責任を定義する。
- 適切な組織構造を選択する。
- 適切なスキルと才能を持つ人材を配置する。

ここでは3つの活動を順番に書いたが、取り組む順序に決まりはない。組織設計プロセスを反復的なものとして扱うことを忘れなければ、どの活動から着手してもよい。

役割と責任を定義する

サプライチェーンを適切に機能させるために必要な、あらゆる作業や活動について検討してみよう（第2章を参照）。自社の既存のサプライチェーンで誰が何を担当しているか、明確に説明できるだろうか。もしできなければ、おそらくそのサプライチェーン組織は100％の力を発揮していない。重要な役割はすべて明確に定義し、その実行に関する責任の所在も明らかにしておく必要がある。

一例として、調達した原材料が自社の品質規格を満たしていることを確認するプロセスを考えてみよう。受入検査について、多くの企業は次のように説明する。「まず、荷物の積み降ろしエリアで原材料を受け取ります。次に、標準的なサンプリング計画に基づいて、受け取った原材料の品質を検証します」。極めて簡略化してはいるが、多くの企業のプロセスやオペ

レーション手順では、おおよそこのように表現されている。しかしここには、行うべき作業は説明されているものの、作業の実行に誰が責任を持つのかという重要な情報が抜け落ちている。より適切な表現で言い換えると次のようになる。「受入チームが、受け取った原材料を記録して、品質を検証するために検査します」

これはささやかだが重要な違いである。サプライチェーン戦略を支えるための活動には必ず、責任を負う個人またはチームが存在しなければならない。しかし企業は驚くほど、この点を守らないことが多いのである。

受注仕様生産で製品を生産していたある企業の例を見てみよう。同社の業界は競合相手が多く、大手数社が市場の大半を支配していた。顧客は数日以内の納入を望んでいたが、特定製品構成の選択、検証、組立、試験のプロセスに遅れが生じがちだった。大幅に遅れることも珍しくなく、オーダーの約15％が3週間以上遅れていた。

遅れの原因の多くは技術的な問題が占めていた。例えば実行不可能な製品構成だったり、すでにサポートが終了したオプションがオーダーに含まれていたりといった不備であり、これを解決できるのは販売エンジニアリング担当チームだけだった。顧客が苦情の電話をかけても、顧客マネジャーは遅延の原因も配送予定日も把握していない。顧客マネジャーも憤っていた。オーダー処理に支障が生じたり発送日が変更されたりしても、彼らに何の連絡もなかったからだ。このような問題により、同社は競合企業に顧客を奪われる危機に直面していた。

そこで同社の経営陣は、オーダー管理プロセスのステップを1つひとつマッピングし、各ステップの実行に誰が責任を負っているかを細かく確認していった。RACI図〔図18。コラム「RACI図とは？」113頁も参照〕を作成したところ、すぐに問題点が明らかになった。配送予定日や、遅れが生じた場合の新しい配送日を顧客に連絡する作業に、誰も責任を負っていなかったのである。

図18　オーダー管理のRACI分析の例

	顧客マネジャー	オーダー管理	販売エンジニアリング	組立・試験
コンフィグレーションの選択・検証	A 説明責任者		R 実行責任者	
価格の決定	A 説明責任者		R 実行責任者	
顧客に価格を通知	A 説明責任者	R 実行責任者		
顧客の注文を受付・入力	I 報告先	A 説明責任者		
標準リードタイムに基づき発送日を計算		C 協議先		A 説明責任者
当初の配送予定日を顧客に通知	I 報告先	I 報告先		
技術的な問題を解決	C 協議先	I 報告先	A 説明責任者	
発送日の変更	I 報告先	I 報告先	C 協議先	A 説明責任者
変更後の配送予定日を顧客に通知		I 報告先		C 協議先

［太枠内＝説明責任者と実行責任者がどちらも決まっていない］

コラム

RACI図とは？*

RACIとは、特定の活動について個人または機能が果たす4種類の役割の頭文字を取った言葉である。

● R（Responsible）**実行責任者**　Rはプロセスに含まれる特定の活動またはステップの完了に責任を負う個人または機能（複数可）。責任は複数で共有してもよい。

● A（Accountable）**説明責任者**　Aは活動を確実に完了させることについて、最終的な説明責任を負う個人または機能。1つの決定行為または活動について、Aは1人（1機能）だけである。

● C（Consulted）**協議先**　Cは決定行為や活動の完了前に、意見やアドバイスを求められる個人または機能（複数可）。

● I（Informed）**報告先**　Iはステップの完了後に結果の報告を受ける個人または機能（複数可）。

RACI図は機能横断的なプロセスの役割や責任を明確化することに役立つ。RACI図を作成するためには、プロセスに関与する個人または機能（横の行に記載）、発生する主な活動（縦の列に記載）、判断や意思決定を含む各プロセス要素の主な成果を特定することが必要だ。各活動は、現時点でその作業の責任を負っている特定の人物ではなく、役割やニーズに対応させる。図が完成したら、マス目にRACIの適切な記号を記入する。

マス目を埋めてみて曖昧な点や問題点があれば、それらを解決する必要がある。1つの縦の列に多くのRが書き込まれている場合、その個人または機能に過剰な負荷がかかっているか、焦点の絞

＊ J. Mike Jacka and Paulette Keller, *Business Process Mapping: Improving Customer Satisfaction*, 2nd ed., Hoboken: John Wiley and Sons, 2009, 257.

り方が不十分な可能性がある。また1つの列にRやAが1つもない場合、その役割は撤廃を検討してもよいかもしれない。横の行のすべてのマス目に記号が入っている場合は、その活動に本当にすべての個人または機能が関与する必要があるのかどうか検証してみるとよい。横の行にAが1つもない場合は、誰も説明責任を負っていない理由を調査する必要がある。どの活動にも、必ず説明責任を負うグループまたは個人が存在しなければならない。

同社は分析結果に基づいてオーダー管理プロセスを修正し、一連の活動の内容や、各活動の実行責任者を明確化した。まず組立・試験グループが作業完了日を決定する。オーダー管理グループは顧客マネジャーに出荷予定日を通知し、遅れが生じた場合は最新情報を伝える。そして顧客マネジャーが同様に顧客に配送日を通知し、必要に応じて最新情報を伝えるという役割を明確にしたのである。

適切な組織構造を選択する

サプライチェーンの役割や責任を定義することは、サプライチェーンが円滑に機能するために必要なすべての活動を理解することに役立つ。ただしこれらの活動は、あるエンティティー（グループ、機能、個人）が実行に責任を負い、あるエンティティーが結果に対する説明責任を果たすというかたちで組織化されている必要がある。

例えば、顧客の注文を検証して確定するという活動を考えてみよう。単純な作業だと思うかもしれないが、適切に処理しなければ、決算報告にも重大な影響を及ぼしかねない。最悪の場合、コン

表9　最適なサプライチェーン組織構造の選択

組織構造	メリット
中央集権型	● スケールメリットが生かせる ● 世界規模で需要と供給を集約することにより、どの製品をどこで生産、販売、流通させるかを適切に決定できる ● 全社的に一貫した方針、手順、プロセスを展開できる
分散型	● ビジネス部門や地域ごとのカルチャーの違いに適応できる ● サプライチェーンプロセスを製品、部門、地域に合わせて最適化できる ● ビジネス部門がオペレーションの自治権を得られる
ハイブリッド型	● 複数の開発チームでの部品やサプライヤーの共有が促進される ● 一部のビジネス要素については全社的な標準を導入するが、その標準を満たす方法は各ビジネス部門が柔軟に決定できる

プライアンス違反という結果を招く可能性もある。自社のオーダー管理プロセスを調査してみて、注文の要件を設定する人物は明確だろうか。実際の作業は誰が担当しているだろうか。作業が完了したことを誰が確認しているだろうか。注文を受理し確定したことを、誰に報告する必要があるだろうか。問題が発生した場合、誰に相談する必要があるだろうか。こうした問いに対する答え――特にRとAの役割に関するもの――は、その企業のサプライチェーン組織の構造と密接にかかわっている。答えの中に、組織内で情報や原材料がどのように流れているか、活動を実行するために誰と誰が接点を持つか、誰が誰に報告するか、各個人の担当範囲はどこまでか、職務がどのように定義されているかといったことが表れるのだ。

サプライチェーン組織はこうあるべきだという唯一の正解があるわけではない。企業が最も効果的にビジネス戦略を実行でき、サプライチェーンがオペレーションパフォーマンス目標を達成できるような組織構造が、その企業にとっての正解である。このような考え方を念頭に置き、各主要プロセスを構成するすべてのプロセスや活動が1人の上級幹部の管轄下に置かれるようなかたちで実行責任や説明責任を調整する必要がある。

これを実現するためには、サプライチェーン組織構造の3つの型――中央集権型、分散型、ハイブリッド型――を押さえておくとよい［表9］。重要な部分の構造が異なるものの、いずれの型にも、ビジネス戦略を支えてサプライチェーンパフォーマンスを向上させる効果がある。ただし適切な基準を用いることが前提だ。

中央集権型

中央集権型の構造を持つサプライチェーン組織では、コアプロセスを企業レベルで管理し、それを複数のビジネス部門、地域、あるいは製品グループに展開している。企業が中央集権型モデルを選ぶ理由には、スケールメリットが得られること、冗長性が排除できること、世界規模で方針や手順を共通化できることが挙げられる。

例えば中央集権的な調達プロセスを実現すると、原材料支出を一元管理することが可能になり、それによって主要サプライヤーに対する購買力を強化できる。また中央集権的なサプライチェーン計画プロセスを実現すると、需要と供給を世界規模で可視化できるようになり、複数の製品や地域にまたがって収益と利幅を最適化しやすくなる。

IBMは中央集権的なサプライチェーン組織を持つ企業の1つである。かつてはビジネス部門ごとに独立した30のサプライチェーンがあり、それぞれに独自のサプライチェーン組織があった。しかしその後、同社は大きな一歩を踏み出した。IBMの製品やサービスを生産して顧客に届けることに責任を負う、独立したビジネス部門としてインテグレーテッド・サプライチェーン（ISC）組織を立ち上げたのである。ISCではすべてのコアサプライチェーン機能が一元化され、フロントエンドの顧客サポートや製造、調達、物流サービスを59カ国で提供するための設計になっている①。

分散型

分散型のサプライチェーン組織では、計画、調達、生産、納入、返品、イネーブルメントの責任

① Russell Goodman, "IBM's Integrated Supply Chain Creates Strategic Value Throughout the Enterprise," *Global Logistics & Supply Chain Strategies*, December 1, 2006.

を各ビジネス部門、地域、あるいは製品グループが負う。各部門にはサプライチェーンを独自に管理する権限が与えられているため、自部門の契約交渉、サプライヤーの選定、在庫管理を自由に行うことができる。

分散型サプライチェーン組織は、多種類の製品を販売する大規模で複雑な企業でよく見られる。合併や買収によって大きくなった企業が、元の企業から引き継いだ多様なサプライチェーン組織を維持することを決めた場合、この型になることが多い。例えばジョンソン・エンド・ジョンソン（J&J）の傘下には、世界57カ国に250を超える事業会社が存在する。そしてこれらの事業会社は、一般消費者向け製品、医療機器・診断薬、医療用医薬品という3つのセグメントに整理されている②。

各セグメントは、グループ・オペレーティング・コミッティーと呼ばれる中央の組織の監督下で、独立した事業会社として機能している。そしてそれぞれの戦略計画や日常的なオペレーションに責任を負い、網羅的なサプライチェーンを独自に管理している。各事業会社のサプライチェーンの設計やマネジメントは、一部の全社的方針――企業の社会的責任（CSR）に対するJ&Jとしてのアプローチなど――の影響を受けるものの、CSR基準の達成方法はそれぞれの経営陣が決定するのである。

ハイブリッド型

ハイブリッド型のサプライチェーン組織〔図19／次頁〕では、サプライチェーンプロセスの一部を中央集権化し、それ以外のプロセスの管理を各部門や地域が担当する。最も一般的なのは、調達プロセスの責任を中央集権化して、計画、製造、納入は各部門に任せるという方法だが、他にもあらゆる組み合わせが可能である。例えば、アウトソーシングサービスのプロバイダーとの提携交渉の

② Johnson & Johnson, About J&J, Our Company, http://www.jnj.com. Accessed December 6, 2012.

責任は中央が負う一方で、そのプロバイダーとの日常的なやり取りは部門トップの自由にさせるといった体制が考えられるだろう。

消費財の巨大企業であるユニリーバは、ハイブリッド型サプライチェーン組織を持つ企業の好例である。オランダと英国の2カ所に本社を置く同社は、400以上のブランドの製品——リプトン、ダブ、サーフなど——を、食品、リフレッシュメント、ホームケア、パーソナルケアの4つの主要製品カテゴリーに分けて販売している。2011年の売上高は465億ユーロである。

しかし、ユニリーバがハイブリッド型の組織構造を導入したのは、かなり最近のことだ。1990年代後半まで、同社はサプライチェーンのすべての活動を現地レベルで管理していた。この体制では各地域の組織が自治権を得る反面、全社的なオペレーションの効率性は妨げられていた。

グローバルな成長にともなって同社はビジネスの組織体制を変更し、同社が世界中で取り扱う全製品を網羅する2つの部門を設置した。損益に関する責任を現地組織から切り離したことで、複数の製品カテゴリーに共通して使用される原材料に関する新たな知見がもたらされた。そして乳製品、紅茶、フレグランス、油脂といった主な供給カテゴリーが形成されたのである。

図19　ハイブリッド型サプライチェーン組織の例

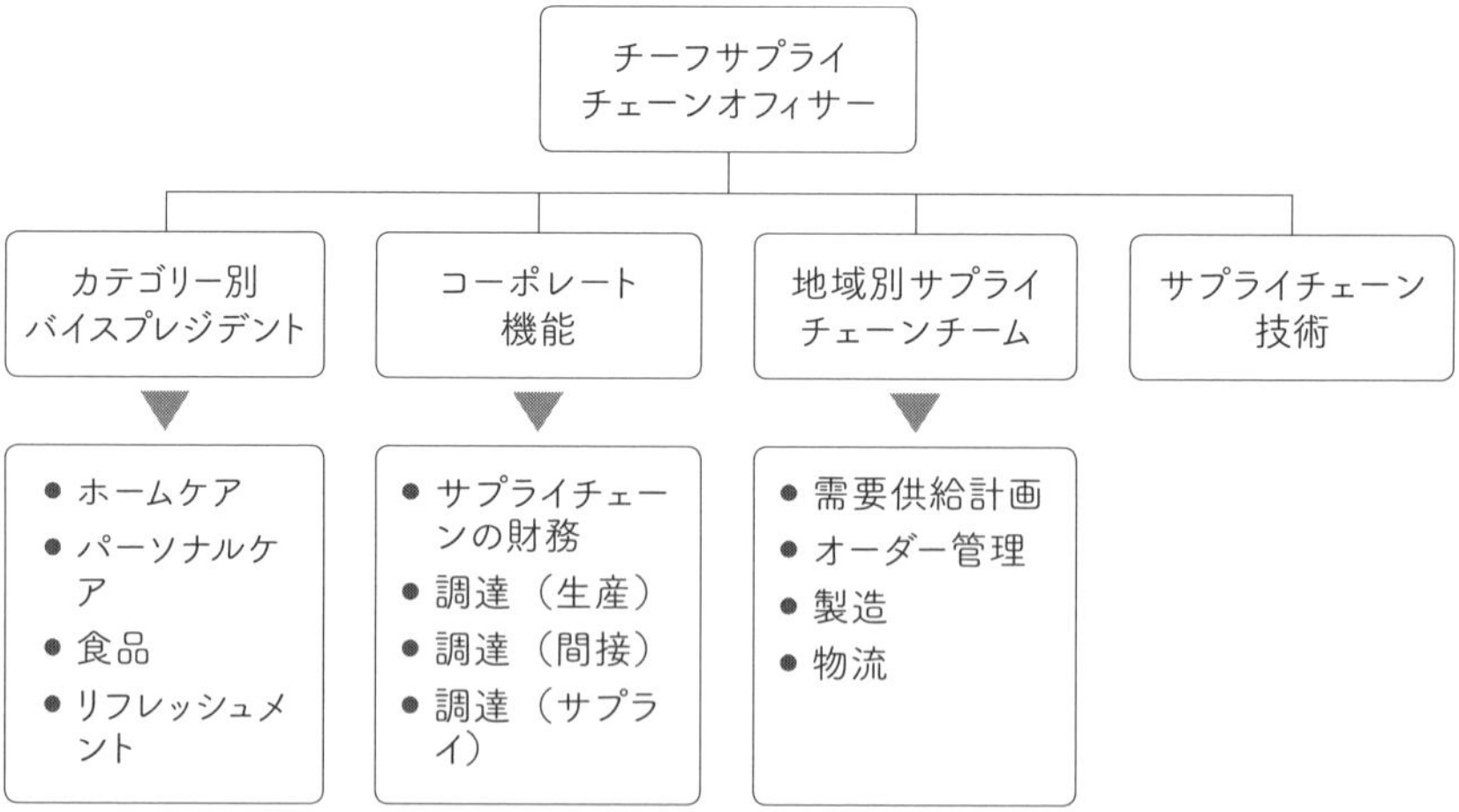

各地での敏捷性を保ちつつ、世界規模のスケールメリットを生かすために、ユニリーバはハイブリッド型のサプライチェーン組織設計を採用した③。同社は活動地域を「クラスター」と呼ばれる8つの地域に分けており、各地域に置かれたチームは「フロントライン機能」に責任を負う。つまり需給バランスの調整、顧客オーダー管理、製造、物流など日常業務のマネジメントが各チームの役割である。

これと並行して、ユニリーバの統合サプライチェーン組織が調達の95%を管理する。このように需要を集約することで、価格変動の影響を回避しやすくなる。そして、パーム油などの原材料が持続可能な方法で栽培されるように、同社が強く影響力を行使することも可能になる④。さらに統合サプライチェーンチームは、顧客サービスや品質管理といった全社的な機能が、各クラスターのオペレーションとシームレスに統合されるように管理する役割も果たす。

このような体制を整えることで、カテゴリーのバイスプレジデントは製品のイノベーションやブランドの確立に集中することができる。そしてチーフサプライチェーンオフィサー（CSCO）のピエール・ルイージ・シギスモンディー氏が、クラスターのサプライチェーンチーム、統合サプライチェーンチーム、カテゴリーのバイスプレジデントのすべてを監督している。

このような変革によってユニリーバのサプライチェーンは真の戦略的資産になった。ビジネスを2倍にするという同社の目標に向けて重要な役割を果たすと同時に、製品の品質向上やコスト削減にも役立っている。こうした取り組みが評価され、同社はガートナー社が選ぶ2012年の「サプライチェーントップ25社」で第10位にランクインした。CSCOのシギスモンディー氏は次のように指摘している。「当社のサプライチェーンはユニリーバの成功の根幹を成すものです。世界規模のスケールと現地での敏捷性のコンビネーションは当社特有のものであり、ビジネスの差別化につながっています」⑤

③ Pier Luigi Sigismondi, "Winning Through Continuous Improvement," presented at the Unilever Investor Relations Conference, November 2012.

④ Nick Martindale, "Scrubbing Up Well: An Interview with Marc Engel," *CPO Agenda*, Spring 2010.

⑤ http://www.unileverusa.com/mediacenter/pressreleases/2012/UnileverSupplyChainBreaksintoWorldTop10.aspx

どれを選ぶか？

サプライチェーンの組織構造を選択するときには、何よりもまず、その企業のビジネス戦略を適切にサポートできるようにすべきである。企業のビジネス戦略は安定していなければならないが、時間とともに必ず進化する。サプライチェーン組織もそれにともなって進化するべきだ。

ある地域の市場に新たに参入を計画している企業の例を考えてみよう。新しい市場では調達や雇用について現地の規則を守る必要があるかもしれない。あるいは既存の生産拠点からの製品輸送に莫大なコストがかかるかもしれない。もしこの企業が中央集権型の組織構造を採用していたとしたら、現地の要求事項に合わせてプロセスやインフラを調整しやすいハイブリッド戦略への移行を検討するとよいだろう。

また、サプライチェーン組織構造は企業文化を反映したものであるべきだ。起業家精神の育成を目指す企業の場合、命令に従って動く中央集権型のサプライチェーンが有効だとは考えないだろう。

そして複雑性の問題もかかわってくる。分散型サプライチェーン組織を選ぶべき理由が十分にあったとしても、複数の調達組織や計画組織があると複雑性が高まるため、結果として生じるコストによってメリットが相殺されてしまうかもしれない。

最後に、各地に自治権を与えることがプラスなのかマイナスなのかを検討する必要がある。ある企業の経営陣は、まずはプロセスや活動を同調させやすい中央集権型の組織から始めることが妥当だと判断した。この企業はそこを出発点にして、将来的にビジネス部門や地域の自治権を拡大する方向に変化していく可能性がある。

ＰｗＣの最近の研究によると、パフォーマンスの優れた多くの企業がハイブリッド型を好んで使用している［図20］。コアとなる戦略的プロセス――新製品の導入、戦略的な原材料やサービスの調達、サプライチェーンのセンター・オブ・エクセレンス（ＣｏＥ）など――は中央に集約する一方、

⑥ *Next-Generation Supply Chains: Efficient, Fast, and Tailored*, Global Supply Chain Survey PwC, 2012.

図20　世界レベルの管理vs地域レベルの管理

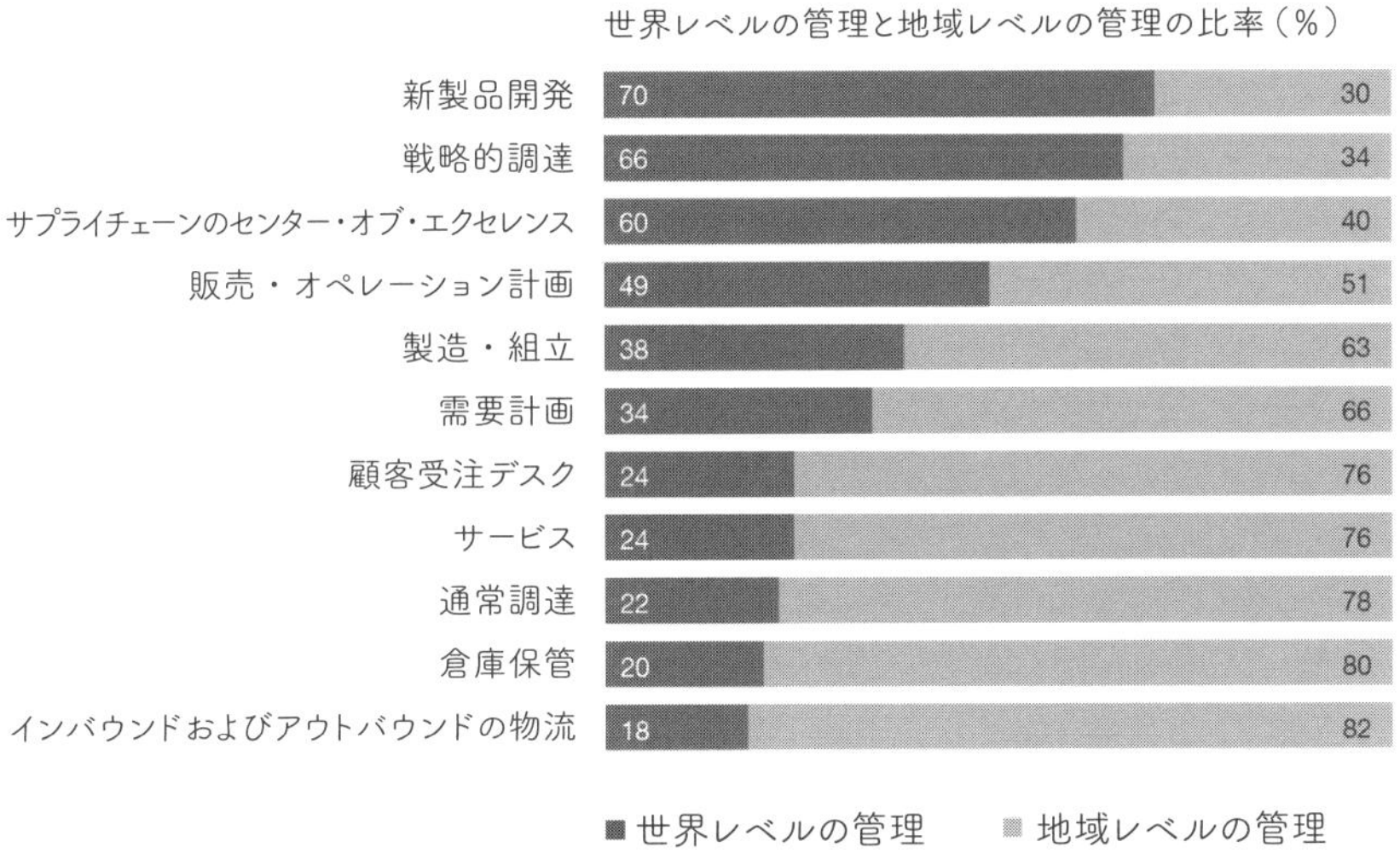

注：数値の丸め処理の結果、合計が100％を超える項目がある。
出典：*Next-Generation Supply Chains: Efficient, Fast, and Tailored*, Global Supply Chain Survey 2013, PwC, 2012.

顧客オーダー管理、サービス、通常調達、納入といった機能については最大75%を地域レベルで管理している⑥。これらの企業は調達面でスケールメリットを生かしつつ、地域レベルで製造や物流を管理することによって得られる柔軟性と応答性も強みにしている。

どの構造を選ぶにせよ、それを支える適切な情報システムを準備することが大切だ。中央集権型の場合、ビジネス部門や地域を結びつける完全に統合された情報システムが存在しなければ、集約化とスケールメリットによる強みを期待通りに発揮することはできない。同様に、異なる種類のデータをビジネスの状況を表す一貫性のある情報に変換できない分散型組織は、全社的なパフォーマンスの本当の姿をとらえることはできない。

適切なスキルを持つ人材を配置する

自社のサプライチェーン組織の主な役割と構造を定義したら、それぞれの役割に適切なスキル、才能、意欲を備えた人材を配置する必要がある。この作業は10年前よりもずっと難しくなっている。リスクの高い今日のビジネス環境において、サプライチェーン担当者にはまったく新しい秩序に対応したスキルが求められている。

サプライチェーンの責任者は、サプライチェーンマネジメントの用語やそのメカニズム――資材所要量計画（MRP）、在庫管理、生産管理など――を自在に使いこなせなければならない。しかもこれはほんの基本だ。優れた分析能力を持ち、サプライチェーン担当者がアクセスできるようになった大量のデータからビジネスに有効な知見を抽出することも求められる。その他、プロセスに関する深い知識、顧客に奉仕する情熱、自社のCSR方針に対する理解も必要だ。これらに加え、先進的計画スケジューリング（APS）や物流最適化システムなど、パフォーマンス向上を意図した各種ハンドリングツールにも適応しなければならない。全体を網羅するサプライチェーンには部門や企業をまたぐ性質があることから、サプライチェーン担当者に特に求められるのは、幅広いオペレーション経験と、コミュニケーションおよびリレーション管理の高いスキルである。

そのような人材を見つけるのは至難の業だと思われるだろうか。実際のところ、その通りである。企業幹部の約60%が、自社の成功にはサプライチェーン担当者の獲得と育成が不可欠だと答えている。昨今、管理職の斡旋サービスが隆盛している理由の1つがここにある。また、多くの企業が社内の育成プログラムを強化し、優秀なサプライチェーンマネジャーに多額の報酬を払っているのも同じ理由である。

幅広い経験

サプライチェーンマネジメントに必要なスキルの大部分は、どの業界でも通用するものだ。管理職専門人材紹介会社コーン・フェリーのシニア・クライアント・パートナーで、サプライチェーンを専門とするカルロス・ガルシア氏は、最も優秀なサプライチェーン担当幹部の中には幅広い経験を持った人材がいると指摘し、次のように述べている。「サプライチェーンプロセスに対する理解だけでなく、あらゆる分野で経験を積んでいます。コアとなるサプライチェーン分野の最高の人材はあらゆ販売、マーケティング、財務、エンジニアリングなど、他の分野の経験も持ち合わせているのです」⑦

新任のサプライチェーン担当幹部が他業界からやって来るケースはますます多くなっている。実際のところ、サプライチェーン担当幹部として引っ張りだこの人材には、複数の業界や地域で経験を積んだ人々が含まれる。サプライチェーンとは無関係の分野でキャリアをスタートさせた者も多い。もちろん一貫して同じ業界でキャリアを積み、素晴らしい成功を収めている者も多い。しかしこの職務に求められる条件として、経験の幅はますます重要視されるようになっている。

コミュニケーションとリレーション管理のスキル

サプライチェーン担当者に求められるスキルは、かつては技術的なものがほとんどだった。例えばサプライヤーの選定と管理、生産施設の効率的な運用、原材料計画の仕組みの理解といったスキルである。ガルシア氏によると、こうしたスキルは今でも重要だが、実際には単なる参加資格にしかならないという。今日のサプライチェーンマネジャーは、各コアプロセスの基本を押さえたうえで、コミュニケーション能力や説得力に優れ、「点線」の報告系統が存在するマトリックス組織の人間関係を管理する微妙なコツも身につけていなければならない。世界各地の多数の拠点で活動する企業の増加にともない、これらのスキルの重要性が増している。

例えばマトリックス組織を採用する企業では、世界中の委託製造業者とのリレーション強化に責任を負う幹部が1人いて、各地の現地マネジャーが日常のオペレーションを管理するという役割分担が考えられる。現地マネジャーは地域の統括マネジャーに報告を上げるが、それと同時に、委託製造業者を担当する幹部の指示にも対応する。サプライチェーンマネジャーは、直接の報告系統から外れる活動についてもうまく管理する必要があるのだ。

目標の相違などをめぐって企業内で対立が発生しても、サプライチェーン担当者のリレーション

⑦ ショシャナ・コーエンによるカルロス・ガルシアへのインタビューより（2012年5月15日実施）。

管理スキルが優れていると、手際よく解決できることがある。例えば、調達プロセスの管理担当者は、原材料への支払額、購入物の品質、期日通りの納入などの基準で評価される。一方CSRの担当者は、すべての調達活動が労働条件や倫理、サステナビリティの面で基準を満たすようにしなければならない。しかしフェアトレード、コンフリクトフリー*、カーボンニュートラル**などの認証を受けた原料は割高になることが多いため、CSR担当者と調達担当者の意見が対立する場合がある。有能なサプライチェーン担当幹部は、全社的な戦略にプラスになるかたちで、相容れない両者の目標のバランスを取る方法を心得ているのだ。

人材パイプラインの構築

どのような組織でも、必要な能力と実際に確保できる能力のバランスを取ることは重要な課題である。サプライチェーンがより長く複雑なものになるにつれ、マネジメントに必要なスキルも変化している。上級幹部にとって、優秀な人材が不足していることは大きな頭痛の種である。PwCが最近実施した1250社以上を対象とする年次調査では、CEOの43%が、業界内の採用活動が以前よりも難しくなり、そのことによる制約が自社の成長に影響を与えていると答えた。またCEOの4人に1人が、人材不足のために市場でチャンスを追求できなかったり、戦略的取り組みを中止または遅らせることを余儀なくされたりしたことがあると答えた〔図21〕⑧。

優れたサプライチェーンスキルを持つ人材に対する需要が供給を上回ると、どうなるのだろうか。どこに人材を求めればよいのだろうか。競合他社、社内の他部門、新たな職務で成長するポテンシャルを持つ人材、管理職専門人材紹介会社、私的なネットワーク、他業界の人材——これらはすべて、立派な人材供給源である。しかし、まずはこれらを活用するための戦略を練る必要がある。どのような妥協が必要になるだろうか。ある職務に適任だと思われる人材は、自社の想定よりも高

⑧ *Delivering Results: Growth and Value in a Volatile World*, 15th Annual Global CEO Survey, PwC, 2012.

* 製品に使用される鉱物材料が、特定地域の反政府武装勢力等と無関係であり、紛争にかかわる鉱物ではないこと

** 地球の炭素循環量に対して中立であること（活動を通して排出される二酸化炭素量と吸収される二酸化炭素量が同じであることを示す）

図21　人材不足の影響

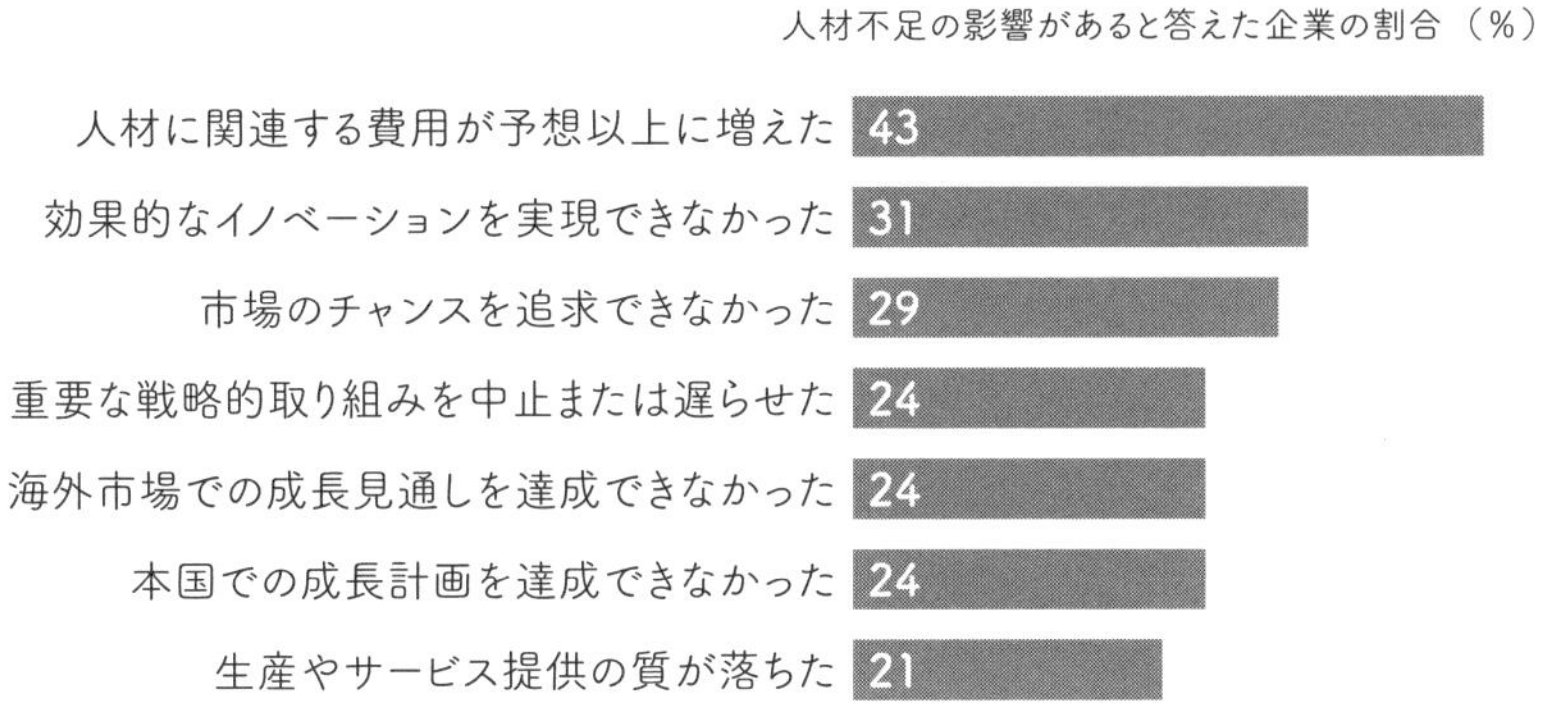

出典：*Delivering Results: Growth and Value in a Volatile World,* 15th Annual Global CEO Survey 2012, PwC, 2012.

い報酬を求めてはいないだろうか。どのように妥協点のバランスを探ればよいだろうか。

　こうした問いに対する答えの出し方は1つではない。判断を下すためにはたいてい、経験レベル、研修の必要性、顧客サービスに与える影響など多数の要素を考慮したトレードオフ分析が必要になる。

　その典型的な例として、ある物流サービス会社の経験を見てみよう。この企業は翌年の1年間で従業員を15%増やすことを計画し、大学新卒者の採用と、新卒者よりも給与水準が高い経験者の採用のどちらにするかを検討した。2つのシナリオを比較したところ、人件費の面では新卒者採用のほうが大幅にコストを節約できることは明らかだった。

　同社はさらに分析を進め、未経験者と経験者の全体的な採用コストを比較した。同社が注目したのは、給与および諸給付の初期コスト、採用コスト、教育・研修・能力開発コスト、移転費用、機会費用である〔図22／次頁〕。「機会費用」とは、顧客の満足が得られない作業、実行されなかった作業、過度の残業がもたらす従業員の不満によって、企業が負担するコストと定義される。こうした問題は、経験の浅い従業員のほうが発生する確率が高い。この分析の結果、長期的に見ると「低コスト」の従業員のほうが実際にはコストがかさむことが明らかになった。この企業が経験したように、物的資産の取得に関連する総所有コストという考え方は、人材を獲得する際にも当てはまるのである。

外部の人材を採用する代わりに、社内の人材のサプライチェーンスキルを伸ばそうと考える企業も多い。優秀なマネジャーの上級幹部へのステップアップを支援する、独自のリーダー養成コースを実施している企業もある。また、サプライチェーンプロセスのきちんとした概要を短期間で教える講座や研修を提供する企業もある。

　エレクトロニクス業界のあるサプライチェーン担当上級幹部は、次のように述べている。

「未経験者でも優秀な人物はたくさんいます。実際に、業界や技術に関する知識を習得していることを証明する、上位の学位を取得して入社してくる人も多いのです。高学歴で実務経験が乏しい人材の場合、課題となるのは問題解決能力ですが、個人的に、この部分は非常に教えやすいと思います」

　企業は人材の質を高めることの重要性を過小評価するべきではない。これはベストインクラスの製造オペレーションや需要計画プロセスを実現することと同じくらい、戦略的に重要なのである。

最高のサプライチェーン組織に見られるその他の特徴

　効果的なサプライチェーン組織には、熟考された巧みな設計が見られる。適切な構造を持ち、役割や責任が明確に定義され、役割にふさわしいスキルの人員が配置されている。しかしそれ以外にも、最高のサプライチェーン組織にはいくつかの際立った特徴がある。

発言力を持つ

最も効果的なサプライチェーン組織では、1人の上級幹部がすべてのコアプロセスに責

図22　未経験者採用の相対的コスト

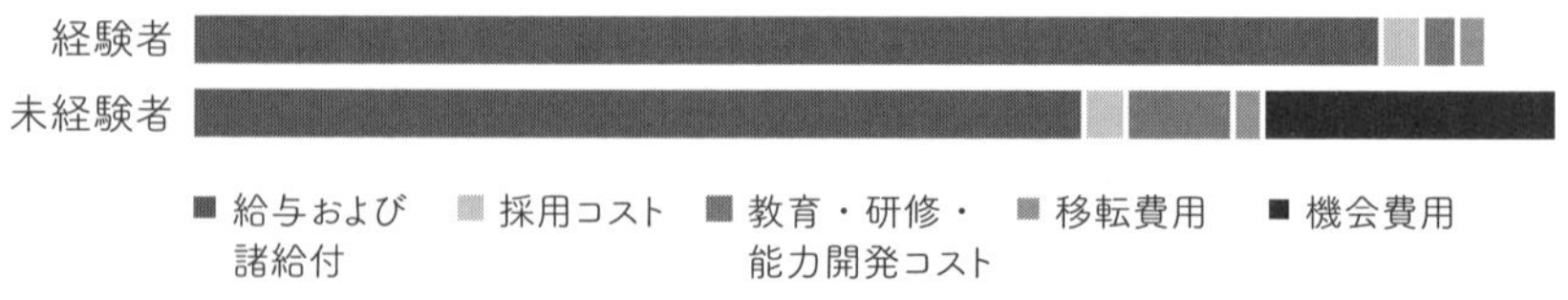

任を負い、その人物に部門横断的なパフォーマンス目標とその達成に必要なリソースが与えられている。企業によって、オペレーション担当バイスプレジデント、チーフサプライチェーンオフィサー（CSCO）などと役職名は異なるが、サプライチェーン部門の責任者を経営幹部の一員に含める企業が増えている。ある研究によると、フォーチュン125社のうち25％は、世界規模の統合サプライチェーンの責任を1人の幹部が負っている⑨。

しかし組織図にどのような役職名で書かれるにせよ、社内における実際の関係や責任のほうがずっと重要である。サプライチェーンを担当する最上位の幹部と、製品設計、販売、マーケティング、財務といった主要部門との連携が不十分であれば、サプライチェーン組織は十分に影響力を発揮することができず、まとまったチームとして活動することもできないだろう。

分散型モデルを採用している企業でも、サプライチェーン担当幹部は社内の最上位クラスの役職に位置づけるべきだ。製品グループや地域ごとに組織が独立している企業はいまだに、販売やマーケティングなどの重要な部門にそれぞれグローバルバイスプレジデントを置いている。

サプライチェーン組織の責任者が経営陣の一員となり、重要な戦略的決定に対して情報を提供すれば、他社と一線を画するサプライチェーン戦略を展開できる可能性が大幅に高まるだろう。ユニリーバはそのよい例だ。同社のCSCOは取締役会レベルで指名されており、サプライチェーン組織に対する注目度は高い。

ただし、最上位クラスの肩書きをつけるだけでは不十分だ。全社の戦略的な方向性を決めるのは販売、マーケティング、開発の各部門で、調達、生産、物流の各部門は戦術の実行役だと見なす伝統的なパラダイムが固定化している企業は多い。過剰な在庫や出荷の遅れ、収入機会の逸失といった問題が生じてもなお、多くの企業はサプライチェーンマネジメントが専門知識を要する重要分野であることを理解せず、サプライチェーンの戦略的価値を評価していない。サプライチェーンの責

⑨ Dan Gilmore, "The Integrated Supply Chain Organization," *Supply Chain Digest*, June 5, 2008.

任者が明確な義務を負わない限り、重要なチャンスを逃すことになるだろう。

強力なコア・コンピタンス

最高のサプライチェーン組織を率いる責任者は、戦略的に自社を差別化する活動――あるいはそうなる可能性を持つ活動――を把握している。彼らやその他の経営幹部は、こうした重要な活動を社内に維持するか、最も信頼できるパートナー企業にアウトソーシングする。その他の活動については、かつてなく幅広いサービスを提供するサードパーティーのプロバイダーのほうが優れているようならば、そうした企業にアウトソーシングする。

責任者の思慮が浅いと、アウトソーシングの落とし穴にはまる危険がある。我々が「コア・コンピタンスが痩せる」と呼ぶ現象だ。この現象は、企業が日常的なサプライチェーン活動の多くの部分をパートナー企業に過度に依存したときに発生する。中には、原材料計画や需要管理などコアとなるオペレーションプロセスの経験を持つスタッフが社内にほとんどいなくなるという、悲惨な結末に苦しんでいる企業も存在する。シンガポールを拠点とする電子機器製造サービスプロバイダー、フレクストロニクスのCEO、マイク・マクナマラ氏によると、同社と仕事をした多くの企業が自社のコア・コンピタンスが過度に痩せ細ることを容認していた。同氏は次のように指摘した。「私たちにとっては、顧客企業の内部に私たちと『サプライチェーンの話ができる』人材がいることが重要です。非常に重要ないくつかの活動が、すでに遂行不可能な状態になっている企業が数多く見られます」⑩

フレクストロニクスのように、顧客とのリレーションを管理するパラメーターを開発し、1日単位でサプライチェーンプロセスを動かそうとしている企業にとって、このような事態は問題である。マクナマラ氏はこう述べた。「顧客の組織内に長期的な需要計画を立てられる人がいなければ、彼

⑩ Shoshanah Cohen and Joseph Roussel, *Strategic Supply Chain Management: The Five Disciplines for Top Performance*, New York: McGraw-Hill, 2004, 120.

図23　過剰なアウトソーシング依存のリスク

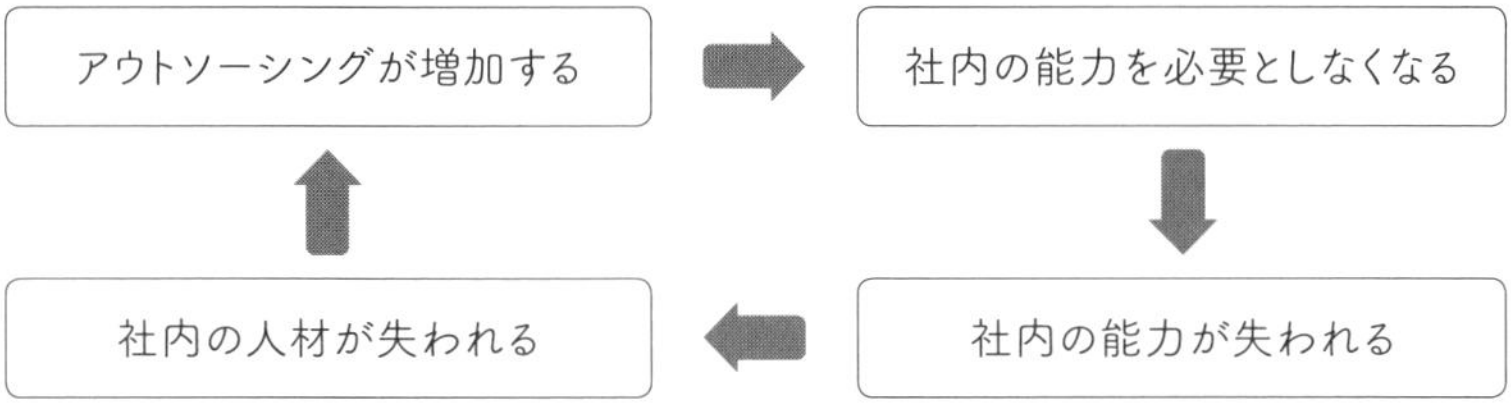

らに最も資するかたちで当社が準備を整えることは極めて困難です」

このようなリスクは依然として存在するが、いまや企業がアウトソーシングを利用することは一般的であり、大半の企業が、製造や物流のサービスプロバイダーを利用することに対し、自社から何かが「出て行く」という認識を持っていない。サービスプロバイダーを使うということは、単にサプライチェーンパートナーが増えるということに過ぎない。しかし、能力を新しいパートナーに移転することで生じる複雑性を管理する難しさを過小評価すべきではない。アウトソーシングに過度に依存すれば、社内の能力を必要としなくなる負のサイクルが回り出す。社内の人材が失われ、社内の能力が失われ、さらにアウトソーシングに頼るようになる〔図23〕。

自社のコアサプライチェーンプロセスのアウトソーシングを決断する場合は、アウトソーシング先のパートナー企業やプロセスを効果的に管理することに焦点を当てたコア・コンピタンスを開発し、維持しなければならない。例えば生産をアウトソーシングするならば、業界内の製造プロセスや、自社の個々の製品の製造プロセスを深く理解する必要がある。また、製造やエンジニアリングの能力に関するデューディリジェンスの実行、契約の管理、生産高の監視といった能力も必要になるだろう。

需要計画に精通していることや、請負業者で現在進行中の活動を評価できることも非常に大切である。そして同様に重要なのが、パートナー企業が拠点とする地域の習慣を理解することだ。複数の戦略的パートナーシップや部門横断チームを同時並行で管理することも求められる。自分の直接的な報告系統に含まれない人々にも確実に期待通りの働きをさせるのは、非常に難しいことである。

自社のコア・コンピタンスが痩せないようにするために、まずは主なサプライチェーンプロセスと、それらのプロセスを遂行するために必要なコア・コンピタンスをリストアップするとよい。ただし、現時点で必要なものを考えるだけでは不十分だ。長期的なビジネス戦略は、現状以上にとは言わないまでも、同じくらい重要なのである。企業の強みの創出や防衛に必要なスキルをまとめておくと、ビジネスを成長させ、顧客の満足を維持することに役立つ。その次にすべきことは、必要なスキルと実際に存在するスキルのギャップの見極めである。そして最後に、欠けているスキルは研修や的を絞った採用活動によって確保するか、あるいはサプライチェーンパートナーを利用するかという点で意見をまとめることである。

リーディング企業では、アウトソーシングするプロセスと社内に残すプロセスを判断する際にこうしたアプローチを実践している。彼らはセールス&オペレーション・プランニング（S&OP）、戦略的調達、製品開発などの戦略的プロセスは社内に残し、倉庫保管や

図24　アウトソーシングの優先事項

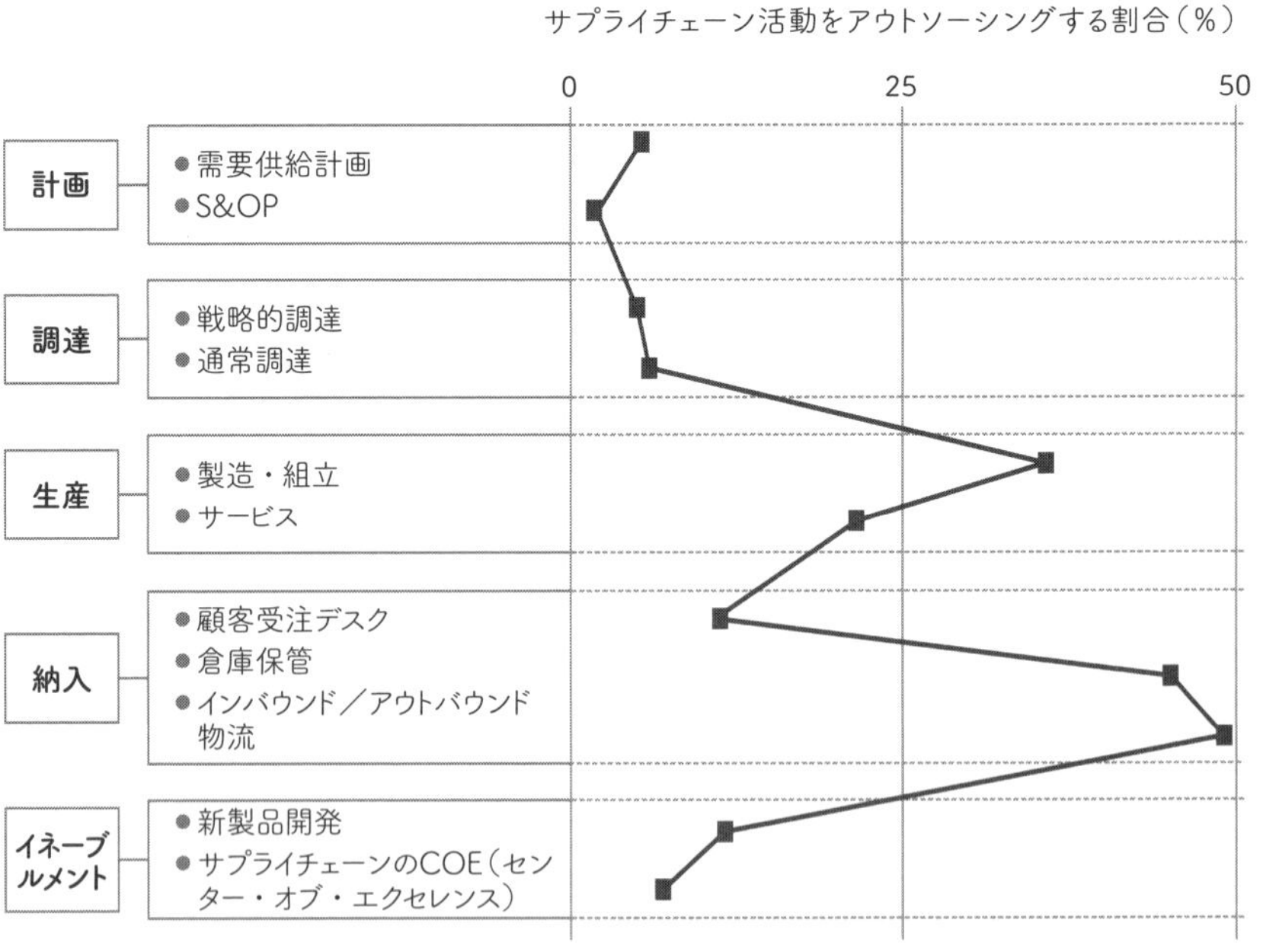

出典：*Next-Generation Supply Chains: Efficient, Fast, and Tailored,* Global Supply Chain Survey 2013, PwC, 2012.

物流に関する活動の約50％と、製造や組立に関する活動の35％をアウトソーシングしている［図24］⑪。

適応性

最高のサプライチェーン組織は、外的なビジネス環境だけでなく自社の戦略の変化にも対応して進化する。新たな地域への進出、製品ラインの追加、CSRガイドラインの更新、企業買収、ターゲットとする顧客基盤の変更――このような変化はいずれも、サプライチェーン組織の大がかりな調整を必要とする可能性が高い。サプライチェーンの役割や責任、組織構造、必要なスキルにも影響がおよぶ場合がある。実際に、戦略の変更によって既存のスキルが使えなくなり、新たなスキルが求められることは多い。

同じように、戦略の転換やオペレーションの改善は全般的に、サプライチェーン組織の設計変更を必要とすることがある。企業がサプライベースを強化したり、物流拠点を増やしたり、アウトソーシングモデルを転換したりする場合には、サプライチェーンのプロセスや構造にもある程度の追加や変更を加えなければならないだろう。現地のオペレーション環境に合わせて新たな能力を取り入れる必要もあるかもしれない。

カリフォルニア州を拠点とするある高性能電気通信機器メーカーは、実際にこのような経験をした。2000年代初め、同社は株主の強い不満に直面し、経営陣は苦境に立たされていた。シリコンバレーにあった同社の工場は旧式で効率が悪く、コストがかさんでいた。しかし外国のパートナー企業に製造をアウトソーシングすれば、複雑な製品のカスタマイズプロセスを、同社の支配力がまったく届かないところに委ねることになる。相当量のデューディリジェンスと分析を実施したうえで、経営陣は台湾の製造パートナー企業に生産プロセスを移転することを決めた。

⑪ *Next-Generation Supply Chains: Efficient, Fast, and Tailored*, Global Supply Chain Survey 2013, PwC, 2012.

生産能力の移転を成功させるには、重要部品のサプライヤーとの強力なリレーションを維持しつつ、これらの部品の日常的な購入業務の責任を新しい製造パートナーに移す必要があった。また、最終顧客の要求事項を取りまとめて、なるべく早く対応できるようにすることも重要だった。パートナー企業との距離や文化の違いを考えると、これは容易な目標ではない。

こうした点を考慮して、経営陣はいくつかの重要な変更を実施した。具体的には、実際に注文が入る前に重要部品の供給力を確保するためのプロセスを導入し、オーダー処理の遅れの軽減を図った。また、オーダー実行プロセス全体に責任を負う部門を新設し、混乱の原因となっていた情報ギャップを解消し、納入パフォーマンスの責任の所在を明確化した。さらに、顧客オーダー管理、計画、調達の担当グループを物理的に近い場所に移動させたり、オーダーの確認を人の手で行わせたりすることで、各グループの結びつきを強めた。

努力はさらに続いた。アウトソーシングを始めたことによって、同社の裁量で顧客の要求事項の変更や修正に応じた生産スケジュールの調整を行うことができなくなった。これは何も珍しいことではない。その結果、製造パートナーに、実際に製品が必要になる時期よりもかなり早い段階で要求事項を伝えなければならなくなった。同社は計画と調達のスキルの見直しを迫られた。

同社のグローバルオペレーション担当バイスプレジデントは当時行った活動を次のように説明した。「新しいモデルを採用した結果、原材料計画と調達の作業を一体化させることになりました。システムではじき出した計算結果に従って発注することに長けた戦術的バイヤーを連れてきても、その人がいきなり、具体的なデータがそろっていない状態で決断を下せる計画担当者になれるわけではありません。私たちが望む組織を作り上げるためにしっかりと訓練し直し、場合によっては戦略的な新規採用も実施しました」

組織の再編は製造プロセスの移転に合わせたスケジュールで実行され、同社は顧客サービスレベルに悪影響を及ぼすことなく、厳しい期限に間に合わせることができた。同時に、計画プロセスに焦点を絞ったことが功を奏し、在庫負担を劇的に減らすことができた。再構成されたサプライチェーン組織は、同社の新しいサプライチェーン戦略を支えるという点で重要な役割を果たし、同社の利益にも貢献したのである。

企業のサプライチェーン組織をよく観察してみると、設計と進化がさまざまに融合して出来上がっていることがわかるだろう。サプライチェーン組織の設計とは、何かの手本をまねることではない。サプライチェーン組織がどのようにビジネスに付加価値を与えられるのかを考え、そこに到達する方法を見極めることである。あるベテランCSCOは次のように述べている。「まずは何が起こっているかを観察します——何がうまく機能し、何が機能していないか。そして、うまく機能していることを多く実行するようにします」

ただしこれは単に試行錯誤をすればよいということではない。組織構造のあり方、持つべき能力、求めるスキルや経験は、すべてビジネス戦略を念頭に置いて決めるべきである。この点を正しく理解すれば、回復力や柔軟性があって目的にかなったサプライチェーン組織を維持しつつ、ビジネス戦略を変えることができるだろう。

第3章のまとめ

- グローバル化戦略、市場の不安定性、人材の争奪戦、企業の社会的責任（CSR）の市場への浸透などを受けて、企業はサプライチェーン組織の設計方法の見直しを迫られている。
- サプライチェーン組織について統合的なアプローチを取る企業は、この組織が競争上の強みを生み出す源になると考えている。このような企業は、計画、調達、生産、納入、返品、イネーブルメントのすべてを網羅するサプライチェーン組織を構築している。そして1人の責任者がすべての機能を監督している。
- サプライチェーンの組織構造には、中央集権型、分散型、ハイブリッド型がある。それぞれの型には異なるメリットがあり、自社に最も適した型を選ぶことで、いくつかの重要な基準の達成につながる。
- 極めて優れたサプライチェーン組織では役割と責任が明確に定義され、説明責任が果たされやすくなっている。
- 今日の環境でサプライチェーンの卓越性を発揮するためには、以前とはまったく異なるスキルが要求される。適切なスキルを持つ人材を配置するために、幹部は必要に応じて社内外で人材を調達しなければならない。
- 最も優れたサプライチェーン組織は、適切な組織構造の選択、役割の明確化、適切なスキルを持つ人材の確保に加えて、「発言力」を持っている。こうした組織では過剰なアウトソーシングや、アウトソーシングするサプライチェーン活動の選択ミスによって自社のコア・コンピタンスが「痩せる」ことがないように注意している。そして、内外の変化に適応するために継続的に組織設計の見直しを実施している。

SCM
事例紹介

ハイアール

顧客がインスパイアする サプライチェーン

2008年8月28日、ハイアール・グループCEOの張瑞敏《チャンルミエン》氏は翌29日付けで中央物流センターを閉鎖すると発表した。同社ではそれ以降、中央の倉庫に製品を集めて小売客の注文が入るまで保管することをやめた。新たな「在庫ゼロ」戦略にともない、製品が工場から顧客店舗へと直接滞りなく届くように、サプライチェーンを極めて円滑に運用しなければならなくなった。

ハイアールの決断は革新的なものだった。この決断によって、同社のサプライチェーン組織は、生産ラインで出来上がる製品を保管施設を通さずに処理することを迫られた。しかしそのわずか3週間後、同社は製品を工場から顧客までシームレスな流れで届けるプロセスを実現していたのである。工場のスペースの関係で1日分の生産量しか保管できなかったことが、この取り組みを継続的に推進する要因になった。

このエピソードは、サプライチェーン戦略に関するハイアールのアプローチの革新性と、そのアプローチがもたらした価値を示す例の1つに過ぎない。改善の余地は常にあるという信念のもと、同社はサプライチェーンのことを真剣に考え、研究を怠らず、必要に応じて変化させている。

ハイアールはこれまで異例のスピードで成長してきた。中国・青島の小さな冷蔵庫工場だった同社は、わずか27年間で白物家電（冷蔵庫、洗濯機、エアコン、湯沸かし器）の世界最大手に成長し、テレビ、小物家電、スマートフォンの分野でも存在感を増している。2011年には、ユーロモニター・インターナショナル⑫が選定する世界の家電ブランドランキングで、3年連続で世界第1位を獲得した。2011会計年度の売上は1509億元（約233億ドル）で、世界シェアは7.8％だった。

ハイアール・グループの副総裁で白物家電グループの総裁を兼務する梁海山《リャンハイシャン》氏は次のように述べている。「当社のサプライチェーンは、競争の武器となるコア・コンピタンスです。ここに至るすべての段階でサプライチェーンが極めて重要な資産であることが証明され、顧客の視点を維持することに役立ちました」

中国最大の白物家電ブランドに

青島冷蔵庫総廠《そうしょう》として創業した同社は、1984年に張瑞敏氏がマネジングディレクターに就任したときに本当の意味でスタートを切った。当時、同社は品質とインフラの面で大きな問題を抱えていた。1年のうちに3人のマネジングディレクターが就任しては辞めており、張氏は自分も同じ道をたどるのではないかと考えていた。

品質を優先

張氏はまず、品質の問題に着手した。製造ラインから上がってきたばかりの冷蔵庫のうち76台に欠陥があることを確認した同氏は、大きなハンマーを手に取り、欠陥品を自ら叩き壊した。そして工場の従業員に対し、今日は76台だったが、明日は760台、明後日は7600台になるかもしれ

⑫ Haier press release, December 16, 2011, http://www.prnewswire.com/news-releases/haier-ranked-the-1-global-major-appliances-brand-for-3rd-consecutive-year-euromonitor-135722313.html. Accessed March 11, 2013.

ないと注意を喚起したのである。

当時、同社の競合は100社を超えており、その中で勝ち抜くためには他の追随を許さない品質の冷蔵庫を生産することが重要だと考えた張氏は、欧米のマネジメント手法にその指針を求めた。1985年、張氏は上質な冷蔵庫を製造するドイツのリープヘル・グループと、技術や設備を移転するためのパートナーシップを構築した。

中国ではその後の数年間で、人口の増加や所得水準の向上を背景に、冷蔵庫の需要が急拡大した。このとき青島冷蔵庫総廠は、張氏のリーダーシップのもとで、生産量を増加させることではなく品質の向上とブランド力の強化に集中した。この戦略は正解だった。競合他社が冷蔵庫の生産を増やしすぎたために極端な供給過剰となり、大幅な値引きが行われた。しかし張氏は品質の良いものが勝つと信じ、値下げしようとしなかった。競合他社がオペレーションの中断を余儀なくされる中、青島冷蔵庫総廠は力強く成長したのである⑬。

1992年にハイアール（海爾）に社名を変更した同社は、中国国内で事業展開地域を拡大し始めた。それからの10年間で、同社は不振に陥った家電メーカーをいくつか買収し、その製造施設を自社の資産ネットワークに追加した。

ハイアールはこの時期に、後に同社を差別化する最大の武器となるものも育んでいた――顧客との密接なインタラクションを基盤とする革新性である。同社は中国の白物家電メーカーとしては初めて、コンピュータ化されたアフターサービスセンターを設立した。これには極めて大きな意味があった。なぜなら自社製品のパフォーマンスを監視し、何千人もの顧客に保守・修理サービスを提供することが可能になったのである。

⑬ Tarun Khanna, Krishna Palupu, and Philip Andrews, "Haier: Taking a Chinese Company Global in 2011," *Harvard Business Review*, 2011.

小売ネットワーク

当然のことながら、ハイアールの小売顧客基盤も成長した。初期には主に中国都市部で需要が伸びた。そして最近では、不況下の景気刺激策として2009年に冷蔵庫の購入に補助金を支給する農村政策が始まったことをきっかけに、農村部でも需要が高まっている。

農村部の消費者に向けた流通を促進するために、ハイアールは小売ネットワークの整備を加速した。そして中国の至るところにハイアールの店舗が出現し始める。現在では農村部に6000店、都市部に2万4000店、ベンダー・請負業者が15万社、そして1万9000カ所以上のサービスセンターがある。

ハイアールは、経済規模や人口によって都市をランク付けする中国の階層（ティア）制度に合わせて小売ネットワークを展開している。ティア1都市（北京、上海、広州）とティア2都市（省都）の消費者がハイアールの冷蔵庫を購入するときには、複数の小売チャネルを利用できる。例えばウォルマートや、中国の家電小売大手である国美電器や蘇寧電器の店である。青島などティア3都市の消費者は、こうした店のほか、ハイアール製品だけを取り扱う小規模な店を利用できる。ティア4の町や村の消費者もハイアールブランドの店を利用できるが、農村部の一部では、パラソルが目印のキオスクしかないところもある。

どの地域においても、小売店はハイアールの価値を提案するうえで重要な役割を果たしている。すべての店舗は、消費者が自分に最も適した製品を知り、それを購入できる場なのだ。また、ハイアールブランドの店舗は保守・修理センターとしても機能している。消費者は通話料無料の相談窓口に電話で問い合わせ、使用中の製品を最寄りのハイアールの店に持ち込んで修理してもらうことができる。

最前線で働く人々

多数のブランドを扱う店であれ、ハイアール製品だけを扱う店であれ、そこにはハイアールの従業員がいて、顧客が冷蔵庫を選ぶ手助けをしている。同社の従業員8万人のうち販売担当者は約3万人で、製造担当者にほぼ匹敵する規模である。どのような基準から見ても大規模なこの販売チームを武器に、同社は最終顧客とのインタラクションを並外れたレベルで実現している。ハイアールの中国市場オペレーション総経理の楊喬山《ヤンチャオシャン》氏は、次のように説明する。「このアプローチによって顧客はより良い購入体験ができ、当社は顧客の要望に合った製品を開発するために必要な情報を得ることができます」

販売担当者はハイアール製品の豊富な知識を持っているだけでなく、オーダー管理や在庫管理の点でも重要な役割を果たしている。同社ではE-Storeという独自システムによって中国全土の店舗からの入力データを継続的に収集し、セールス&オペレーション・プランニング（S&OP）プロセスに役立てている。このシステムによって、サプライチェーン組織の関係者は各週にどのモデルの冷蔵庫が何台売れたかを常に把握でき、その後数週間で発生する注文数の予測に生かすことができる。

各店舗からもたらされる情報は非常に重要だ。より頻繁に――それゆえ、より正確に――需要シグナルをつかむことで生産計画が円滑に進むうえ、製品の在庫量をほぼ半減することにもつながった。さらに原料在庫は4分の1にまで削減されている。

サプライチェーンのイノベーションと結びついた製品イノベーション

中国では都市部と農村部でライフスタイルが大きく異なる。ハイアールのオペレーションモデルは、あらゆる消費者層を満足させるための設計になっている。

同社の工場は、数十モデルの冷蔵庫をスムーズに大量生産できる仕組みになっている。こうして生産された製品は、廉価ブランド、手頃ブランド、高級ブランドに分かれたハイアールの戦略に沿って何百種類もの異なる製品として販売される。冷蔵庫の80%以上は受注生産で生産される。残りは、小売店の販売のコミットに基づいて製品構成され、より高度にカスタマイズした製品を扱う「約束受付生産」で生産される。

冷蔵庫はすべて、工場やサプライヤーが集まるハイアールの工業団地で生産される。青島工業団地のハイアール冷蔵庫ディビジョン1は、2ドアと3ドアの冷蔵庫に特化しており年間２００万台近くの冷蔵庫を生産している。

ハイアールが多種類の冷蔵庫を生産しながら利益を上げられるのには、いくつかの理由がある。まず、同社はサプライチェーンの視点を設計に組み込んでいる。すべての冷蔵庫の設計は、5つのメインシステム（外枠、ドア、電気制御、冷却システム、梱包）と23のサブシステムでモジュール化されている。ハイアールはモジュール化によって設計プロセスのスピードを上げるとともに、製造を容易にしているのである。

ハイアールで製品のモジュール化を担当する上級幹部の鄒習文《ゾウシーウェン》氏は次のように述べている。「プラットフォーム化とモジュール化は、モジュラー設計、モジュラー供給、インテリジェントな製造、仮想ネットワークマーケティングを統合するための手段です。これが顧客の要求事項を一貫して管理するための鍵なのです」

モジュール化ではサプライヤーとの協業が重要な役割を果たす。冷蔵庫の冷却システムを考えてみよう。ハイアールではかつて、冷却装置の圧縮機ユニットを組み立てる際に、圧縮機、蒸発器、凝縮器をいくつかの異なるサプライヤーから調達していた。しかし近年ではサプライヤーを2社に絞り、モジュール一式を供給するように指示している。同社は新しい共同設計プロセスでこれらのサプライヤーと協業し、冷蔵庫の消費電力を30%抑え、市場投入までの期間を33%短縮する冷却システムの開発に取り組んだ。

ハイアールの収益性には、同社の子会社でインバウンドおよびアウトバウンドの物流を手がける青島海爾物流も貢献している。ハイアールの工場からは1日平均トラック1000台分の完成品が出荷される。この物流能力のおかげで、小売店は最終顧客に迅速な納入を約束できる。ハイアールが多くの都市で24時間以内の配達に対応できるのも同じ理由である。実際に、一部の店舗では午前中に購入した冷蔵庫をその日の午後に配達してもらうことも可能だ。

ハイアールは運転資本にも細かく気を配っている。「現金は空気のようなもの」が同社の合言葉である。つまり人は水や食べ物がなくても何日かは生きられるが、空気がなければ生きられない。それと同じように、現金がなければ企業は立ち行かないということである。この考え方に基づき、同社は在庫の綿密な管理に加えて、小売業者が代金を全額支払うまで製品を出荷しないという方針を取っている。

だが、何よりもハイアールの成長と収益性に貢献しているのは、R&Dからアフターサービスやサポートに至るまでの、徹底した顧客重視の姿勢である。顧客の要望を考慮せずに開発されたり、実際の顧客の注文を受けないまま製造されたりする製品が1つもないことが理想である。副総裁の梁氏は次のように述べている。「より良い設計の製品があれば、より大きな価値を顧客に、そしてハイアールにもたらすことができます」

世界のリーダーに

中国でハイアールを大成功に導いた顧客重視の姿勢は、同社が世界展開を進める原動力にもなっている。ドアに動画メッセージ録画機能が組み込まれた欧州仕様のファミリー向け冷蔵庫や、大学生向けに机の下に設置できる米国仕様の小型冷蔵庫など、ハイアールは一貫して顧客のニーズに訴えかける機能を搭載した製品を開発している。

難しいことを先に、易しいことは後で

ハイアールは1990年に、ビジネスの定石に挑戦する3段階戦略を開始した。同社が世界進出する際に最初に選んだのは、途上国ではなく経済が発展した欧米の市場、いわゆる「難しい」市場だった。そして、多くの中国企業が安い製品で市場参入を図る中、同社は価格面では妥協せず、まだ需要が満たされていないニッチ市場を探してその需要を満たす製品を開発した。ブランドエクイティーを確立するためにはこの戦略が不可欠だという信念があったのである。

この信念に基づいて、ハイアールは中国以外で初の合弁企業を米国に設立した。米国は製造コストが高くて競合企業も多いため、間違いなく「難しい」市場であった。すでにハイアールの小型冷蔵庫は、ニューヨークのある輸入会社によって米国に輸入されていた。米国市場に大々的に乗り込むために、ハイアールは大規模小売店の中でも最大級の企業、ホーム・デポ、ベストバイ、ウォルマートと契約を交わした。それと並行して、サウスカロライナ州に中国以外では初となる工業団地を立ち上げ、ニュージャージー州に中国から輸入した製品を保管する倉庫も設置した。

図25　ハイアールのグローバルな事業展開地域（2011年）

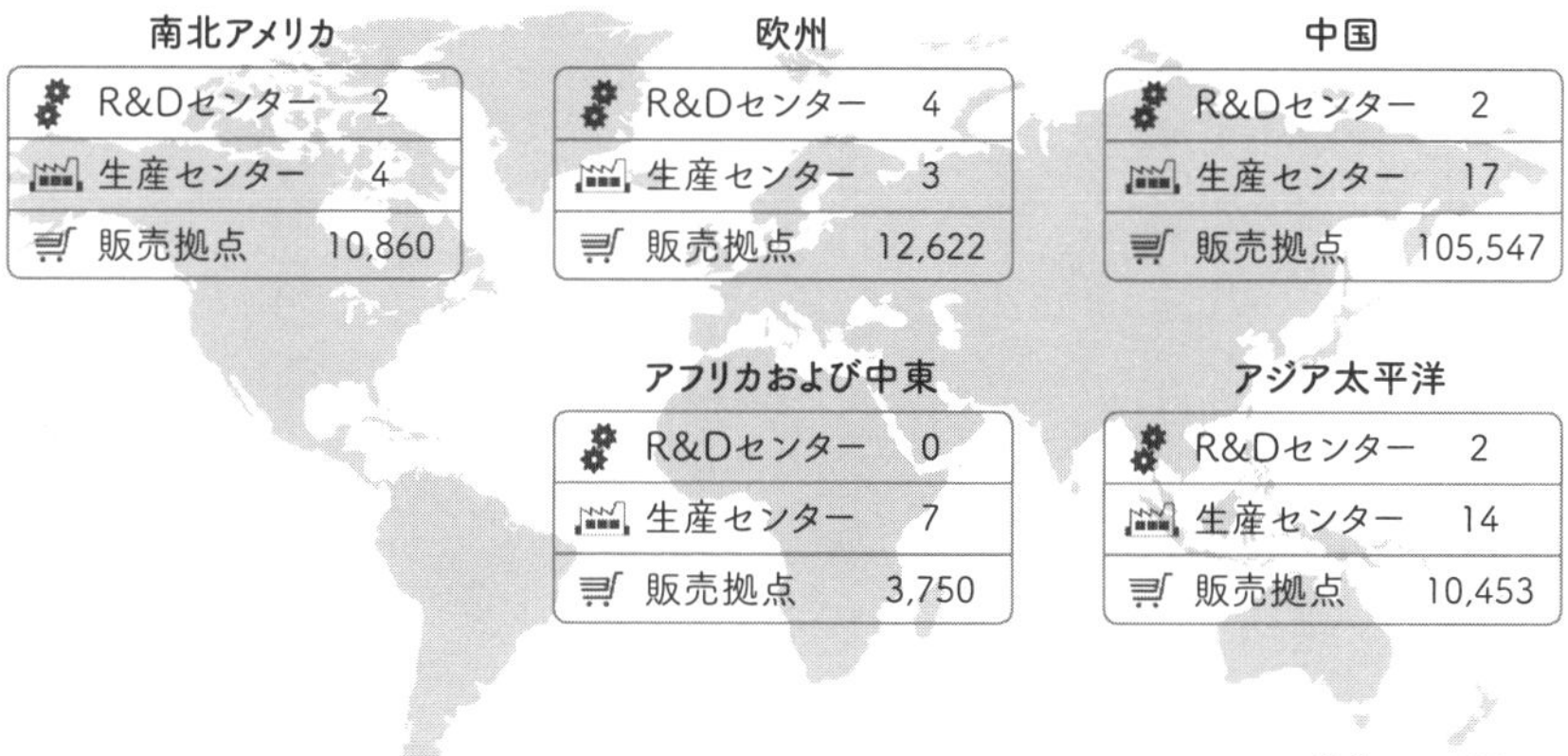

出典：ハイアール

とどまり続ける

ニッチ製品は難しい市場に進出するためのきっかけに過ぎないと考えていたハイアールは、主流製品の生産を始めることを決断した。難易度の高い市場でメジャーなブランドになるには、それが不可欠だと考えたのである。同社はこの目標に向かい、顧客の要求事項を理解してそれに応えるために、設計、生産、マーケティングをローカライズする「3イン1」アプローチを展開した。

主導権を握る

ハイアールは次に、現地の消費者に大切にされるブランドになることに焦点を当てた。そこで取った戦略は、流行を発信する企業として自社を差別化できるような革新的な製品を売ることだった。例えば同社は、停電が頻繁に発生するアフリカの消費者のために、食品の冷凍状態を100時間保つことができる霜取り不要の冷蔵庫を開発した。この冷蔵庫は成功し、同社はナイジェリア市場でナンバーワンの地位を確立したのである。

ハイアールは時折企業買収を実施し、3段階戦略を補強した。その中でも特に重要だったのが、2011年に三洋電機の白物家電・消費財事業を買収したことである。これによって同社は日本市場に確固とした足場を築いた［図25］。

現在ハイアールのオペレーションは、中国以外に大きく6つの地域――南北アメリカ、欧州、中東、東南アジア、東アジア、南アジア――に広がっている。

世界的サプライチェーンと国内サプライチェーンの共通点

中国国内と世界で、ハイアールの成長の軌跡は大きく異なる。しかしそれを支えたサプライチェーンにはいくつかの重要な共通点があった。

第一は、世界的なサプライチェーン組織の存在だ。ハイアールでは、国外のオペレーションには一貫して、主要な白物家電メーカーで経験を積んだ現地マネジャーを採用している。これらのマネジャーが現地チームを作り、現地の販売・流通チャネルを開発するのである。

第二は、部門や地域をまたいだコラボレーションを促進するために同社が開発した共通プロセスである。調和したサプライチェーンプロセス――需要計画、調達、製造、物流、納入――を明確化するために、ハイアールでは1人の責任者が世界的なサプライチェーンを監督している。同社の世界的サプライチェーンを監督するバイスプレジデントのリム・チンチェ氏は次のように述べている。「当社の組織は広範囲におよぶことから、効果的に協業するためには、用語、プロセス、KPI定義の標準化など、仕事の進め方を共通化する必要があります。当社ではこれを実現するためにSCOR®モデルを採用しています」

S&OPプロセスも非常に重要な要素である。中国本社を拠点とする幹部と、世界各地の地域販売オフィスは、週に一度のペースで販売計画および生産計画を調整している。同社が中国で200SKU以上、そして中国以外で400SKUの冷蔵庫を生産していることを考えれば、これは並大抵のことではない。

同様に重要なのは、ハイアールが国内サプライチェーンと世界的サプライチェーンで、迅速性、予測可能性、柔軟性という共通のパフォーマンスメトリクスを採用していることである。例えば迅速性を測定するために、同社ではオーダー処理の所要時間やその他のオーダー処理要素（例えば受注から製造まで、あるいは受注から出荷までの時間）など、多数のメトリクスを用意している。また、独自のシステムを用いて主要顧客や工場ごとの予測可能性や迅速性のパフォーマンスを評価し、必要に応じたアクションを取っている。

ハイアールにおけるサプライチェーンパフォーマンスの管理は、単なるパフォーマンスの追跡や報告の域を超えている。「個人目標の一致」という考え方のもと、同社では従業員個人とチームに直接的に目標が指示される。例えば販売チームには予測精度の目標、サプライチェーン計画チームには受注から納入までの所要時間の目標、工場管理チームには受注から出荷までの所要時間の目標、そして生産ラインチームには日次消化オーダー数目標といった具合である。ほかの多くの組織とは異なり、ハイアールでは目標が未達に終わった場合の措置がある。もし地区の販売マネジャーが冷蔵庫を多く注文しすぎて規定の在庫量を超過した場合、このマネジャーの報酬は減額されることになる。逆に注文数よりも多く販売した場合は、報酬が増額される。

永遠の成功はない

ハイアールは27年間で大きな発展を遂げたとはいえ、道半ばである。中国には大きな成長機会がある。所得税の課税ラインである月収3500元を超える人口はまだ2400万人に過ぎず、今後も生活水準が上がっていくことは確実である。そうなれば、ハイアールの高級ブランドである「カサルテ」にとって、まったく新しい市場がひらける可能性が高い。

同社はより世界的なオペレーションに照準を合わせ、「3分の3」戦略を確実に実行しようとしている。すなわち、製品の3分の1を中国で製造・販売し、3分の1を中国で製造・外国で販売し、残りの3分の1を外国で製造・販売するという戦略だ。まだこの比率には達していないが、順調に近づいている。

青島のハイアール本社にある博物館に行くと、大きな文字で書かれた「永遠の成功はない」というスローガンを見ることができる。ハイアールのDNAには、常に改善の余地を探し、現状維持を拒む精神が組み込まれているのである。

この先ハイアールがたどる道を予測することは困難だ。しかし確実だと思われることが1つだけある。ハイアールは業界トップの地位を維持するために、今後も自社の既存のオペレーションへの挑戦を続けていくだろう。そして引き続き、顧客がインスパイアするサプライチェーンが、同社の成功に重要な役割を果たすだろう。

原則
4

適切なコラボレーションモデルの構築

サプライチェーンパートナーとスマートにコラボレーションできれば、自社とパートナー企業の双方において、戦略面および財務面の豊かなメリットを生み出すことができる。しかしこうしたメリットを享受するためには、自社で採用しうるコラボレーションモデルをあらゆる面から理解して、自社のニーズに最も適合し、なおかつパートナーシップに内在するリスクを回避できるものを選択しなければならない。

今日の企業はコア・コンピタンスの強化に焦点を当て、迅速かつコストを抑えた製品イノベーションや製造を進めたり、顧客基盤を世界規模で拡大したりするために、複数の地域でますます多くのパートナーシップを構築している。景気循環が速く、自然災害が増え、政情不安が頻発する昨今の世界では、以前にも増してこうしたパートナーシップが成功に不可欠な要素となっている。実際に、サプライチェーン、調達、オペレーションを担当する374人の企業幹部を対象にした最近の調査では、回答者の60％近くが自社ビジネスにとってコラボレーションが戦略的に重要であると答えた①。

しかし同時に、パートナーシップの構築は以前よりも難しくなっている。自社の直接的な支配下にない戦略やリソースへの依存が高まるにつれ、単なるコラボレーションではなく、効果的なコラボレーションが求められている。これを実現するためには、さまざまなコラボレーションの形態を知り、それぞれの手法で達成できることとできないことを把握する必要がある。

コラボレーションについて理解する

コラボレーションとは具体的に何を意味するのだろうか。我々はこれを、サプライチェーンに属する企業がアイデア、資産、情報、知識、リスク、報酬を共有し、共通の目標に向かって協力するための手法と定義する。「コラボレーション」には、ビジネス部門間の情報共有から、製品開発やマーケティングに関する複雑で長期的なプロジェクトに至る、さまざまな協力活動が含まれる。

どのような形態を取るにせよ、効果的なコラボレーション関係は関係者全員に戦略面や財務面で

① Kevin O'Marah, "Collaborative Execution: Speed, Innovation, and Profitability," *SCM World*, March 2012.

表10　コラボレーションのメリット

顧客関連のメリット	● 予測精度と顧客サービスの向上 ● オーダー管理コストの削減 ● プロモーション予算の適切な割り当て
サプライヤー関連のメリット	● 過剰在庫の抑制 ● 倉庫保管コストの削減 ● 原材料供給力の向上
サービスプロバイダー関連のメリット	● 市場投入までの時間の短縮 ● イノベーションの増加 ● 陸揚げコストの削減 ● 納入の信頼性の向上 ● 柔軟なキャパシティーの獲得 ● 設備投資の削減と減価償却費の減少

大きなメリットをもたらす〔表10〕。例えば自社での開発が困難、あるいはコストがかかる専門知識や技術へのアクセスをコラボレーションによって獲得することで、参入障壁が高い市場への参入を加速することが可能になる。また、コラボレーションによってコスト削減や収益向上、あるいはその両方が実現できることも重要だ。

コラボレーションのスペクトラム

サプライチェーンマネジメントに関連するコラボレーションパートナーには、顧客、原材料のサプライヤー、そして製造面や物流面でサプライチェーンオペレーションを支えるサービスのサプライヤーなどが含まれる。コラボレーションのレベルはパートナー企業の種類や重要性によって異なる可能性があるが、たいていのコラボレーション関係の構築や維持の方法は似通っている。企業はさまざまなタイプのコラボレーション関係を利用することができる〔表11／151頁〕。

企業が取りうるコラボレーションのスペクトラムは多岐にわたる。これはコラボレーションの相対的な深さとパートナーシップ数の両面で言えることだ〔図26／次頁〕。ほとんどの企業では、「同期コラボレーション」関係よりも「取引上コラボレーション」関係のほうがはるかに多い。

ここで留意すべきなのは、コラボレーションのレベルに明確な境界線はないということだ。なぜならコラボレーションとは連続的なものであり、明確に線引きできるマネジメント手法ではないからである。また、スペクトラムは成熟したコラボレーション能力を実現する道筋を示したものではなく、適切なパートナーシップの相対的な数の特徴を表したものである。

顧客やサプライヤーとのリレーションには、必ずある程度のコラボレーションが含まれるだろう。しかし我々が企業に推奨しているのは、サプライチェーンパートナーとの間で組織的なリレーションを構築する前に、時間をかけてスペクトラムに含まれるそれぞれのコラボレーションレベルを理解し、自社特有のニーズを見極め、どのサプライヤーとどのように協業すればそのニーズを満たすために最も役立つのかを検討することである。

大半の企業の場合、深いレベルのコラボレーションを多くのパートナー企業と構築しようとするよりも、相手を少数に限定するほうが望ま

図26　コラボレーションのスペクトラム

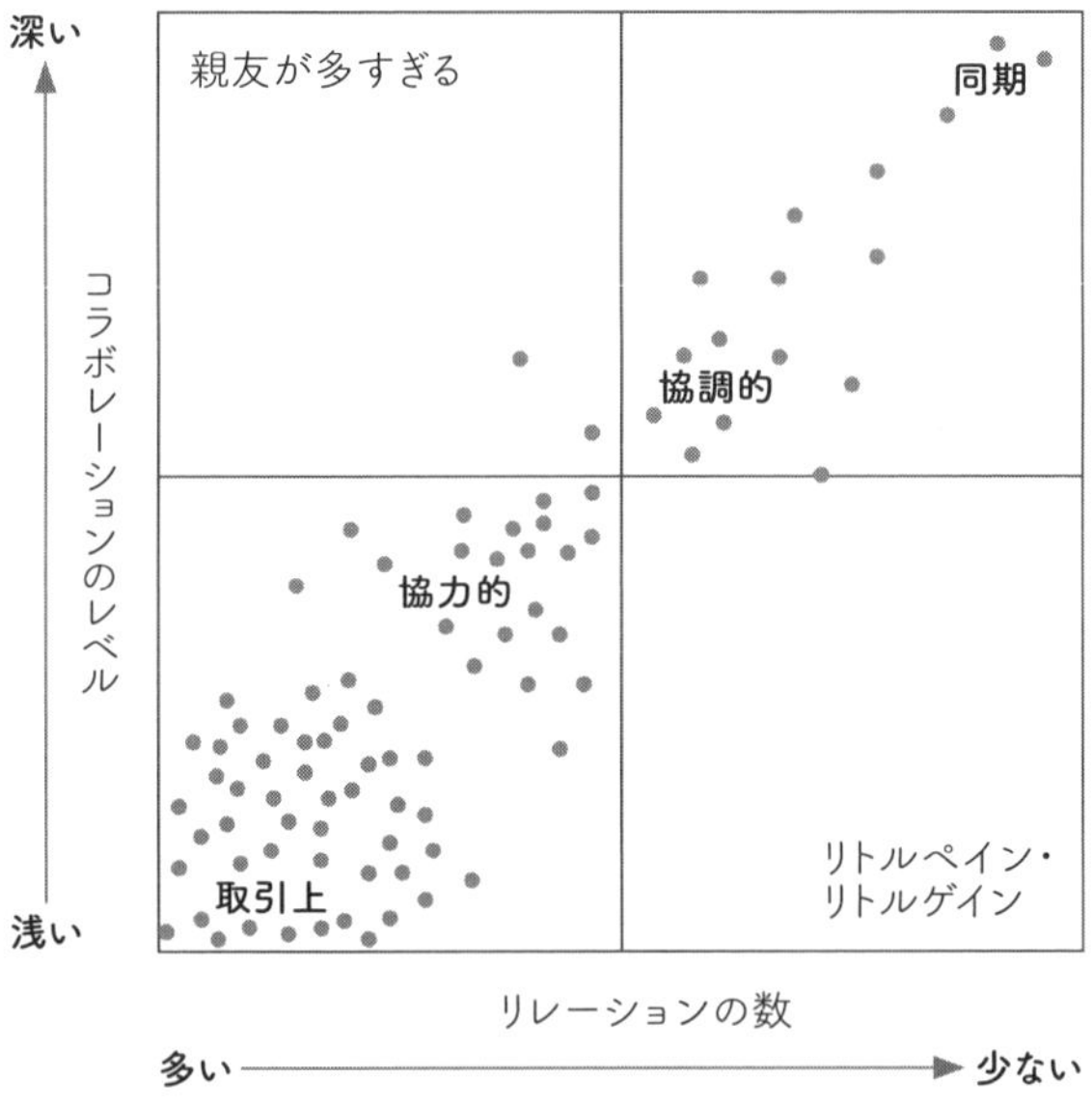

表11　コラボレーションの4つの方法

レベル	説明	特徴
取引上コラボレーション	特定の製品・サービスと提供期間、あるいは特定の購入量／額を条件に、パートナー企業が価格設定で合意	● 日々の取引に関する労力を最小化する。価格を基準にして個々のサプライヤーとのビジネスを判断する場合によく見られる ● 大規模な労力、投資、情報共有は不要
協力的コラボレーション	コミットメント、予測、在庫供給力、発注、注文および納入の状況に関する情報をパートナー企業が共有	● より高度な情報共有が必要 ● データは、手動または電子操作でパートナー企業から別のパートナー企業へと送られる（「プッシュ型」）か、データの受け手がアクセスして取得（「プル型」） ● 標準化されたデータの型やフォーマットを使用
協調的コラボレーション	パートナー企業が互いの能力に依存し、コラボレーション関係に長期的に関与	● パートナー企業間の双方向的な情報の流れや、緊密に協調した計画プロセスや実行プロセスに依存 ● 広範な交渉や妥協が必要 ● 情報交換のための独自システムが必要
同期コラボレーション	コラボレーションがサプライチェーンのオペレーションの域を超え、その他の重要なビジネスプロセスにも及ぶ	● パートナー企業は共同のR&Dプロジェクト、サプライヤー開発、知的財産開発に投資する場合があり、それによって相互に戦略的な価値を創出 ● パートナー企業の間で物的資産、知的資産、人材を共有 ● パートナー企業が共同で情報を生み出す

しい。本章ではそれぞれのサプライチェーンパートナーにふさわしいコラボレーションレベルを決定する方法について解説する。

取引上コラボレーション

取引上コラボレーションは、どの企業においても最も基本的で、圧倒的に広く用いられているモデルである。ある製品の価格について顧客やサプライヤーと合意するときには、その合意が期間指定のものであれ、該当製品の売上が所定の量または金額に達するまでのものであれ、必ず取引関係が発生する。合意した期間には、その製品の最小注文量を必ず購入することを条件に、買い手は固定価格で製品を仕入れることができる。一方、売り手側は原材料計画や生産計画の難しさを軽減できる。

このコラボレーション形態の狙いは、パートナーとの取引を効率的かつ効果的に進めることである。取引上コラボレーションが戦略的価値を生まないとは言わないが、通常、このような関係のパートナー企業は、サプライチェーンマネジメントの全体的なコスト削減や収益向上を目的として選択されてはいない。これは例えば定期的な交渉の手間を省くことを通して、より取引しやすい状況を作るためのコラボレーションなのである。企業は戦略的な重要性が比較的低いサプライチェーンパートナーに対して、長期的な関係を築くことよりも日々の取引に関する労力を最小化することを重視する傾向がある。

また、取引上コラボレーションでは高度な情報システムが要求されることはまれであり、その結果として多くの企業が情報のやり取りを電子化していない。そのため多くの取引が手動で行われている。

協力的コラボレーション

協力的コラボレーションでは、取引上コラボレーションよりも高度な情報共有が行われる。協力関係にあるサプライチェーンパートナーとの間では、自動的なコミットメントや確認が実現する可能性がある。あるいは、需要予測、利用状況、在庫供給力、注文、オーダーや納入の状況といった情報を共有できるかもしれない。

通常は、あるパートナー企業が提供した情報を相手のパートナー企業が確認し、それに基づいて行動する。この一方通行のコミュニケーションでは、データは手動または電子操作でパートナー企業から相手のパートナー企業へと送られたり（「プッシュ型」）、データの受け手がアクセスできる状態で発行されたり（「プル型」）する。提供データの型やフォーマットは標準化されていることが多い。

販売時点（POS）データの獲得と提供は、協力的コラボレーションの一般的な例である。POSデータは、消費者が購入した製品がレジを通るごとに自動的に収集される。小売店は製品が売れるごとに、その量と価格のPOSデータを収集する。こうしたデータは、プロモーションや、売上を押し上げた特殊な購入活動といった関連情報を添えることで、さらに充実したものとなる。サプライヤーはこのデータを計画プロセスで活用し、顧客の直近の購入行動や売上パターン、そして需要に影響を与えている要因をより的確に把握できる。

協調的コラボレーション

協調的コラボレーション関係では、サプライチェーンパートナーがいっそう緊密に協力し、互いの能力への依存度も高くなる。従ってこのレベルのコラボレーションでは、パートナー企業間で情報が双方向に流れ、計画・実行プロセスがしっかりと同期されていなければならない。

このようなかたちの情報共有を支えるために必要なインフラとプロセスは、協力的コラボレーションの場合よりも複雑だ。そのため多くの企業では、戦略的に重要なサプライチェーンパートナー企業に限定して協調的コラボレーションを取り入れている。

ベンダーマネージドインベントリー（VMI）は協調的コラボレーションのよい例である。字面からもわかるように、VMIでは顧客の手元に十分な原材料を確保することについてサプライヤーが責任を負う。一部のVMIプログラムは手動――サプライヤーが実際に顧客の施設に出向き、在庫レベルやカンバン（必要な在庫を知らせるサイン）を監視するという方法――で実施されているが、現在では大部分のプログラムが自動化されている。サプライヤーが予測や過去の利用状況に基づいて間接的に在庫需要を決定するケースや、実際の消費率やPOSデータ、実在在庫に基づいて決定するケースが見られる。どちらのアプローチの場合も、VMIを成功させる鍵は効果的なデータ共有である。

協調的コラボレーション関係は簡単に構築できるものではない。取引上コラボレーションや協力的コラボレーションとは異なり、パートナー間の広範囲にわたる交渉や長期的なコミットメントが求められる。高いレベルでデータが共有されることから、情報のやり取りに使用する堅牢なシステムが必要だ。必要なプロセスやツールを整備するには時間もコストもかかる。協調的コラボレーション関係で期待されるのは、リレーション構築が進むにつれて生み出される効率性のメリットを当事者双方が享受することである。

同期コラボレーション

同期コラボレーションはスペクトラムの中で最も深いレベルのコラボレーションである。このモデルでは、サプライチェーンに加えて重要なビジネスプロセスまでが協業の対象になる。パートナー企業は共同のR&Dプロジェクト、サプライヤー開発、知的財産（IP）開発に投資する場合がある。物的資産や知的資産が共有され、人材まで共有範囲が広がることもある。また戦略的提携のかたちで、一方の企業が他方に技術ライセンスを供与したり、2社が合同で1つの製品から別の製品を作ったりすることもある。

身近な例の1つが、アプリケーションソフトウエアがプリインストールされたパソコンである。同期コラボレーションは、製品やサービスの共同開発、情報共有、共同作業の進め方として現れることもある。

共同開発は大きな価値をもたらしうる。企業が新しい製品やサービスを開発する際に、開発チームに主要な原材料サプライヤーや製造パートナーが加わっていれば、ベストインクラスのサプライチェーンパフォーマンスに資する製品設計が実現する可能性が大いに高まる（コラム「同期コラボレーションによる共同開発」次頁参照）。同期コラボレーション関係にある企業では製品データ管理システムを共有することも多いが、その他のコラボレーション関係では製品データの交換にとどまることが普通である。

同期コラボレーション関係では必ず共同で情報が生み出される。情報を単に伝送したり交換したりするだけではないのだ。さらに短期的な計画や戦術の実行ではなく、将来の戦略ビジョンに焦点を当てる傾向がある。パートナー企業に長期的に投資することが、このタイプのコラボレーションの顕著な特徴だ。契約上の期待事項をめぐる対立や懸念を解消するために、パートナー企業との幅広い協力が優先されるのも、同期コラボレーションの大きな特徴である。

コラム

同期コラボレーションによる共同開発*

共同開発を通して、サプライチェーンパートナーのオペレーションを今までにない方法で結びつけると、プロセスを大幅に改善することができる。このプロセス改善によってパートナー企業間でより効果的に協業できるようになり、その結果として実現する恩恵を双方で享受することが可能だ。共同開発についてわかりやすく説明するために、あるラベルメーカーの例を見てみよう。便宜上、このラベルメーカーを「テキサス・アドヒーシブ」、同社のサプライチェーンパートナーを「EZプリンター」と「ベスト・ビバレッジズ」と呼ぶことにする。テキサス・アドヒーシブは飲料ボトル用の粘着ラベルを製造している。同社の顧客であるEZプリンターはラベルに印刷してベスト・ビバレッジズに販売し、ベスト・ビバレッジズは清涼飲料製品にそのラベルを貼って販売している。

テキサス・アドヒーシブはベスト・ビバレッジズから、従来の紙製のラベルを機能的で見た目も良いラミネートラベルに変更する合意を取り付けた。しかしこれを聞いたEZプリンターはすぐに、自社が板挟みになることに気づいた。もし現状より高い価格でテキサス・アドヒーシブのラミネートラベルを購入し、ベスト・ビバレッジズが要求する価格で印刷済みラベルを販売することになれば、EZプリンターは不利益をこうむる可能性がある。

テキサス・アドヒーシブとEZプリンターは、コストの削減を目指し、両社の生産施設を最も効果的に稼働させられる開発スケジュールを共同で作成した。また、EZプリンターのオペレーターからテキサス・アドヒーシブに向けて、ラミネートラベルに生じた問題（素材のしわや、その他の不具合など）を定期的にフィードバックするシステムも構築した。テキサス・アドヒーシブはこのフィ

* Francis Gouillart and Mark Deck, "The Craft of Co-Creation: Taking B2B Collaboration to a Whole New Level," *PRTM Insight*, 2011に基づく.

図27　同期コラボレーションによる共同開発

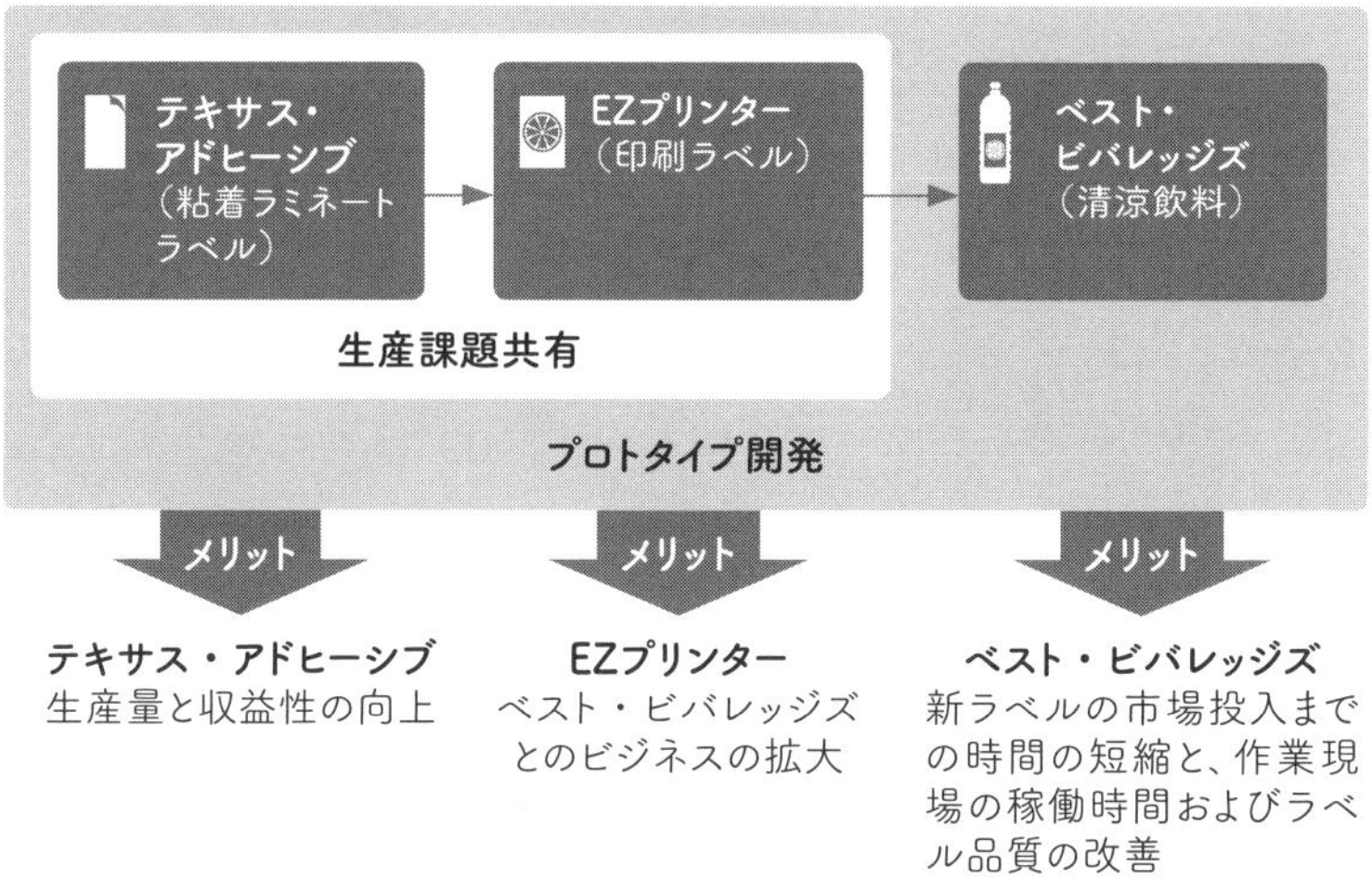

ードバックに基づいて改善を施し、その結果、両社ともに生産性の向上とコスト削減を実現できた。

テキサス・アドヒーシブとEZプリンターはこの取り組みをさらに進め、ベスト・ビバレッジズも巻き込んで、3社が一緒にラベルの設計や試験を行うことができるプロトタイプ作成ツールを共同開発した。この共同アプローチは、テキサス・アドヒーシブのラベル設計者やベスト・ビバレッジズのマーケティングチームが、ラベルの製造や貼り付けプロセスに最も適した設計を見極めることに役立った。すべての当事者が、それぞれの優先事項の実現につながるラベルの作成方法を検討できるようになったのである。

この共同開発の取り組みでは、サプライチェーンパートナーにそれぞれ恩恵があった。テキサス・アドヒーシブでは生産量と収益性が向上。EZプリンターではベスト・ビバレッジズとのビジネスが拡大。そしてベスト・ビバレッジズでは新しいラベルの市場投入までの時間が短縮でき、作業現場の稼働時間やラベル品質が改善したのだ。

コラボレーションスペクトラムの中で最適な位置を見つける

サプライチェーンパートナーとのリレーションはいずれも、コラボレーションスペクトラムのどこかに位置づけられる。コラボレーション戦略を立てるときは、各パートナー企業に最もふさわしいコラボレーション関係のタイプを特定する必要がある。その際の選択肢を示すのがコラボレーションスペクトラムだ。座標平面上に斜めに分布するスペクトラムの中で、適切な場所や不適切な場所があるわけではない。ただしスペクトラムから外れた領域には、コラボレーションモデルの選択肢としては避けたほうがよい場所がある。

避けるべき領域の1つ目は、我々が「リトルペイン・リトルゲイン（痛みが少なく、得るものも少ない）」と呼ぶエリアだ［図26／150頁参照］。ここに当てはまるコラボレーションは範囲が限定的で、該当するサプライチェーンパートナーの割合も相対的に少ない。コラボレーションに関連する投資やリスクは小さいが、リターンも小さい。限定的なコラボレーションでも財務的なメリットが生じることは確かだが、「リトルペイン・リトルゲイン」モデルでは投資に見合う規模のメリットが得られないため、商業的に有効な包括的コラボレーション戦略の基盤にはならないだろう。

避けるべきもう1つの領域は、「親友が多すぎる」エリアだ［図26／150頁参照］。ここに当てはまるコラボレーションは、多数のサプライチェーンパートナーと非常に深いレベルのコラボレーション関係を結ぶことを目指す。興味深いことに、コラボレーションツールの開発者は、先進技術によってコラボレーションの広さ（多数のサプライチェーンパートナーが関与）と深さ（各パートナーとの高度なコラボレーション）を両立できるとして、このようなコラボレーションを理想としている場合が多い。このレベルの統合が実現不可能だというわけではないが、たいていは現実的ではない。その主な理由は、自社のビジネス目標に向かって多数のパートナー企業をまとめ上げ、自社の利益に沿うように各社のオペレーションを変えさせることは極めて難しいからだ。

今日のコラボレーション関係の大半は、取引上コラボレーションまたは協力的コラボレーションである。これらのコラボレーションモデルは、サプライチェーン活動の限られた領域――典型的には調達と製造――に焦点を当てる。そしてコラボレーション活動と見なされているとはいえ、過剰在庫の抑制、顧客サービスの向上、人材の有効利用、より速く正確な納入といった成果は期待されていない。なぜならパートナー企業に求められる投資規模は小さく、それによってもたらされる価値は、必ずしも戦略を推進したり、市場への新規参入を可能にしたり、新たな技術やスキルへのアクセスを提供したりするものではないからだ。

取引上コラボレーションや協力的コラボレーションは、通常はそのコラボレーションの目的の域を超えずに進められる。すなわち、日々の取引において小規模から中規模の改善を実現するということである。ただしこれは、取引上コラボレーションや協力的コラボレーションに価値がないという意味ではない。また、もっと複雑で戦略的なコラボレーション関係への踏み台に過ぎないと考えるべきでもない。高度なコラボレーションには多大な投資と継続的なメンテナンスが必要であり、関係悪化につながる出来事を警戒し続けなければならない。このようなレベルのコラボレーションをすべての顧客やサプライヤーに適用することはできないのだ。

企業は伝統的な垂直統合モデルから離れつつあり、厳選したサプライチェーンパートナーと、より深くコラボレーションする必要性が高まっている。社内の能力を手放す決断をしたとしても、その能力が不要になるわけではない。その能力の源が自社の直接的な支配下から外れるだけのことだ。社外のリレーションをうまく管理する能力は、それ自体が極めて重要な能力である（第3章を参照）。

理論的に可能なことと、ビジネス戦略を支えるために必要なこと、そして日常のオペレーション管理の現実との間でバランスを取ることは難しい。企業によってコラボレーションスペクトラムが異なるということは、最適なコラボレーション関係の数やタイプも大きく異なるということだ。最適な状態にはほど遠い企業が多いとはいえ、協力的コラボレーションや協調的コラボレーションの数は増加している。企業が理想的なコラボレーションを達成する能力は、その企業と協力する準備が整ったパートナーがいるかどうかで決まる。

また、深く広いコラボレーション関係になればなるほど、すべての関係者がコアとなるサプライチェーンプロセスをしっかりと統合することが重要になる。各企業は統合するプロセスを決めるためのルールを設け、必要な統合レベルを見極めて、プロセスを統合する。

トヨタ自動車は他社に先駆けて50年以上前から協業的なサプライチェーンを活用している。トヨタのモデルが長続きしていることは、戦略的なコラボレーションがうまく機能し、なおかつ長期的に存続しうることを示している。同社と世界最大の自動車安全システムメーカーのオートリブの関係は、そのことを的確に表している。かつて生産面の課題によって、ユタ州のオートリブの工場から期日通りに製品をトヨタに納品することが難しいことがあった。そこでトヨタは製造の専門家をオートリブの工場に派遣し、トヨタ生産方式の基本を教えた。3年もしないうちに、オートリブは製造プロセスの全面的な改革を実現し、そしてトヨタとオートリブの双方が恩恵を享受したのである②。

成功するコラボレーションへの道

企業がコラボレーション関係の構築に成功するかどうかは、企業とパートナー企業が相互の合意事項を実現できるかどうかにかかっている。パートナーシップの内容は個々に異なるが、次に挙げる成功の指針はどのようなパートナーシップにも当てはまるものだ。

② Shoshanah Cohen and Joseph Roussel, *Strategic Supply Chain Management: The Five Disciplines for Top Performance*, First ed., New York: McGraw-Hill, 2004, 39–48.

- 外部パートナー企業とのコラボレーションを目指す前に、社内のコラボレーションを実現する。
- パートナー企業をセグメント化し、それぞれに適したコラボレーションレベルを定義する。
- パートナー企業を信頼するが、自社の利益は守る。
- メリット、利益、損失を分け合う。
- コラボレーション関係をサポートする技術を活用する。

まず社内のコラボレーションを実現する

社内のコラボレーションは、スケールメリットやスコープメリット、効率性の向上、知識の共有、重複作業の削減といった重要なメリットを生むことができる。また、プロセス、システム、組織構造を一致させて共通の目標に向かう体制が社内でどこまで整っているかを確認するという意味でも有効だ。しかもリスクの低い環境でこれらを実施できるのだ。社内でコラボレーションに成功すれば、コラボレーションのメリットを実証できる。そしてこうして得られた経験を踏まえ、サプライチェーンパートナーを対象とする社外のコラボレーションに向けた準備を整えることができる。

とはいえ社内のコラボレーションは簡単ではない。ビジネス部門や機能ごとに組織化された企業の従業員は、全社的なパフォーマンスではなく、自分の組織だけのパフォーマンスを最大化することを重視しがちである。また、自分の行動や判断が他の部門や機能に与える影響を把握しにくい場合もある。そのため、コラボレーションという新たなインタラクションが全社的な強みをもたらしていることを、すぐには実感できないかもしれない。また、各ビジネス部門で互換性のない情報システムを使用していることもあるだろう。異質なシステムが存在する場合、共通のデータプラットフォーム、共通の機能、標準化されたメトリクスがない限り、効果的なコラボレーションが妨げられる可能性がある。

こうした問題を克服するために、シニアマネジャーは社内のコラボレーションがビジネスにもたらしうるメリットを、具体的な言葉で明確に説明できなければならない。また、社内のコラボレーションはゼロサムゲームであるという先入観、つまり、ある部門のパフォーマンスが向上すれば必ず別の部門が犠牲になるという見方を一掃する必要がある。そして最後に、自社の既存のインフラが、各機能やビジネス部門にマイナス影響（現実のものであれ、そう認識されるものであれ）を与えることによって、コラボレーションの意欲をそぐことがないようにしなければならない。

パソコン周辺機器メーカーのロジテックの場合、社内のコラボレーションの必要性は明白だった。同社はパソコン操作、ゲーム、インターネット通信、デジタル音楽、ホームエンターテインメントに関連する製品のメーカーだ。世界規模のサプライチェーンを通して、世界中の小売店やオンラインショップ、またはOEMで製品を販売している。

同社の小売店向け製品は、人目を引くパッケージでイノベーションと品質の高さを印象づける作戦を取っている。多くの製品の場合、この目的にふさわしいのは、どこから見ても製品の見た目や雰囲気がわかるような、製品にぴったり合った形の透明素材のパッケージである。しかし同時に、パッケージは小売店が陳列する際の要望（陳列棚に立てて並べる、フックに掛けるなど）に沿うものでなければならない。

マーケティングや販売の観点で出される意見は、サプライチェーンのオペレーションという観点の最善策とは一致しないことがある。例えば、パッケージの形状によっては出荷時に荷台に載せられる製品の数が少なくなる可能性がある。

ロジテックの場合、パッケージのルックアンドフィールを決定するのはマーケティングの領域であり、サプライチェーン組織の領域ではない。製品とパッケージの組み合わせを設計し終えると、そこから設計を変更することは困難だ。そのため小売業者はパッケージを変更した製品をまったく新しい製品と見なし、手元にあるすべての製品を「アップデート版」の製品と交換しようとする。

この問題に対処するため、ロジテックはマーケティング組織とサプライチェーン組織に対し、パッケージ設計プロセスで協業することを求めた。マネジャーらは両組織に、双方の目標を達成できるパッケージの開発を目指して歩み寄ることを促したのである。コラボレーションの結果生まれたパッケージによって、ロジテックはより効率的に製品を消費者に届け、なおかつ製品のイノベーションや品質を明確に表現できるようになった③。

パートナー企業をセグメント化し、それぞれのコラボレーションレベルを定義する

企業がすべてのサプライチェーンパートナー――顧客もサプライヤーも含めて――と緊密に結びついた状況は、魅力的に思えるかもしれない。しかしそれを実現するのはほぼ不可能であり、コスト効率を期待することもできないだろう。幅広いコラボレーションは複雑で困難も多く、リソース、プロセス、システムの面で大規模な投資を必要とする。さらに、すべての顧客が等しく利益をもたらすとは限らず、すべてのサプライヤーに等しく価値があるとも限らない。パートナー企業候補の中には、自社が求めるレベルのコラボレーションを実行する能力がない、あるいはそのレベルを目指そうとさえしない企業も多いだろう。

このような理由から、コラボレーションプログラムに着手する前にパートナー企業をセグメント化することは理にかなっている。ちょうどマーケティング担当者がターゲット顧客をセグメント化するアプローチのようなものだ。マーケティングの場合、顧客のセグメント化によって最も大きな投資利益率（ROI）をもたらす顧客にリソースを割り当てることができる。

では、パートナー企業はどのようにセグメント化すべきだろうか。企業にはおそらく、重要ある

③ Shoshanah Cohen and Joseph Roussel, *Strategic Supply Chain Management: The Five Disciplines for Top Performance*, First ed., New York: McGraw-Hill, 2004, 151–152.

いは戦略的だと見なす顧客やサプライヤー、商品のリストがあるだろう。だが、どのような要素に基づいて、そう見なしているのだろうか。企業の規模だろうか。原材料やサービスの価格だろうか。自社に対するその企業の依存度だろうか。あるいは、その企業に対する自社の依存度だろうか。収益を生み出すという観点から見たその企業の価値だろうか。

このような単純な基準を1つか2つ検討しただけでパートナー企業を決めることには、本質的に大きなリスクがある。我々は複数の視点でパートナー候補企業を評価することを推奨している。複数の視点でパートナー候補企業をマッピングすると、自社の戦略を支える最も適切なコラボレーション関係のタイプを判断しやすくなる。考慮すべき視点には、次のようなものがある。

- **戦略的重要度**　自社にとってパートナー候補企業の規模、ビジネスの規模、技術、専門知識、原材料や部品、市場でのポジションはどれほど重要だろうか。自社のビジネスにとって不可欠なパートナー企業ほど、より深いレベルのコラボレーションを計画すべきである。
- **コラボレーション関係の予想持続期間**　そのパートナー候補企業とのパートナーシップはどれほど持続すると考えられるだろうか。月単位、あるいは年単位だろうか。短期的なパートナーシップの場合はおそらく、協調的コラボレーションや同期コラボレーションで発生するような集中的な努力や財務的なコミットメントは不要だろう。
- **パートナー候補企業の数**　そのパートナー候補企業と同じ品質、量、技術的専門知識を提供できる企業は他に存在しないだろうか。別のパートナー企業に乗り換えることは容易だろうか。自社の求めるものを提供する企業がいくつかあるとしたら、取引上コラボレーションまたは協力的コラボレーションのレベルで関係を維持しても差し支えないだろう。
- **製品にとっての重要度**　そのパートナー候補企業が提供する製品は、形状、適合性、機能の点で自社製品にとって不可欠なものだろうか。他社製品で代用することは可能だろうか。その企業は共同開発に興味を持っているだろうか。また共同開発に参画させることは可能だろうか。もしその企業の製品が自社にとって不可欠ならば、より深いレベルのコラボレーションが必要だ。

●**潜在的なリスク**　そのパートナー候補企業と協力することが、自社のビジネスの大きな障害になる可能性はないだろうか。その企業は、地理的に災害に弱い地域や、地政学的に不安定な地域に拠点を置いていないだろうか。サプライチェーンの混乱に備えて、余剰能力や割当保証について合意しておくとリスクの軽減に役立つ。しかしこのような対応が可能なのは、協調的コラボレーションまたは同期コラボレーションの関係が成立している場合に限られる。

●**ブランドに対する貢献度**　消費者が自社製品を購入する際、製品に使われている特定の部品のサプライヤーに価値を見いだしていたり、サプライヤーのブランドと自社のブランドを関連づけたりしていないだろうか。もしそうなら、そのサプライヤーとは同期コラボレーション関係を計画すべきである。

●**その他の基準**　文化的な適合性など、中には数値化が難しい基準もある。パートナー企業が自社とまったく異なる文化や価値観を持っている場合、文化的な衝突がコラボレーションの障害になる可能性が高まる。それでもなお、そのサプライヤーが戦略的に重要であり、広範なコラボレーションに投資したいと考えるのであれば、両者の違いを克服する必要がある。例えば、社会的・環境的責任に関する共通のパラメーターを設定したり、従業員の強化や意思決定に関する一貫したガイドラインを作成したりする方法が考えられる。

これらの視点の重要性は一様ではない。今日のビジネス環境では、コラボレーションの適切なレベルを決定する際に、ビジネスが妨害されるリスクを評価することが極めて重要である。2011年には、日本の震災やタイの洪水によって何千もの企業のサプライチェーンの脆弱性が露呈した。これらの企業の多くが、サプライヤーは簡単に取り替えがきくものと考えていた。しかしそうではないことがわかったのである④。コラボレーションパートナーの評価フレームワークを使用する前に、調査をすることが肝心だ。

また、パートナー企業から見た自社の重要性も考慮する必要がある。自社にとってそのパートナー企業が重要だからといって、相手が自社のために進んで多大な投資をしてくれるとは限らない。自社がパートナー企業に期待する内容について、妥協する心づもりも必要だ。

電子機器受託製造サービス（EMS）のプロバイダーや電子機器業界の請負業者を見ると、このことがよくわかる。こうした企業は価値のある実現技術を持つため、数百ものOEM顧客と比較的深いコラボレーション関係を結ぶことができる。しかし彼らがすべての顧客と計画・実行プロセスを同期するレベルまで関係を深めることはまれである。彼らは最も大きい、あるいは最も戦略的に重要な顧客に限定して深いコラボレーション関係を築く。EMSプロバイダーはこのような特別な顧客に対してだけ、生産計画の変更や部品の急配といった特別対応を用意するのである。

パートナー企業をセグメント化する際の最善のアプローチは、実際に企業に働きかける前に、評価フレームワークを作成することである。まず初めに、コラボレーションの4つのレベルについて、それぞれに該当するパートナーと見なすための基準を、わかりやすく明確な言葉を用いてリストアップしよう。そして自社のビジネスのニーズや過去のコラボレーションの経験を踏まえ、コラボレーションのタイプごとに望ましいパートナー数を決定する。図28に評価フレームワークの作成例を示した。次に、パートナー候補企業が各基準をどの程度満たしているかを評価し、ランク付けする。必ず満たすべき基準をいくつか決めて、それを満たしていない企業はすべて排除するという方法を

④ Michael Giguere and Glen Goldbach, “Segment Your Suppliers to Reduce Risk,” *Supply Chain Quarterly*, CSCMP, Q3 2012.

図28　パートナー評価フレームワーク

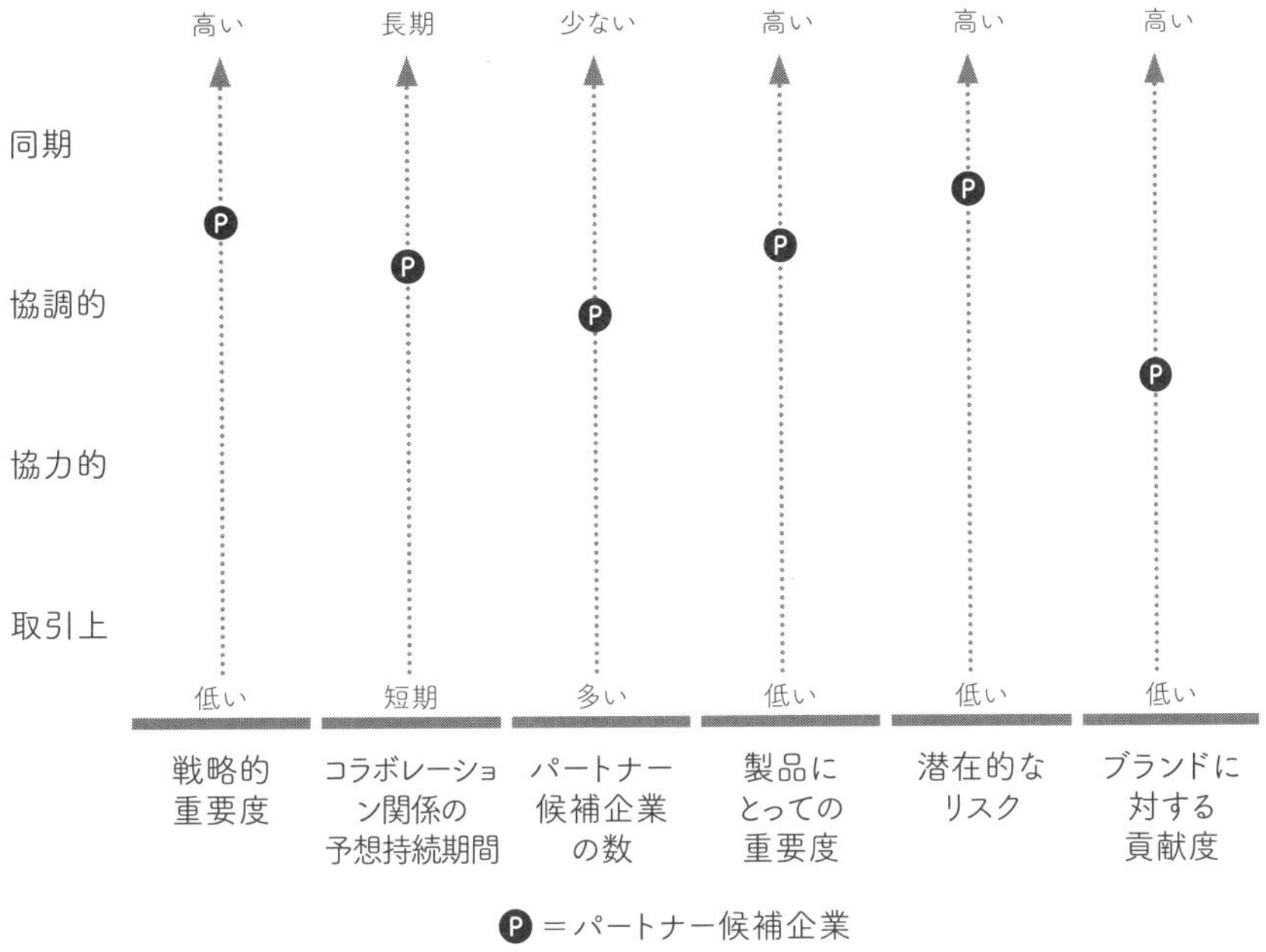

取ってもよいだろう。

ファストフード大手のマクドナルドは、サプライヤーを戦略的にセグメント化している企業の1つだ。ナプキンやストローのようにコモディティ化したアイテムについてはコラボレーションのレベルを抑え、地域ごとに多数のサプライヤーと取引している。一方、牛肉、魚肉、鶏肉といった重要な材料や、世界規模で調達が可能なパッケージなどについては、サプライヤーの数を絞り込んでいる。マクドナルドはこのような戦略的サプライヤーと緊密に連携し、自社の目標達成のために不可欠なプロセスを確立している。

1つ例を挙げよう。マクドナルドの最優先事項は食品の安全性である。そのため同社は「グラインダー」（ハンバーガーのパティの製造業者）との緊密なリレーションの構築に大規模に投資し、同社の厳しい品質基準を確実に順守させている。同社で世界的なサプライチェーン戦略を担当した元ディレクターのホセ・ルイス・ブレトンズ氏は次のように説明している。「マクドナルドのブランドが常に守られるようにすることも、彼ら（グラインダー）と当社のリレーションの一部です。彼らは、マクドナルド用パティの製造エリアと他社用パティの製造エリアの間に壁を設けて、材料の混入や交差汚染が発生しないことを保証しなければなりません」⑤

深いレベルのコラボレーションは、次の3つの要素が十分に揃ったときに最大の価値を生み出す。すなわち、インタラクション（直接のミーティング、電話でのコミュニケーション、プロジェクトチームなど）、専門知識（幹部、ベテラン従業員、専門家が持っているような暗黙知や専門知識の交換）、情報（データベース、作業文書、アーカイブなどにあるもの）である。

深いレベルのコラボレーション関係を推進するために、例えば米国の通信機器大手シスコシステムズでは、サプライチェーンと共に「コラボレーションのインパクトゾーン」、すなわちパートナー企業との間で情報や専門知識の交換を最も活発に行う領域を定義している。このゾーンをうまく管理すると、企業のビジネスやマネジメントを大いに強化できる⑥。コラボレーションのインパクトゾーンを確立すると、企業はROIに最も大きな影響を与えるコラボレーション関係に焦点を当てることが可能になるのだ。

パートナーを信頼し、自社の利益を守る

効果的なコラボレーションの基盤は、リレーションを築き、リレーションが深まるにつれて情報やメリットを共有することである。つまり、自社がパートナー企業に何かを要求するときは、相手にも何らかの見返りがあってしかるべきである。ここでの見返りとは、金銭的な譲歩や付加価値のあるサービスを指すこともあるが、多くの場合は情報だ。

例えばある企業が、サプライヤーに自動的に購入要求を送信するインフラを構築しようとしたとする。おそらくサプライヤーは、事前準備するための需要予測情報を提供して欲しいと申し入れてくるだろう。情報を共有するには信頼関係が必要だ。もし需要予測の提供がためらわれるならば、

⑤ ショシャナ・コーエンによるホセ・ルイス・ブレトンズへのインタビューより（2012年6月27日実施）。

⑥ *Creating a Collaborative Enterprise: A Guide to Accelerating Business Value with a Collaboration Framework*, Cisco Systems, 2009, 20.

図29　パートナーシップ目標の一貫性に関する懸念

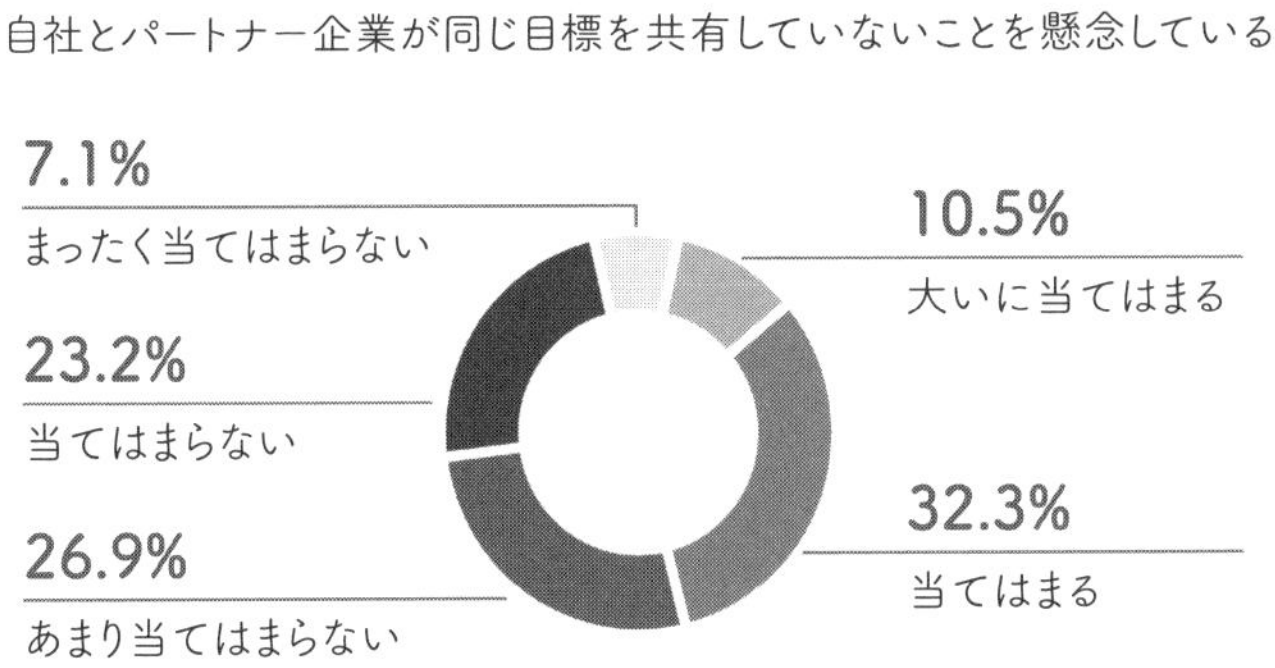

出典：SCM World, March 2012

それはパートナー企業を十分に信頼できていないからかもしれない。

高度に戦略的な情報をコラボレーションパートナーに提供することに対し、多くの企業が慎重になるのも無理はない。信頼関係はいつ壊れるかわからないからだ。機密性の高い価格データが競合企業の手に渡ることがある。技術仕様が模倣されることがある。販売予測が競合企業に知られることがある。「御社には一番お安くします」と言っていたサプライヤーが、実は競合他社にもっと有利な条件を提示していることがある。実際のところ、パートナー企業が自社と同じ目標を共有していないという懸念は非常に大きいのである。最近行われた研究では、このことが自社に当てはまると答えた回答者が43%近くに上った［図29］⑦。

もっとも、信頼が壊れるのはビジネス上の自然の摂理だという議論もある。ハーバード・ビジネススクール教授のウィリー・シー氏によれば、1870年代に米国の繊維会社は従業員を英国の工場に送って働かせ、従業員はその工場の織機の情報をメモして帰国し、雇用主に伝えていた。冷戦時代には、ロシア人や東ドイツ人が米国からコンピュータや半導体チップの設計情報を盗んでいた。シー氏によると、これが通常の発展パターンなのである⑧。

⑦ Kevin O'Marah, "Collaborative Execution: Speed, Innovation, and Profitability," *SCM World*, March 2012, 10.

⑧ Michael Riley and Ashlee Vance, "Inside the Chinese Boom in Corporate Espionage," *Bloomberg BusinessWeek*, March 15, 2012.

シー氏の理論に賛成するかどうかは別として、深いレベルのコラボレーションを推進するために、通常のビジネスの一部として知的財産を盗まれても仕方がないと考える企業はほとんどない。だからこそ、企業は自社の利益を守るためにあらゆる手を尽くす。しかし往々にして、計画通りにはいかないものだ。

絶対に安全なコラボレーションなどあり得ないが、自社を守るために打つ手はある。

堅固な契約

慎重を期して作成した契約でも、ときに失敗することがある。失敗を100%防ぐことはできないが、ありがたいことに機密情報の漏洩から企業を守るという概念は以前と比べてずっと進歩している。協業的なパートナーシップには通常、秘密保持契約が含まれていなければならない。これは信頼という「曖昧」な概念を超えて、ある一定の法的な保護を提供するものだ。ただし、しっかりとした構造の契約を結ぶことでリスクを最小限に抑えることができるにせよ、万一パートナーシップが崩壊したときにそれを頼りに法的手段に訴えられるとは考えないほうがよい。契約違反があったとして訴訟を起こしても、費用に見合う結果が得られないことは多い。そうではなく、契約をパートナーシップのガバナンスの方法を明確化する道具として、また役割や責任を定義する手段として活用するとよい。

サイバーセキュリティー

データのやり取りも不安材料の1つだ。データはさまざまな技術で暗号化できるが、現実に不具合は起こりうる。その結果、パートナー企業にも所定のセキュリティー対策を義務づける、総合的なセキュリティーサービスを導入する企業が増えている。

例えばパートナー企業に所定のパスワードの使用を求めたり、サーバーやワークステーションを利用できるパートナー企業の従業員を制限し、厳しい身元調査をして守秘義務契約にサインさせたうえで、承認済みのIPアドレスやMACアドレスの端末からのみ自社の情報や独自設計にアクセスすることを許可したりすることがある。

国際標準化機構（ISO）は、企業の情報セキュリティーリスク管理を支援するために、セキュリティーポリシーから事業継続マネジメントに至るさまざまな分野のベストプラクティスを盛り込んだ包括的な対策法をまとめている。企業の中には、コラボレーションパートナーにもISOの規格を順守させているところもある。こうした規格は方法論ではなく、情報セキュリティーに関するベストプラクティスのフレームワークであるため、企業が自社のパートナーに求める規則の細目を説明する際に幅広く活用できる。企業が求める規則には、例えば災害復旧計画や、ネットワークに接続するすべての機器を対象とする一貫したウイルス対策などが含まれる。

しかし、情報セキュリティーリスクを完全に除去することは実質的に不可能であり、コスト的にも無理がある。それはサプライチェーンが動的なものであり、既存のパートナーシップが進化する一方で、新たな顧客やサプライヤーも定期的に増えていくからだ。適切なセキュリティーレベルを決めるためには、まず自社のビジネスに最大の混乱をもたらしうる状況を特定することだ。例えばビジネスに不可欠なシステムが使えなくなる、データの整合性が失われる、パートナー企業とのコミュニケーションが途絶えるといった状況である。そして次に、それぞれの状況が起こる確率を最小化するために必要な対策やツールを検討し、それらを導入するとよい。

利益と損失を共有する

我々のコラボレーションの定義には、パートナーシップで得られた利益を「ゲインシェアリング」を通して共有することが含まれる。これは損失を分かち合うという意味でもある。

コスト削減のためのゲインシェアリング

組織的なゲインシェアイングは、サプライチェーンパートナーとの取引関係から生み出された金銭的利益を分配する手段としてよく知られている。各パートナー企業は総コストの削減を目指すことで合意し、節約によって得られた利益を分かち合う。通常、企業はパートナーに求める規則を法的契約に詳しく記載する。ナビスター・インターナショナルとメンロ・ワールドワイド・ロジスティクスとの関係は、その好例である⑨。

商用トラック、バス、ディーゼルエンジンを製造するナビスターは、世界各地に1000店舗以上ある代理店のネットワークをさらに拡大したいと考えていた。同社のサプライチェーンのオペレーションはトラック、エンジン、部品の3部門に分かれ、多数の運送業者やサードパーティーの物流プロバイダーに依存していた。3つの部門にそれぞれ独立した物流組織が存在したため、全社的な要求事項を取りまとめたり、世界的な在庫状況を明確に把握したり、拡張されたサプライチェーン全体を見渡して問題点を特定したりすることは困難だった。

ナビスターは2008年、同社の物流サービスプロバイダーの1つだったメンロ・ワールドワイド・ロジスティクスとパートナーシップ契約を結んだ。「シェアードコラボレーションモデル」と名付けられたこのパートナーシップの目的は、ナビスターの物流コストを5年以内に25%削減し、それと同時にメンロの物流ネットワークを改善することだった。メンロがナビスターの物流コスト

⑨, ⑩ “The Wheels of Change: Questions & Answers with Ed Melching,” *Inbound Logistics*, January 2011.

図30　コスト削減のためのゲインシェアリング

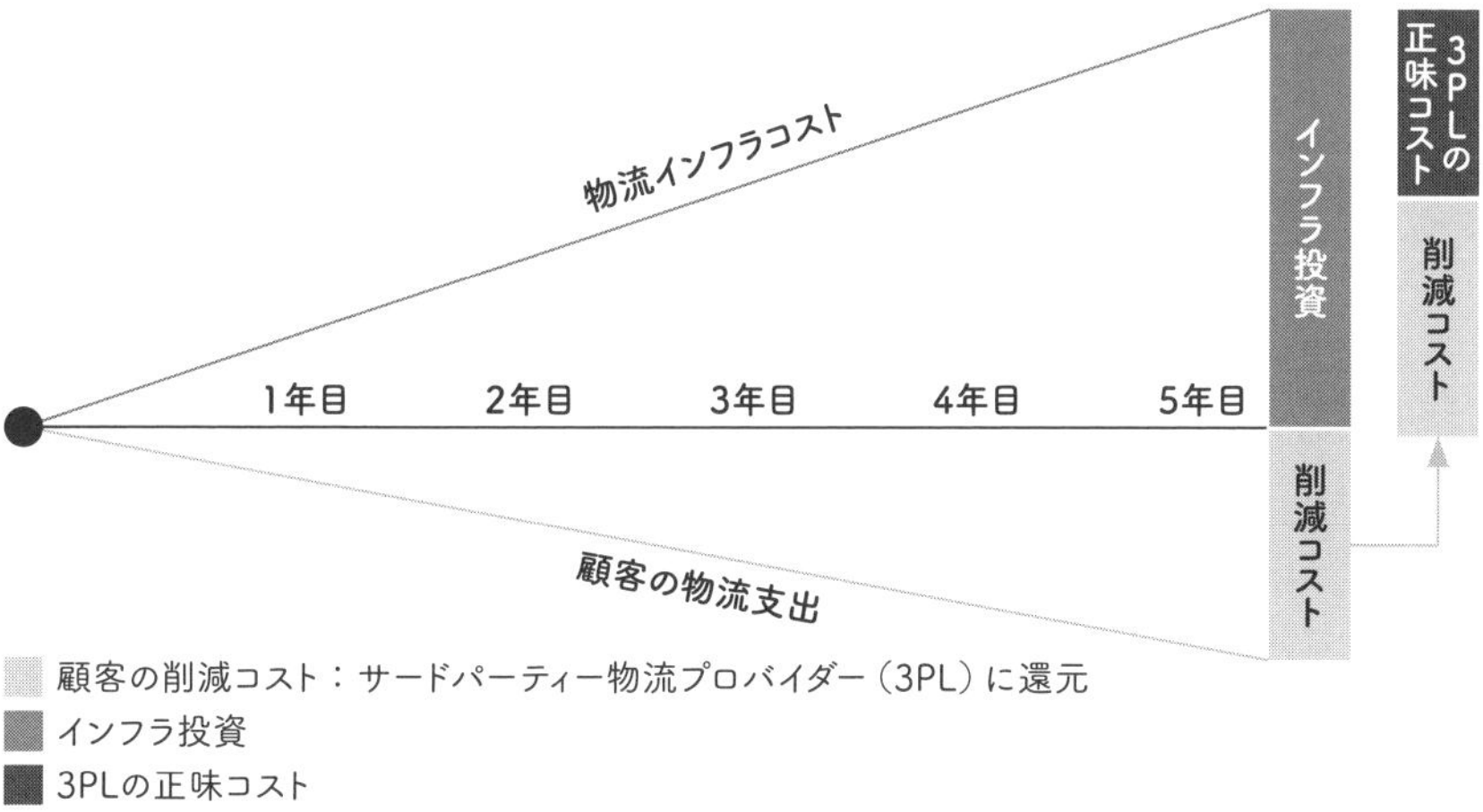

を5年以内に25％削減することに成功した場合、ナビスターはコスト削減によって得た利益をメンロのインフラ整備に回すことになっていた。

選抜されたメンロの社員がナビスターに派遣され、ナビスターからもメンロに社員が派遣された。この交換制度は非常にうまく機能し、最後にはナビスターとメンロの社員の区別がつかないほどだった。早い段階で、ナビスターの輸送コストの合理化、新たなコア運送業者プログラムの導入、配車プロセスの再構築、ナビスターの製造施設における無駄のない原材料フローの試験プロジェクトの開始といった成功を収めた。パートナーシップ開始から2年の時点で、ナビスターは11％のコスト削減に成功。5年間で25％という目標から見て、素晴らしいペースである〔図30〕⑩。

イノベーションを加速するゲインシェアリング

ゲインシェアリングには、必ずしも正式な財務上の合意は必要ではない。両社に利益をもたらすような新しい製品やサービスについて、コストの支出や削減に関する精算処理は抜きで協業するという選択肢もある。

英国を拠点とするウェブサービス企業、シャトルの例を見てみよう。同社はオンライン小売業者の納入時間の短縮に焦点を当てたサービスを提供する新進気鋭の企業である。オンラインショッピングでは欲しいものを見つけて購入するのは一瞬だが、手元に届くまで何日も待たなければならないことがある。このタイムラグがあるために、消費者のオンラインコンバージョン、つまりオンラインでの購入行動が大きく妨げられている。実際のところ、これはオンライン小売業者にとって唯一最大とも言える課題である。

シャトルは小売業者や各地の宅配業者と協力し、並外れた納入スピードとコスト効率を実現する方法を編み出した。利用者は最短で発注後90分以内、それ以降は任意の配達日時を1時間単位で指定できる。発注内容の追跡も可能だ。荷物の現在地はGPSを用いてマップ上に示され、利用者は「シャトリング」の状況をリアルタイムで確認できる。シャトルの技術は、宅配業者の空き状況、場所、パフォーマンス履歴、料金に基づいて、オーダーごとに適切な業者をマッチングする。宅配業者は自社が選ばれるように料金を調整し、キャパシティーを総動員して配達業務に入札できる。また、利用者が配達日時を指定するため、配達が完了しないことによるコストも削減できる。

このコラボレーションの価値は明らかだ。シャトルではサービスに対する需要が高まり、小売業者ではオーダーコンバージョン率と平均注文量が大幅に増え、宅配業者は遊休キャパシティーを活用して利益を上げられるようになった。そして顧客も恩恵を受けている。シャトルに対する顧客の評価は驚くほど高い⑪。

競合企業とのゲインシェアリング

ゲインシェアリングの対象になるのはサプライチェーンパートナーだけではない。競合企業との間でも、相互利益のためにこの手法が用いられる。しばしば「水平コラボレーション」と呼ばれる戦略だ。このような関係では、2社またはそれ以上の企業が協定を結んで物流や製造のキャパシティーを共有し、トラック積載量未満（LTL）での輸送、帰路の空荷走行、遊休設備を排除してコ

⑪ http://www.shutl.co.uk/feedback, accessed January 3, 2013.

スト削減を目指す。

わかりやすい例として、タイヤメーカー3社によるゲインシェアリングを見てみよう。3社はいずれも英国市場で同じような課題に直面していた。顧客である小売店から発注後24時間以内の納入を要求されていたのだ。その結果、納入の頻度が増え、一度に納品するタイヤの数が徐々に減少した。これはつまり、物流コストや排ガスの排出量が増え、カーボンフットプリントの観点でもあまり好ましいことではない。

3社の納入プロセスは同じであり、共通の顧客や納品先も多かったことから、各社はこの点を生かしたパートナーシップを構築して問題解決に当たることにした。3社はそれぞれのブランドアイデンティティーを維持することを含む、多数の条件で合意した。また、コスト負担やKPIの透明性確保の方法も決定した。パートナーシップを開始する前に正式なコミュニケーションプロセスを確立し、相互に機密保持契約を結んだ。その結果、3社すべてにおいて、トラックの走行距離、コスト、二酸化炭素排出量が劇的に減少したのである。

コラボレーション関係をサポートする技術を活用する

サプライチェーンのコラボレーションシステムのベンダーは先進的な機能を提供しているが、これらはコラボレーションを成功させる必須条件ではない。しかし技術を利用することには大きなメリットがある。最も重要なのは、サプライチェーンパートナーとのより良いコミュニケーションが可能になることだ。技術の利用は、企業間の壁を取り払い、情報の流れを改善し、データを有益な情報へと変換することに役立つ。

初期の技術利用

１９９０年代末から２０００年代初めに発生したドットコム・バブル期には、協業的なパートナーシップにおける技術の活用がなかなか進まない企業が多かった。複雑な情報システムに対する理解が欠けている企業もあれば、事前の地道な作業——機能を十分に使いこなすために必要な分析、プロセスの再設計、新しいアプリケーションの調整——をせずに、一足飛びに望みの利益が得られると考えている企業もあった。そのうえ当時は、eビジネスにおける取引や通信に関する規格は何ひとつ生まれていなかった。コラボレーションツールは多数のデータフォーマットを変換する必要があり、ツールの魅力を損なう原因になっていた。

そのため、当時のB2Bのポータルサイトは情報を発信するだけの単純なデータベースが中心だった。例えばA社がサイトにデータを公開し、データが利用可能になったことをB社に連絡する。あるいは、B社が定期的にサイトをチェックするタイミングに任せる。B社は情報を確認し、ダウンロードして自社システムに取り込み、自社での対応が必要かどうか検討する。このようなポータルサイトは、機能は限られているものの、一部の業界では非常に有効だった。例えば製薬業界では、サイトを使用するために必要な標準を満たすことが、政府の厳しい規制の順守に向けた一歩になることがわかったのだ。

電子データ交換

つい最近まで、ＰＯＳやその他のデータの主な伝達手段は電子データ交換（ＥＤＩ）であり、多くの場合、企業独自のＥＤＩネットワーク経由で情報を流していた。ＥＤＩの能力を持たない企業では、引き続きサプライヤーのプライベートなポータルサイト、ハブ、エクストラネットがその役割を果たした。

こうしたツールのほとんどは文書やコンテンツの管理機能を備え、文書、書式、特定のデータやタスクのルーティングを自動化するワークフローが組み込まれていた。データはローカルシステムに保存され、データをサプライヤーに送信する際には固有の通信プロトコルが必要だった。このようなデータのやり取りはプラットフォームやオペレーティングシステム（OS）の制約も受け、システムの構築費用はシステムを運用する製造業者が負担した。もっとも、こうしたシステムを現在も使い続けている企業は少ない⑫。

今日のコラボレーションツールは、サプライヤーの納入の遅れや想定外の顧客オーダーといったサプライチェーンのイベントを管理する機能を備えている。早期に警告を出し、リスク緩和手段をすばやく分析することによって、こうしたツールは顧客とサプライヤーの関係強化に役立つ。ロゼッタネットのパートナー・インターフェース・プロセス（PIP）や協働計画予測補充（CPFR）などの業界標準ツールにも注目が集まっている。PIPとCPFRはどちらも標準的なビジネスプロセスの定義を採用し、両者の間のデータ交換に用いる一貫したフォーマットも定めている。

クラウドコンピューティング

クラウドコンピューティングサービスの登場により、eコラボレーションに必要な投資額が大幅に削減された。もはや企業がサーバー、アプリケーション、プラットフォーム、その他のコンピュータ資産を購入したり所有したりする必要はない。サービスプロバイダーに料金を支払い、必要に応じてインターネット経由でこれらの資産を利用すればよいのだ（コラム「クラウドコンピューティングのメリットとデメリット」次頁参照）。クラウドコンピューティングは企業の設備投資の抑制に役立つ。また、ビジネスのリズムに合わせてコンピューティング能力を迅速に拡大または縮小することも容易である。

⑫ "Supply-Chain Management: Growing Global Complexity Drives Companies into the 'Cloud,'" Knowledge@Wharton, January 12, 2011.

コラム

クラウドコンピューティングのメリットとデメリット

クラウドベースのコンピューティングシステムによって、企業はコンピューティング能力やソフトウエアライセンスへの投資を最小限に抑えつつ、サプライチェーン向けソフトウエアソリューションを利用できる。クラウドはまた、可視性が高く一元化されたデータの保管や伝達を可能にし、協業的なサプライチェーンネットワークに適した環境を作り出す。簡素で標準化されたワークフローが実現すると、企業はわずかな設備投資で、大きな混乱を引き起こさずに成長できる。サービスが不要になれば、単に利用をやめ、そのサービスに対する支払いもやめればよい。

こうした理由から、クラウドコンピューティングには、何百もの企業による世界規模のコラボレーション——極めて複雑な取引パートナーのネットワークを支援するまったく新しい情報共有モデル——を実現するポテンシャルがある。ソーシャルネットワーキングサイトで自分のステータスを随時更新して「友達」に通知するのと同じように、クラウドベースのサプライチェーンネットワークでは、あらゆる関係者が共通事項（発注、出荷通知、拠点ごとの在庫など）の最新ステータスを更新できる。

しかしクラウドコンピューティングでは、サプライチェーンパートナーとの情報共有に関する懸念も浮上する。サプライチェーン全体を自社で保有し、運営している企業はごくわずかだ。そのため複数のパートナー企業がかかわるクラウド技術の利用を決断すれば、パートナーとの間に複雑でセンシティブな問題が発生することになる。企業は自社の知的財産や顧客を必ず守らなければならない。なぜならデータの紛失や悪用によって取り返しの付かないダメージを受ける可能性があるからだ。従って、オペレーションにクラウドを活用する企業は、パートナー企業との間に信頼関係とコミュニケーションのインフラを確立し、安全が確保された方法で情報のやり取りができるようにしなければならない。

技術の進歩が絶え間なく続き、企業がそれを活用する能力も向上し続けていることから、今後は情報の流れや意思決定能力も強化されていくだろう。しかしどれほど高度な技術を用いても、プロセスが二流だったり、熟練したサプライチェーン担当者の専門知識が欠けていたりする場合、それを技術で埋め合わせることはできない。優れたコラボレーションシステムは、データを集め、事前に定義された一連の業務ルールに則って指針を示すことができる。しかし現状を踏まえて所定のルールを適用する妥当性を判断したり、サプライチェーンパートナーに不適切な要求をした場合の影響を測定したりすることはできない。

なぜなら技術は成功を支えるものであって、牽引するものではないからだ。確実に技術投資の見返りを得るために、その技術を活用できる組織体制を整えよう。そのためには組織の構造、プロセス、奨励策、パフォーマンスの測定を変更する必要があるかもしれない。また、プロセスやシステムを選択して構築する作業に必ずサプライヤーや顧客を参加させることも重要だ。それが難しければ、少なくとも彼らのフィードバックを集めるようにし、彼らの意見を設計に反映させたり、より良い設計にしたりする機会を設けよう。

妥協も覚悟する

他社をコラボレーションパートナーに迎えるときに、先方にオペレーションの抜本的な変更を求めることがある。さらに、コラボレーションのスペクトラムに沿ってリレーションを深めるにつれ、パートナーに対する要望を増やすことも考えられる。大規模で力が強い企業ならば、このようにサプライチェーンパートナーに変化を強制することも可能だろう。しかしそれ以外の場合は、パートナー候補企業に自社のコラボレーション方針を納得してもらわなければならない。

OEMやEMSはしばしばコラボレーション関係の「基本計画」を策定するが、その際サプライヤーには、事業の継続性を犠牲にして付加価値のあるサービスを提供することが期待されることもある。しかし、もし企業が自社のコストは増やさずにサプライヤーに求めるサービスを増やし、彼らにより大きなリスクを負わせようとしたら、どうなるだろうか。引き続きそのサプライヤーの協力を得られる可能性は小さいだろう。仮に契約書にサインさせることができても、サプライヤーに課した要求事項が守られないという結果になるかもしれない。

このような事態を回避するために、パートナー企業と緊密に連携し、彼らの理解と賛同を得られるよう価値提案することが重要だ。パートナー企業に求める追加サービスの価値を正当に評価した合意を行い、それにふさわしい割増金を支払うべきである。

また、コラボレーションの成功には、パートナー企業に歩み寄り、支援していく努力が欠かせないという点も忘れてはならない。ある企業は工場の作業環境の改善コストを請負業者と分け合うかもしれない。またある企業は、相互に利益をもたらす技術的ソリューションをパートナー企業に無償で（あるいは格安で）提供し、その使用方法を早期に習得できるように支援するかもしれない。

現代《ヒュンダイ》自動車グループの場合、金融危機で大きな打撃を受けたサプライヤーに対してR&D費の支援を増やし、低金利の融資を提供した。

そして最後に、コラボレーション関係の成果を監視する仕組みを必ず作ることだ。パートナー企業と協力して価値提案に沿った一連のメトリクスを策定し、定期的に更新と見直しができるようにしておくとよい。

コラボレーションモデルを構築するときの合い言葉は「適応性」だ。コラボレーションモデルに完成はない。競争上の強みを常に研ぎ澄ませておくために、コラボレーションモデルの微調整を繰り返し、ときには全面的に見直すことが必要だ。優先事項の変化やビジネス環境の変化にともなってビジネス戦略やサプライチェーン戦略が進化すれば、サプライヤーとのコラボレーション関係のタイプも変化させる必要が出てくるだろう。場合によっては完全に関係を終了させる必要があるかもしれない。また一部のサプライチェーンパートナーについて、コラボレーションの深さの調整を考えてもよいだろう。

優れたコラボレーションのテスト

次の点で優れた企業は、サプライチェーンパートナーとの効果的なコラボレーション関係を構築できる可能性が高まる。

- **ビジョン** コラボレーション戦略について、はっきりした1つのビジョンを描くことができる。ビジョンには、自社がサプライチェーンパートナーとのコラボレーションに求める明確な目的や目標などの要素が含まれていなければならない。また、自社が理想とするコア・コンピタンスの実現に向けたコラボレーション戦略を策定するために、ビジョンにはこうした能力についての現状および将来像に関する確固とした理解が反映されていなければならない。ただし必要な能力を開発、あるいは獲得する場合は、まずは小さく始めることが得策だ。求める能力を絞り込み、パートナー候補企業を厳選し、何もかも一気にやろうとするのではなく、作業を選んで進めるようにする。

●**ビジネスの洞察力**　サプライチェーンのコラボレーションを支援する先進システムの進化を注意深く追い、技術の発展がもたらすチャンスと課題を見極める。またコラボレーション関係のタイプやその管理方法を決める際は、自社のビジネスを動かす要因や実際の経済状況も考慮する。そして、コラボレーション開始時の努力と並行して、後に大規模なコラボレーションで必要となる組織変更についても検討する。

●**説明責任**　対価と報酬の仕組みをコラボレーション戦略の目標と連携させる方法を理解している。また、コラボレーションパートナーを効果的に管理し、パートナー企業および自社のパフォーマンスを定期的に監視する包括的測定プログラムを実行している。

第4章のまとめ

- コラボレーションには、取引上コラボレーション、協力的コラボレーション、協調的コラボレーション、同期コラボレーションの4つのレベルがある。
- 社内のコラボレーションを成功させることで、外部との優れたコラボレーションを実現する環境が整う。
- 各サプライチェーンパートナーとの適切なコラボレーションレベルを判断するためには、パートナー企業のセグメント化が有効である。
- コラボレーションパートナーとは利益を分け合わなければならない。損失も同様である。
- 技術は成功を支えるものであって、牽引するものではない。
- コラボレーションには相互の信頼と譲歩が不可欠である。

カイザー・パーマネンテ

プレッシャーの中で成長する

ほとんどの先進国では歳入の伸びを上回るペースで医療費が増えている。米国では特にこの問題が深刻だ。国民1人当たりの医療費が世界最高であることに加え、国家歳入に占める医療費の比率も数十年にわたり上がり続けている。1985年は歳入の10%だった医療費は2010年には17%に増え、2037年には25%に達する見通しだ⑬。

入院、診察、薬、臨床試験、新規技術、健康管理、健康保険料など、医療にかかわるコストは軒並み急上昇している。皮肉なことに、医療が進歩すればするほど、それを利用できる経済力のある人は少なくなる。

米国では2010年、健康保険をより手頃で加入しやすいものにするために、医療保険制度改革法（ACA）が成立した。医療業界では長年にわたり、事業主や消費者の医療負担を年々増やしてきた。しかしACAによってその状況は一変した。医療機関には、患者の予後に影響を与えることなく、徹底したコスト削減や効率アップによって生存競争に勝ち抜くことが求められるようになった。

しかしカイザー・パーマネンテ（KP）にとってACAは逆風ではなかった。順調に進行していた既存プログラムを新たな段階に押し上げる先導役になったのである。カイザー・パーマネンテでは

⑬ "The 2012 Long-Term Budget Outlook," The Congressional Budget Office, June 2012.

1945年の創業以降一貫して、質が高く手頃な料金の医療に焦点を当てたメディカルケアプログラムを実施してきた。次の段階へのステップアップを目指し、同社はサプライチェーンにイノベーションを起こしている。これによって同社は新たな時代を生き抜くことはもちろん、さらに成長することができるだろう。

KPネットワークを構築する

カリフォルニア州オークランドを拠点とするカイザー・パーマネンテは米国最大の非営利健康保険企業であり、契約者数は900万人を超える。同社の組織は3つの独立した法人組織、すなわち非営利組織のカイザー基金病院、営利組織のパーマネンテ医療グループ、そして非営利組織のカイザー基金ヘルスプランとその子会社で構成されている〔図31〕。全体では9つの州とコロンビア特別区に37の医療センターと600以上の診療所を展開している。2011年の収入は480億ドルだった。

同社の事業の起源は1930年代にさかのぼるが、組織化されたのは、経済的理由で多くの人が医者にかかることができなかった第二次世界大戦後のことである。それ以降一貫して、手頃な料金で質の高い医療を提供することを約束している。

図31　カイザー・パーマネンテの組織

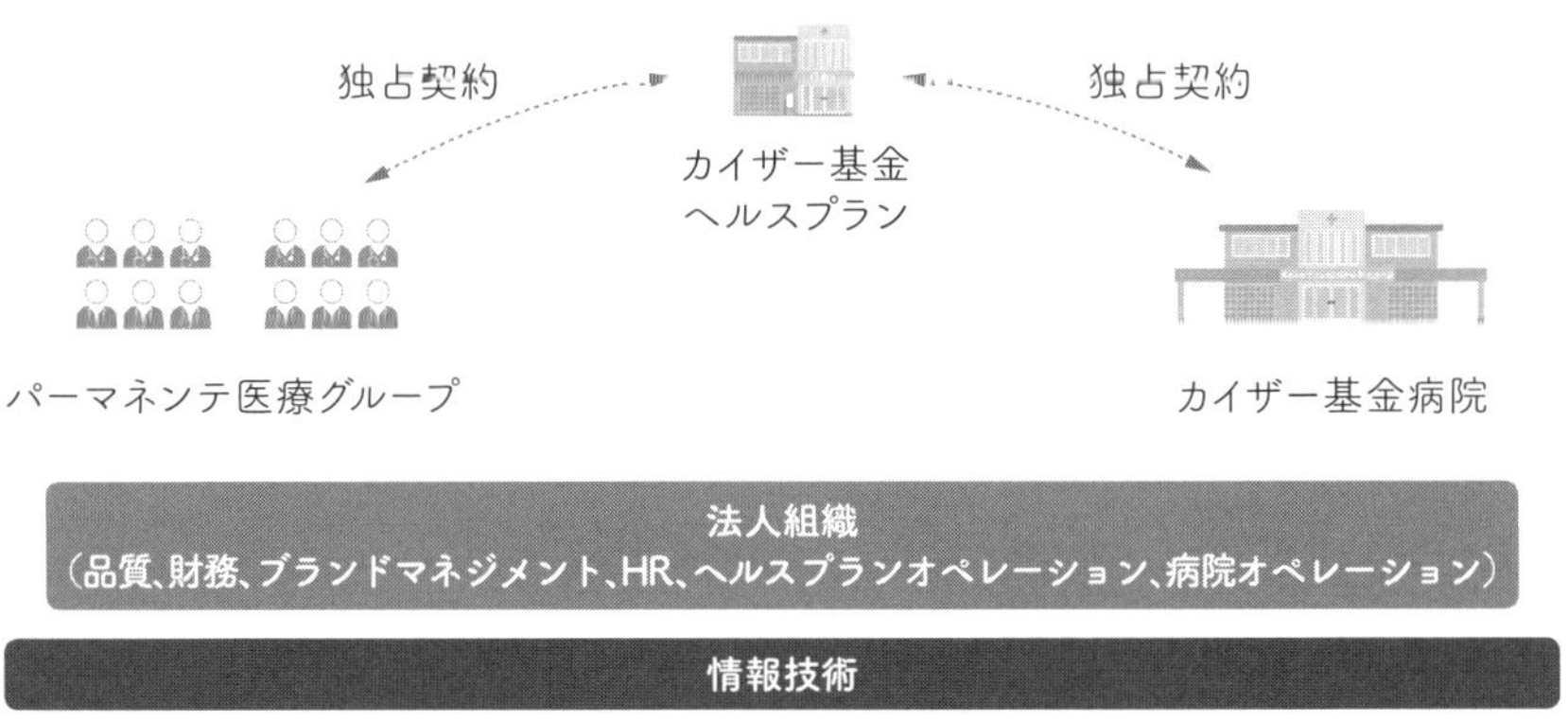

出典：カイザー・パーマネンテ

この約束を実現する鍵を握るのが、同社の多様な組織によるコラボレーションだ。より質の高い医療を実現して提供するために、同社は細心の注意を払ってプライマリーケア、セカンダリーケア、高度医療を連携させている。さらに、医療の質を監視し、「人々の健康を維持し、病院にかからずに済むようにする」という共通目標に全員が専念できるようにするためのインフラも整えている。

同社でコラボレーションがうまく機能している理由の1つに、最先端の情報システムに多額の投資をし、プログラム全体で医療提供者が患者記録にアクセスできるようにしていることが挙げられる。このシステムには実質的に患者の全情報——診察から術後治療に至るまで——が詳細に登録されており、臨床医が施す医療の質と、治療時の患者体験の両方を向上させることに貢献している。またオンライン受診や電話相談などの際、医師が電子的に記録にアクセスして患者と話ができるため、不要な来院が減ったほか、患者の予後が改善し、患者の満足度も高まった⑭。

コラボレーションと情報システムの統合に重点的に取り組むことで、大幅なコスト削減が実現した。同社は、自社が活動する各市場で保険料を最低水準に抑えるというかたちで、コスト削減による利益を契約者と共有している。

カイザー・パーマネンテの契約者は通常、月々の保険料に加え、診察や治療を受けるごとに定額の負担金を支払っている。その代わりに同社の多様な診療所、病院、臨床医の中から選択して医療を受けることができる。伝統的な出来高払いの診療報酬制度を選択する場合、保険料や自己負担金が非常に高く、選ぶ医師や医療機関によって自己負担額が大きく変わる可能性が高い。

カイザー・パーマネンテが健康管理と低料金を強くアピールした結果、契約者が定期的な健康診断や健康チェック、生活習慣のカウンセリングを積極的に利用するようになった。カイザー・パーマネンテは2011年、全米品質保証委員会（NCQA）が提供する治療効果の77項目のうち20項目——子供の体重カウンセリング、包括的な糖尿病治療、抗うつ剤投与の管理などプロアクティブ

⑭ "Another American Way," *Economist*, April 29, 2010; see www.economist.com/node/16009176.

な疾病予防の項目――で最高評価を獲得した⑮。

サプライチェーンマネジメントに新たなアプローチを導入する

ACAの施行を受けて、カイザー・パーマネンテは引き続き医療サービスの向上に取り組みつつ、新たにコスト削減が可能な分野を検討し始めた。そして浮上した主なターゲットの1つが製品サプライチェーン、すなわち医療サービスの提供に必要な医療機器や医療用品のサプライチェーンである。

病院の運営コストの最大40%を占める医療用品は、人件費に次いで2番目に大きな支出項目である⑯。だがこのような消耗品のサプライチェーンマネジメントという点で、医療業界は全体として他の業界に後れを取っていた。

医療機器や医療用品に毎年20億ドルを支出しているカイザー・パーマネンテにとって、これは見過ごせない問題であった。大規模な改革の必要性を認識した同社は、製品を基盤とする関連業界の企業からサプライチェーンの専門家を招いた。

その中の1人が、先進バイオテクノロジー企業であるアムジェン出身のローレル・ジャンク氏だ。2009年にカイザー・パーマネンテに参画し、サプライチェーン担当バイスプレジデントに就任した同氏は、次のように述べている。「当社に重大な影響を与えている喫緊の問題は、医療制度改革や出来高払いの診療報酬の減少です。他の業界と同じように、私たちもコスト圧力に直面しています」

⑮ "Kaiser Permanente Leads Nation in Cost Effectiveness Measures," Kaiser Permanente, October 10, 2011.

⑯ Michael Darling and Sandy Wise, "Not Your Father's Supply Chain," *Materials Management in Health Care*, April 2010.

データ規格の導入

医療業界がサプライチェーンの効率の点で他業界に劣る大きな原因の1つが、医療用品や外科用品を体系的に特定したり説明したりできる統一データ規格が存在しないことである。その結果、各病院で同一の製品（手袋、縫合糸、その他の機器など）を異なる品番で呼んでいるだけでなく、製品の説明やメーカーの呼び方が異なる場合もある。

このような状況は、ある医療ネットワークが他のネットワークとやり取りする際に問題になるのはもちろんだが、1つのシステム内でも問題を引き起こす。システムが大規模になればなるほど、潜在的な問題も大きくなる。カイザー・パーマネンテの場合も、統一データ規格が存在しないために、医療用品に関する多数の要求事項のすべてを組織として取りまとめることが難しい、あるいは不可能な状態だった。そのため、各病院が個別の発注を余儀なくされていた。同社は米国有数の大手医療機関であり、計画プロセスや調達システムが効率的に機能すれば、かなりのボリュームディスカウントを受けられる可能性がある。

ただし、統一規格が実現するのは効率性だけではない。共通の規格があれば、ある特定の患者の治療に使用した医療機器や医療用品の情報をサービス提供者が容易に共有することができる。こうした情報は、使用すべき医療機器や医療用品——そしてそれ以上に重要な、使用すべきではない製品——をサービス提供者が決定する際の優れた判断材料になる。また、緊急治療の現場や製品リコールがあった場合に、極めて大きな意味を持つだろう。

カイザー・パーマネンテが2010年に医療改革グループ（HTG）の設立に参加したのは、このような理由からである。HTGは5つの医療機関——カイザー・パーマネンテ、ガイシンガー・ヘルス・システム、インターマウンテン・ヘルスケア、メイヨー・クリニック、マーシー——で構成

⑰ GS1の加盟機関であるGS1 US（訳注：日本における加盟機関は一般財団法人流通システム開発センター［GS1 Japan］）は、固有の番号付け・固体認識システム、バーコード、電子製品コードベースのRFID、データ同期、また電子情報交換を提供する情報標準化団体である。GS1が提供する標準化されたコードには、商品識別のためのGTIN（Global Trade Item Number）、位置識別のためのGLN（Global Location Number）、また標準化された商品情報シェアのためのGDSN（Global Data Synchronization Network）等が含まれる。

図32　バーコード規格の利用

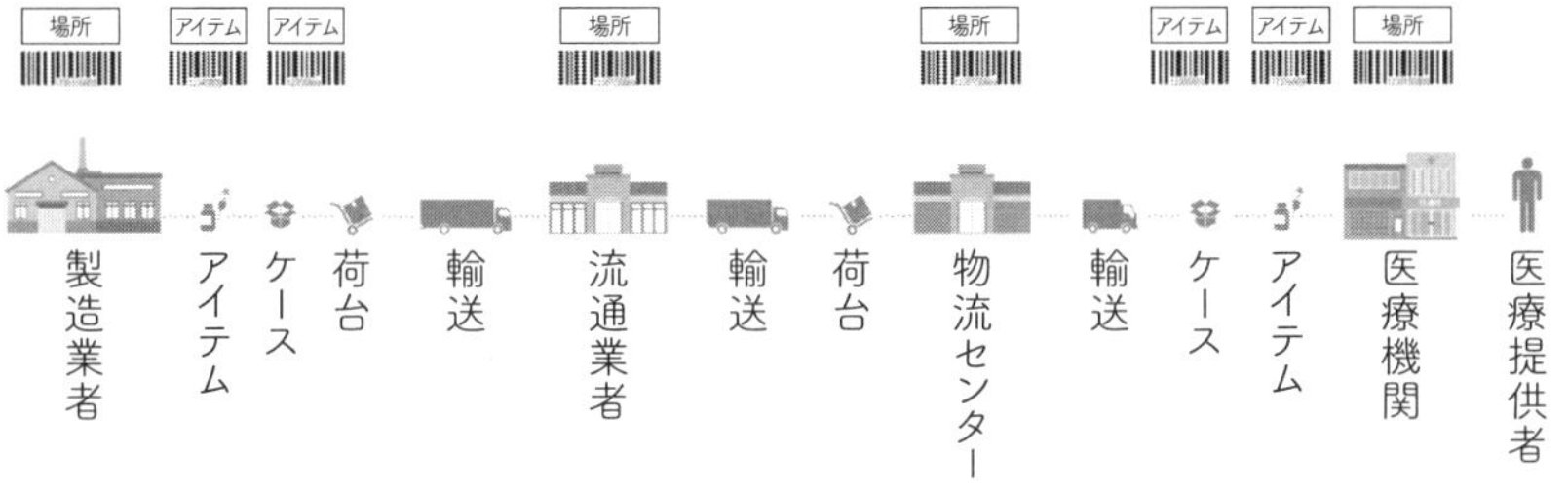

出典：医療機器用GS1規格に基づく

されるコンソーシアムだ。HTGは発足後すぐに、医療機関が各製品に固有のコードを割り当てる標準規格の必要性を訴え始め、GS1®が採用された⑰。

食料品店で買い物をすると、GS1規格がユニバーサル・プロダクト・コード（UPC）として使用されているのを見ることができる。UPCは実質的に米国のほぼすべての小売製品に記載されている。医療業界向けに開発されたバーコードはUPCと同じような外見だ。機能も似通っていて、サプライチェーンのすべての関係者（製造業者、流通業者、病院チェーン）が同じように利用できる［図32］。

規格の導入には費用が発生することから、一部のサプライヤーはこれに反対しているが、HTGは強い態度で従わせる方針だ。ジャンク氏は次のように述べている。「我々5社はサプライヤーの上位20社に対し、『年末までにバーコードを付けなければ取引を終了する』と伝えています。これが顧客側の総意なのです」

在庫管理の課題の解決

データ規格の恩恵を受けるのはサプライチェーンの調達プロセスだけではない。組織内部の効率性の向上、ひいては医療の質の向上にも貢献する。納品された器具を所定の場所で保管し、治療で必要になったら取り出すという基本的な作業について考えてみよう。このような作業で発生する在庫の移動を記録しておかなければ、正確な在庫量は把握できない。そのため病院では在庫の出入りをバーコードスキャンで確認する方法が好まれている。しかし製品に複数のバーコードが付いていると、どのバーコードをスキャンすべきかが判断しづらくなる。ときにはバーコードの上に別のバーコードが貼られていて、必要なバーコードをスキャンできないこともある。

このような問題を回避するため、一部の病院では手作業に頼って在庫を追跡している。しかし紙ベースの在庫管理にも問題がある。作業に多大な時間がかかるだけでなく、ミスも発生しがちなため、やはり手元の在庫を正しく把握できない。在庫量が所定の最低水準を下回ることは危険のサインである。その場合、調達組織が追加注文を出し、割高な急配サービスを使うことになる場合が多い。

もっとも、過剰在庫や割増送料は最大の問題ではない。何よりも重要なのは、患者を治療するときに必要な医療用品を確実に在庫から取り出せることである。このプロセスでは通常、治療手順カードが用いられる。治療手順カードには、ちょうど買い物リストのように治療に必要な医療用品が記載されている。しかし医療用品が所定の場所で確保できなければ、医師らはあちこちを探し回らなければならない。病院業界を対象にした2009年の調査によると、看護師の70%が、シフト勤務時間の5~20%かそれ以上を医療用品を探すことに費やしていた⑱。つまり12時間の勤務ならば少なくとも30分、最大で2時間半を、患者のためではない作業に費やしているということだ。

カイザー・パーマネンテでは、病院業界に広く見られるこの問題に対処するために、いくつもの対策が進行中だ。同社は手始めとして、治療手順カードに記載された医療用品を準備する役割を、看護師からサプライチェーンのスタッフに移行しようとしている。これによって看護師は患者のケアに専念できるようになるはずだ。

さらに在庫の場所を決めて器具の持ち出しと返却のルールを定めたことで、1つひとつの器具と場所が関連づけられ、探しやすくなった。またバーコードの利用方法を統一したことも功を奏し、製品を移動したり治療で使ったりするときの手作業の削減につながっている。

⑱ Jeff Ferenc, "How Are Your Nurses Spending Their Time?" *Hospitals and Health Networks Magazine*, May 2010.

個々の治療で使用された医療用品の正確な記録を残していれば、ゆくゆくは使用頻度の高い製品を特定することに役立ち、より正確な需要予測や安全在庫管理をアイテムごとに行うことができる。さらに重要なのは、将来的に個々の医療用品の使用履歴を患者の記録とリンクさせることで、厳密にどの製品がどの治療に使われたのかを追跡する、より安定的な方法が確立されるということだ。

需要計画を職人技から科学に変える

ほとんどの病院において、組織的な需要計画は標準作業になっていない。毎日計画外の治療や緊急治療が多数発生することを考えれば、それも当然と言える。しかしカイザー・パーマネンテでは、他社に先駆けて手術予定を考慮した需要計画プロセスを導入している。例えば待機手術の場合は何カ月も前に予定が組まれることがあり、夏期や年末の休暇シーズンには手術件数が少なくなる。こうした情報を過去の治療スケジュールの正確な情報と組み合わせれば、将来のニーズをより正確に想定しやすくなる。

同社はさらに、想定外の治療でも適切な製品を確実に利用できるようにするために、需要計画を役立てている。従来は看護師が在庫目標を決定することが普通だったが、在庫の枯渇は大きな問題になることから、過剰発注が発生しがちであった。サプライチェーン担当エグゼクティブディレクターのブルック・ファン氏は次のように述べる。「看護師の意見はこうです。『そうですね、通常は10個で足りますが、念のため15個確保しておきましょう』」。このような勘頼みの予測は大きなダメージをもたらす可能性がある。50%の過大な見積もりによる在庫が、何百もの場所の何千もの製品で積み上がれば、数百万ドルの支出になりかねない。しかもこれが在庫不足の回避につながるとは限らない。

そこでカイザー・パーマネンテのサプライチェーンチームは、製品の種類別に過去の使用量、用途、補充までの期間を考慮した、より分析的な需要予測アプローチを採用した。同チームはまた、適切な安全在庫量を計算するために、需要やリードタイムの変動にも注目している。

組織的な需要計画と正確な在庫量を把握することで、カイザー・パーマネンテの各病院では医療用品を発注する際に、適切な数量が手元に確保でき、在庫が不足することはほとんどないという確信を持つことができるのである。

業界をリードする

データ規格、作業の自動化、組織的な需要計画は、いずれもカイザー・パーマネンテのサプライチェーン戦略の一部に含まれる。医療用品の使用状況およびその有効性の測定精度が向上すれば、適正な購入量や、製品が必要となる時期と場所を判断する材料になる。組織内で責任の所在を変更することで、医療従事者は器具の管理ではなく患者のケアに集中できるようになった。同社はさらに、個々の器具の使用状況を自社の高度な患者記録システムに結びつけることで、医療情報システム分野のリーディング企業という評価をさらに高めようとしている。

医療の科学と技術の進歩にともない、患者のクオリティー・オブ・ライフの向上、そして多くの場合は命を救うことに焦点を当てた、新たな治療法、薬剤、医療機器が登場している。カイザー・パーマネンテにとって、このような技術は患者の予後に大いにプラスの影響を与えるものだ。同社は引き続き最先端の技術を活用しつつ、質が高く手頃な料金の医療機関というポジションを維持していく方針である。そうすることで、最低限のコストで最高の患者予後を実現することができる。

ここで大きな役割を果たすのがカイザー・パーマネンテの組織である。サプライチェーンで発生する取引のデータを収集する情報システムのおかげで、同社は組織全体の情報を取りまとめることができ、調達プロセスの大幅な簡素化、施設間のリソースの共有、サプライヤーや流通業者との緊密なコラボレーションに成功している。

医療制度改革によって医療業界が大きな困難に直面していることは確かだが、カイザー・パーマネンテはコスト削減に真正面から取り組むサプライチェーン戦略を武器にして、業界をリードし続けている。

第5章

原則5

パフォーマンス向上のためのメトリクス活用

ここまでの章で、優れたサプライチェーン戦略の策定、統制されたサプライチェーンプロセスの確立、統合されたサプライチェーン組織の立ち上げ、サプライチェーンパートナーとのコラボレーションの構築についてご理解いただけたと思う。しかし、各要素におけるサプライチェーンのパフォーマンスがどの程度うまく発揮されているかを確認できなければ、パフォーマンス上の問題を特定して対処することはできないだろう。本章ではサプライチェーンのメトリクス（測定に利用される指標）の複雑な世界について掘り下げるとともに、メトリクスをパフォーマンスの測定と管理に役立てる方法を探りたい。

「測定できないものは管理できない」という考え方に異議を唱える企業幹部はほとんどいないだろう。それにもかかわらず、ほとんどの企業が、確固としたサプライチェーンパフォーマンスを測定する手順――パフォーマンスの明確な全体像を示し、パフォーマンスの問題の根本的な原因を突き止め、改善機会の発見を促す取り組み――を実行していない。その理由は単純明快だ。そのような測定手順を作り上げること自体が極めて困難だからである。例えば、組織のマネジャーから具体的に測定すべき項目について合意を得ることだけでも大変な労力を要するだろう。使用するメトリクスを決定し、各メトリクスの目標値を設定することが難しいのは言うまでもない。

顧客サービス、調達、製造の分野においては、すでに多くの企業がそれぞれの分野にスコアカードを導入している。分野ごとのスコアカードに比べて、オーダー遂行のリードタイムやキャッシュサイクルタイム*といった部門横断的なサプライチェーンのメトリクスを定期的に追跡している組織はまだ少ない。そして部門横断的なメトリクスを追跡している企業であっても、自社を含む広範なサプライチェーン全体のプロセスを最適化するために、メトリクス（収集したデータ）をどう使うかについて把握していないことがよくある。

さらに、多くの企業の測定手順は財務的な成果、例えば利益率、収入、資産利益率、投資利益率といったメトリクスを重視する傾向があるが、これは特に驚くべきことではない。なぜなら企業は定期的に財務報告をしなければならず、対象期間の帳簿の内容が確定されれば、財務メトリクスの把握は比較的容易だからだ。また2002年のサーベンス・オクスリー法などの規制によって、企業には財務データの検証と財務メトリクスの管理状況や手続きの文書化が求められており、こうしたことも財務メトリクスに力点が置かれる背景にある。

＊資材購入にともなう支払いから売上金を回収するまでの時間

財務メトリクスは間違いなく重要だが、それだけではサプライチェーンのパフォーマンスの測定には不十分だ。財務メトリクスからは、納入パフォーマンスや顧客のサービスレベルといった、財務パフォーマンスに影響を与える主なオペレーション活動の情報は見えてこない。さらに財務メトリクスの大部分は遅行指標、すなわちその企業が過去に達成した（あるいは達成しなかった）事項を表すものである。

一方、サプライチェーンのメトリクスは将来を表す指標として使用することができる。サプライチェーンのパフォーマンスが改善しているか、悪化しているか、あるいは将来悪化する可能性があるかといった点を理解する最善の方法なのだ。もしパフォーマンスが悪化していれば、これらのメトリクスを活用して、危機に陥る前に問題点の修正を図ることができる。

例を挙げて説明しよう。注文の納入が期日に遅れた場合、企業の将来の収入に悪影響を及ぼす可能性がある。なぜならば、顧客が同じ企業から次回も購入するかどうかを検討する際、直近のサービス体験に基づいて判断することが多いからだ。また納入の遅れによって売掛金の回収期間も延び、キャッシュサイクルタイムに悪影響を及ぼす可能性もある。従って、サービスの質は価値のある先行指標である。これは、顧客体験を競争上の主な差別化要因にしていない企業であっても同じだ。

さらに、適切なサプライチェーンのメトリクスを揃えれば、競合他社と自社のサプライチェーンパフォーマンスを比較することも容易になる。こうしたメトリクスを活用することで、サプライチェーンの関係者に対して、より的確にパフォーマンスの見通しを伝えることができ、目標を設定したり持続的な改善を促したりすることが容易になる。

メトリクスという単語は実際には何を意味するのだろうか。メトリクスとは明確に定義された測定基準であり、サプライチェーンの文脈で言えば、あるプロセスに関するパフォーマンスの良し悪しの定量的評価を可能にするものである。また、自社の過去のパフォーマンスや競合他社のパフォーマンスとの比較評価も可能にする。

KPIは大局的なメトリクスであり、企業上層部がビジネスパフォーマンスを概観するために設計されたダッシュボードに表示されることも多い。そして、競争上の強みを獲得するうえで欠かせない重要なプロセスを測定することが特徴だ。コスト競争力を競争基盤とする企業ならば、コストに関するKPIを数多く用いることになるだろう。例えば原材料の購入コスト、賃金率、物流コストといった基準である。KPIは多くの場合、あるプロセスがうまくいかなかった原因に関する洞察をもたらすというよりも、単純にあるプロセスのパフォーマンスが期待値に達しているかどうかを示すものとして機能する。KPIが期待値を外れている場合、マネジャーはそのKPIに影響を及ぼすプロセスや機能を詳しく調査する必要がある。

サプライチェーンの効果的な測定手順を確立するときの難題の1つが、追跡するメトリクスを決めることである。本章ではパフォーマンスの測定と、パフォーマンスの管理という2つの概念に焦点を当てる。パフォーマンスの測定では、サプライチェーンの有効性を評価するための適切なメトリクスを導入する。これに対しパフォーマンスの管理では、すべてのメトリクスについて、パフォーマンス実績を測定して目標値と比較し、その結果もたらされた知見に基づいて必要な改善策を実行する。つまり、パフォーマンスの測定とは、ビジネス戦略をいかに支えているかという観点から自社のサプライチェーンの有効性を評価するものである。パフォーマンスの測定は、パフォーマンスを可視化するだけであり、パフォーマンス実績の改善にはメトリクス評価に基づいたパフォーマンスの管理が必要だ。

サプライチェーンパフォーマンスの測定：適切なメトリクスの選択――

サプライチェーンのメトリクスは、サプライチェーンの6つの主要プロセスである計画、調達、生産、納入、返品、イネーブルメントのそれぞれにおいてパフォーマンスの測定を可能にする。どのように自社に適したメトリクスを選択すればよいのかを考える際には、次の指針が役に立つだろう。

- 標準的なメトリクスを理解する。
- メトリクスをビジネス戦略と連携させる。
- バランスの取れた包括的なメトリクスを選択する。
- 各メトリクスの目標値を設定する。

標準的なメトリクスを理解する

業界や自社に特有のメトリクスを定義するのもよいが、業界や企業を問わずに適用できる標準的なメトリクスを使用することにも大きな意味がある。標準的なオペレーションのメトリクスには、主に内部マネジメントの測定を意図した基準、例えばサプライチェーン総コスト、運転資本利益率、キャッシュサイクルタイムが含まれる［表12／次頁］。

また、顧客から見て重要なパフォーマンスを測定する外的メトリクスも含まれる。完全オーダー遂行率、オーダー遂行サイクルタイムなどが良い例だ。オペレーションのメトリクスは輸送コストのように1つの機能に焦点を当てることもできるし、オーダー管理の総コストのように機能横断的に設定することもできる。

サプライチェーン・オペレーションズ・レファレンス（SCOR®）モデルは、オペレーションのパフォーマンス評価に使用できる標準的なメトリクスを提供するフレームワークであり、それぞれの

表12　サプライチェーン総コスト

カテゴリー	コスト
オーダー管理	● 新製品のリリース、段階的導入、管理 ● 顧客オーダーの創出 ● オーダーの入力と管理 ● 契約、プログラム、チャネルの管理 ● 設置計画 ● オーダー遂行 ● 物流 ● アウトバウンドの輸送料、関税 ● 設置 ● 顧客のインボイス作成、精算
資材調達	● 原材料（資材）管理と計画 ● サプライヤー品質管理 ● インバウンドの輸送料、関税 ● 受入および原材料の保管 ● 受入検査 ● 原材料加工および入庫処理 ● 金型
在庫保管	● 機会費用 ● 減耗 ● 保険および税金 ● 全体的な在庫の陳腐化：原料、仕掛品、完成品 ● 流通在庫の陳腐化 ● フィールドサービス部品の陳腐化
財務および計画の管理情報システム（MIS）	● サプライチェーン関連の財務コスト ● 需給計画コスト ● サプライチェーン関連のITコスト（MIS）

出典：PMG

① *Supply Chain Operations Reference Model*, Revision 11.0, Supply Chain Council, October 2012, p. i.5.

表13　SCORレベル1のメトリクス

	パフォーマンス属性				
	顧客視点			社内視点	
レベル1のメトリクス	信頼性	応答性	敏捷性	コスト	資産
完全オーダー遂行率	●				
オーダー遂行サイクルタイム		●			
サプライチェーン増量柔軟性			●		
サプライチェーン増量適応性			●		
サプライチェーン減量適応性			●		
サプライチェーン総コスト				●	
リスク金額			●		
キャッシュサイクルタイム					●
サプライチェーン固定資産利益率					●
運転資本利益率					●

出典：Supply Chain Operation Reference Model, Revision 11.0, Supply Chain Council, October 2012.

メトリクスについて、標準的な定義と計算方法が用意されている。

SCORでは、全体的な構造の中で3つのレベルのメトリクスをあらかじめ定義している。

レベル1のメトリクスはパフォーマンスを大局的に監視するために必要な診断基準である。レベル1には社内と社外を対象にしたメトリクスが両方含まれている［表13］①。SCORを利用する多くの企業がレベル1のメトリクスをKPIに指定している。レベル2のメトリクスはレベル1のメトリクスの診断に用いられ、レベル1のメトリクスでパフォーマンスの目標値と実測値にギャップがあった場合の原因特定に役立つ。レベル3のメトリクスはレベル2のメトリクスの診断に用いられる。

メトリクスとビジネス戦略を連携させる

サプライチェーンのメトリクスは、企業の主なビジネス目標と整合していなければならない。サプライチェーンがビジネス戦略を支えているかどうか判断し、パフォーマンスの改善に向けた措置を講じるためには、メトリクスとビジネス戦略の連携が不可欠である。

企業がパフォーマンスに関するデータを利用する際、

複数のメトリクスをばらばらに測定しているケースがよく見られるが、こういった測定方法は非生産的であることが多い。まず自社の戦略目標を起点とし、そこから逆算して戦略を支えるサプライチェーンパフォーマンスのメトリクスを決めていくアプローチのほうが有効だ。すべてのビジネスに適用できる既定のメトリクスのセットが存在しないことには注意が必要だ。自社のサプライチェーンの目標と関連するパフォーマンスのパラメーターを反映したメトリクスを選ぶ必要がある。

コストとオーダー遂行のスピードで勝負するパソコン周辺機器メーカーの例を考えてみよう。この企業では、中国とシンガポールで製造した製品を船便で各地域の物流センターに輸送し、顧客の発注を受けて物流センターから製品を出荷していた。製品の標準原価は、事前に計画された原材料コストや物流コストに基づいて算出されていた。

同社のサプライチェーンはコストを低く抑えることを主眼に構築されていたが、船便利用という物流戦略を取ったためにリードタイムが非常に長くなっていた。物流センターへの輸送に5週間を要する場合もあったのだ。また同社の扱う製品はライフサイクルが短いことから、需要予測も困難になっていた。その結果、しばしば3倍近くの輸送コストをかけて製品を空輸しなければならないことがあった。さらに、顧客の注文に合わせるために、物流センターで製品の梱包を解き、再度コンフィグレーションし、梱包し直す場合もあった。

このような輸送やリワークコストは製品別の利益率計算に組み込まれておらず、生産部門ではこれらをほとんど把握していなかった。しかし実際にはオペレーションの支出が増大し、全社収益に悪影響を及ぼしており、経営陣や株主が許容できるものではなかった。

そこで問題をより良く理解するために、自社の競争基盤――コストの低さと迅速なオーダー遂行――に関連するメトリクスを中心に測定し、報告することにした。測定結果を分析したところ、輸送コストが業界平均を大幅に上回っていただけでなく、多くの注文で納入のリードタイムが業界平均を超過していたことが判明した。さらに分析を進めた結果、需要予測の精度が低いことと製品設計がモジュール化されていないことが、こうした問題を招いていることがわかった。

マネジメントチームは、製品レベルで需要予測の精度の追跡を開始した。また個々の製品に関連する急送コストやリワークコストも追跡することにした。このようにコスト増大の根本原因を理解することで、個々の製品に費やされるコストが利益率に与える影響を明確化できるようになったのである。

このようなメトリクスの分析によって、同社の予測プロセスの改善に弾みがついた。さらに製品設計も見直され、受注するまで個々のコンフィグレーションをする必要がなくなった。

バランスの取れた包括的なメトリクスを選択する

パフォーマンス管理の目標は、すべての領域で卓越することではなく、ビジネス戦略を支える行動を促進することである。競争基盤（イノベーション、顧客体験、品質、コスト）について理解してもなお、パフォーマンスの卓越性が不可欠な部分と、「あるに越したことはない」程度の部分を、なかなか判断できない企業がある。妥協すべき点を理解するためには、バランスの取れたパフォーマンスのメトリクスを揃えることが重要だ。そこには社内が対象の基準と社外が対象の基準、財務の基準と財務以外の基準、特定機能の基準と機能横断的な基準、そして持続的な改善を促す基準が含まれる。

価格の安さを求める顧客に製品を提供する試験・計測機器メーカーの状況を例に考えてみよう。同社の経営陣は、利益率への影響を最小限に抑えることを目指し、原材料費の削減を優先事項とした。そして調達グループに高いコスト削減目標を設定し、目標の達成度を個人の報酬と結びつけることで、彼らにさらなる値引き交渉を強いた。

調達グループは、一部の原材料を大量購入することで大幅な値引きを実現し、その他の原材料についても、より安い価格を提示するサプライヤーを探し出した。このような努力によって同社は多くの原材料で単価の引き下げに成功し、経営陣が課した目標を達成することができた。

しかし数カ月後、原材料費の削減を重視したことが、サプライチェーンの別の部分に悪影響をもたらしていることが明らかになった。大量購入は原材料在庫の急増を引き起こした。また価格の安いサプライヤーに乗り換えたため、以前よりも品質の低い原材料を使用せざるを得なくなり、製造歩留まりが低下し、廃棄率や残業時間が増加した。コスト削減努力を進めたにもかかわらず、結果的に総コストが増えてしまったのである。

この事例の教訓は明らかだ。一部の財務メトリクスだけに集中すると、他の分野で望ましくない行動を取らざるを得なくなり、サプライチェーン全体の効果的な管理が妨げられる可能性があるということだ。単一機能に焦点を当てたメトリクスは、それ自体は悪いものではない。しかしサプライチェーン全体のパフォーマンスを把握するための機能横断的なメトリクスと組み合わせて使用しなければ、弊害を生むこともある。

ロバート・キャプラン氏とデビッド・ノートン氏が開発したバランススコアカードは、パフォーマンスのメトリクスにおけるバランスと包括性の大切さをよく表している②。このメソッドは、財務分野の目標とメトリクスを、ビジネス戦略を遂行するうえで財務と同様に重要な3つの分野（顧客、内部プロセス、従業員の学習と成長）の目標とメトリクスで補強したものだ。サプライチェーンパフォーマンスのメトリクスのうち、この4つの分野に関連するものを表14に示した。

メトリクスを階層化し因果関係を理解する

メトリクスをバランスよく選択するための条件の1つに、因果関係を理解することがある。SC

② Robert S. Kaplan and David P. Norton, "Using the Balanced Scorecard as a Strategic Management System," *Best of HBR*, Harvard Business School Publishing Corporation, July 2007, p. 2.

③ Supply Chain Council, p. i.5.

表14　バランススコアカード：4つの視点

視点	サプライチェーンのメトリクスの例
財務	● 売上原価（COGS） ● 賃金率 ● 1マイル当たりの輸送コスト ● 付加価値生産性 ● 資産回転率
顧客	● 納期順守率 ● オーダー遂行サイクルタイム ● 充足率 ● 完全オーダー遂行率
内部プロセス	● 予測精度 ● 生産品質 ● 生産柔軟性 ● 内部のサイクルタイム
従業員の学習と成長	● サプライチェーンの専門的な資格を保有する従業員の数 ● シックスシグマの教育を完了した従業員の数

ORレベル1のメトリクスによってサプライチェーン全体の健全性を概観することができるが、パフォーマンスが目標を上回った（あるいは下回った）実際の原因まではわからない。この点を理解するには、全体のパフォーマンスに影響を与える事項を評価するための別のメトリクスを用いなければならない。SCORではこのプロセスを「メトリクスの分解」と呼んでいる③。

例えば供給品の在庫日数が許容レベルをはるかに上回っている場合は、各段階の在庫（原材料、仕掛品、完成品）を、社内、サプライヤー、顧客のそれぞれで確認する必要がある［図33／次頁］。在庫が過剰になっている部分を把握できれば、その背後にあるプロセスを調べることができる。過剰在庫と関連するのは、予測精度の低さ、原材料リードタイムの長さ、品質の悪さ、需要の変動である。次にするべきことは、これらのメトリクスを1つひとつ調査し、その結果に基づいてさらなる分析が必要なプロセスを特定することである。

顧客の視点で測定する

企業活動プロセス全体の基盤となるサプライチェーンを支えるメトリクスを用意するためには、顧客の視点を考慮することが重要である。あるタイヤメーカーは、2年かけてすべての地域や顧客グループに納入パフォーマンスのメトリクスを適用し、その結果として顧客の視点を持つ重要性を身をもって学んだ。

この企業は小売店、流通業者、修理店にタイヤを販売し、発注後1日以内の納品をすべての顧客に約束していた。同社では「納期順守率」のメトリクスとして、顧客が発注してから1日以内に顧客が受け取ったタイヤの比率を用いていた。つまり月曜日に発注されたタイヤを火曜日に納品すれば、納期順守と見なされる。

この会社が報告する実績は素晴らしかった。数字を見ると、実際に発注翌日に納品するスケジュールが組まれたタイヤがほとんどだった。しかし顧客はというと、到着が遅れる製品が多いことに不満を感じており、反応はいまひとつだった。同社に対する顧客の不満は業界が出資したある顧客調査にも表れた。同社のパフォーマンスは競合他社に劣るという結果が出たのである。この会社の経営陣が大いに衝撃を受けたことは言うまでもない。

詳しく調査したところ、「納期順守率」の意味について、同社と顧客で認識が大きく異なる点がいくつかあった。発注デスクの担当者は、注文されたタイヤが在庫にあるか、地域の物流センターに輸送中であるかを確認できるまで、計測の「時計をスタート」させていなかった。担当者は在庫を確認して初めて、納期予定を顧客に通知していた。また、発注デスクでは、実際に翌日に納品するスケジ

図33　メトリクスの分解を利用したパフォーマンス分析

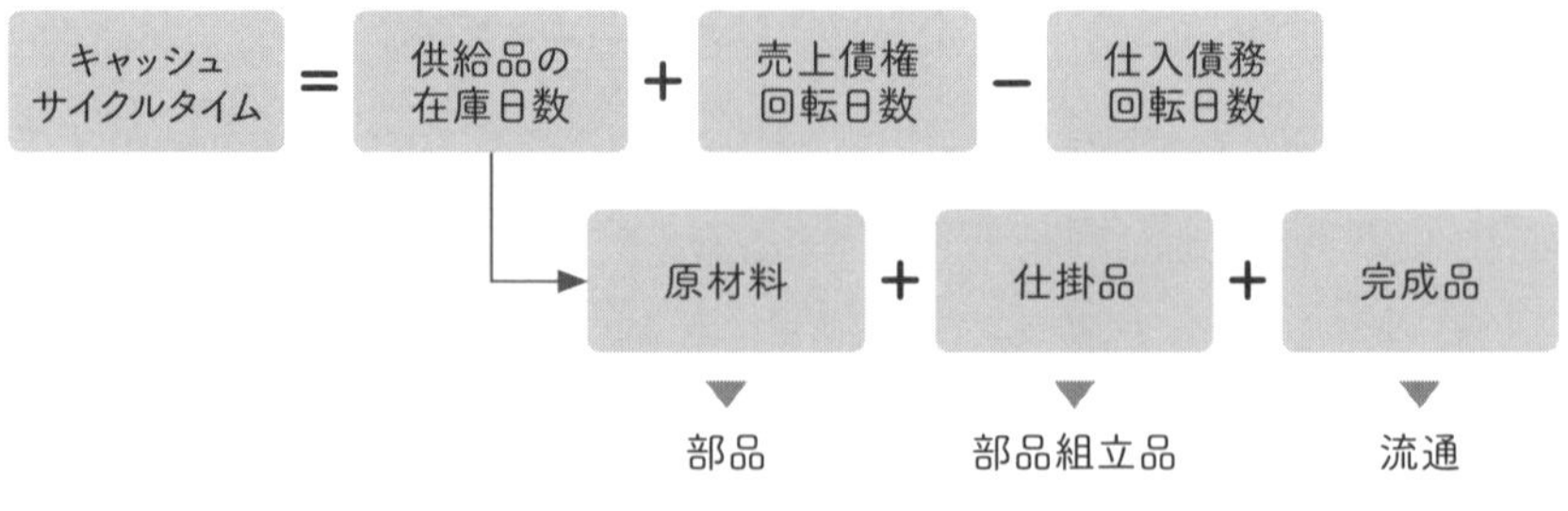

ュールを組むことができたタイヤの割合を計測していたが、予定通りに納品が完了したかどうかは監視していなかった。彼らが追跡したのは、翌日納品を予定できたかどうかだけだったのだ。そこには、スケジュールが組まれていれば期日通りに納品されるはずだという前提があった。一方顧客が考える「納期順守率」は、注文した内容が約束の日付に完全に揃った率であった。

さまざまな見解の相違によって、同じパフォーマンスに対する解釈であるにもかかわらず、「納期順守率」の測定結果が大幅に異なったのである〔図34〕。

同社の経営陣は、こうした見解の相違を解消するために、注文の納入のパフォーマンスに関する2つのメトリクスを改良した。1つ目は「納期順守率」で、約束の納期に顧客の受け取りが完了したオーダーの比率と定義した。2つ目は「オーダー遂行サイクルタイム」で、注文を受けたときからタイヤが顧客に届くまでの時間と定義した。

見解の相違を分析する中で、重要な発見があった。顧客が本当に価値を見いだしていたのは、ターンアラウンドタイムの短さよりも、約束の期日に正確に納品されることだったのだ。この知見をきっかけに、同社は顧客体験戦略を全面的に見直し、単に速いだけではなく約束の期日通りに

図34　タイヤメーカーのパフォーマンス：顧客側の定義と矛盾するメトリクス

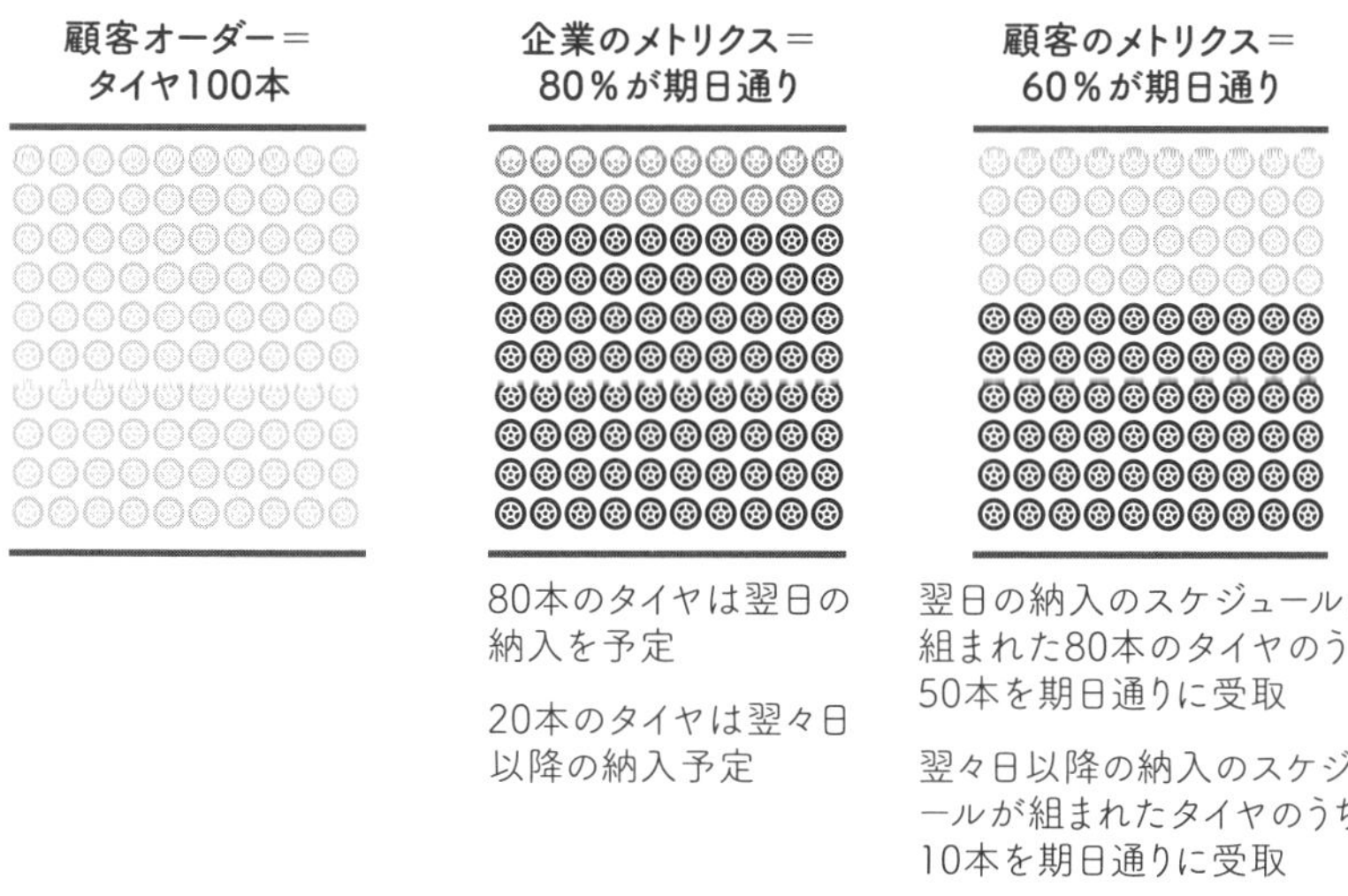
顧客オーダー＝
タイヤ100本
企業のメトリクス＝
80％が期日通り
顧客のメトリクス＝
60％が期日通り
80本のタイヤは翌日の納入を予定
20本のタイヤは翌々日以降の納入予定
翌日の納入のスケジュールが組まれた80本のタイヤのうち、50本を期日通りに受取
翌々日以降の納入のスケジュールが組まれたタイヤのうち、10本を期日通りに受取

納品することを重視するようになった。

過剰なメトリクスを避ける

多種多様なメトリクスを前にすると、実際には必要のないものまで選んでしまいがちだ。特に、1つか2つの重要なメトリクスを適用してみて、オペレーション能力や業績の可視化に初めて成功したマネジャーにはこのような傾向がある。財務メトリクスしか使ってこなかった企業では、サプライチェーンの主なプロセスのパフォーマンスに関する情報は絶大な威力を発揮する。そうだとすれば、すべてのプロセスで同じようなデータを得たいと考えるのは自然な欲求である。

その結果、定期的に監視したり結果を踏まえて行動を起こしたりすることができない分野にまで、新しいメトリクスを設定してしまう。例えば、月々のオペレーション報告書でありとあらゆるメトリクスを報告している企業は多い。そして通常は、各部門（調達、製造など）が、それぞれの担当範囲の測定結果を埋める責任を負っている。このような報告書は、eメールやウェブが登場する前は分厚いバインダーに綴じられて多くの関係者に配られたが、現在ではオンライン上に掲載される。

オペレーション報告書をまとめるのは簡単な仕事ではない。ある産業機器メーカーのオーダー管理担当ディレクターは、次のように述べている。「担当範囲を埋めるために、何時間もかけてデータを追跡しています。何百もの数字を処理して約40種類のメトリクスの結果を算出して、ようやく完了です。しかしこれだけの仕事をしたところで、誰かが読んでいるという確証はありません」

このディレクターが、まとめるように指示された情報に価値を見いだしていないとしても、おかしくはない。監視するメトリクスが多すぎると、実際に価値を生み出すメトリクスと、単に数字を出すだけのメトリクスが見分けにくくなる。だが当然のことながら、メトリクスが少なすぎれば、サプライチェーンのパフォーマンスの全体像をつかむことはできない。

追跡すべき適切なメトリクスは反復作業によって決めていく。経営陣が設定するメトリクスは、当初は多すぎるか、少なすぎるかのどちらかになるだろう。そこから必要に応じてアプローチを修正すればよい。例えば、主要なサプライチェーンプロセスを網羅し、企業のビジネス戦略と密接に関連するようなメトリクスを追加したほうがよいかもしれない。あるいは、企業のビジネス戦略とそれほど密接な結びつきがなく、廃止が可能なメトリクスに気づくかもしれない。企業が設定すべきメトリクスの数や種類には、1つの正解があるわけではない。それは各企業の特有の状況に応じて決まるものなのだ。

各メトリクスの目標値を設定する

サプライチェーンのメトリクスを選択したら、次は各メトリクスの目標値を設定する必要がある。目指すのは、1キロメートル当たりの輸送コストを一定の比率で削減することだろうか。オーダー遂行サイクルタイムを特定の日数に短縮することだろうか。賃金率を特定の金額未満に維持することだろうか。

目標値の設定作業は、ある程度は経験頼みの面がある。目標を決めることで適切な行動の動機づけをしたいところだが、それぞれのメトリクスについて、目指すべきパフォーマンスのレベルをどのように決定すればよいのだろうか。目標値を設定するときには、以下のプラクティスが有効だ。

社内のベンチマーク分析を実施する

大企業の場合、社内の比較可能な機能、部門、ビジネスユニット、施設のパフォーマンスを同じ定義のメトリクスで測定するとよい。例えば各ビジネスユニットの一連の製造施設、倉庫、物流センター、調達組織、オーダー管理グループのパフォーマンスを比較してみよう。ベストインクラスのビジネス部門や事業部を特定し、そこでのメトリクスを社内の類似機能のベンチマークとして使用する。

社内のベンチマーク分析データは、他社の分析データよりも収集しやすい。とはいえ、社内でのベンチマーク分析もしっかりと監視する必要がある。まれなケースではあるが、社内のベンチマーク分析がビジネス部門間の非生産的な競争の引き金になることがある。極端な例では、他部門に勝つためにルールの「抜け穴」を突こうとする部門が出てくるかもしれない。このような状況が見られた場合は、行動を改めさせるための措置を早急に取らなければならない。

社外のベンチマーク分析を実施する

自社と他社のパフォーマンスを比較することも有効だ。自社と同じ業界の競合企業に限定してもよいし、他業界の企業を含めてもよい。社外のベンチマーク分析は、数値的にどこまでのレベルのパフォーマンスが可能なのか、そしてもっと重要なこととして、どのようなプラクティスでそのレベルのパフォーマンスが実現できるのかを理解する助けになる。他業界の企業と比較する場合は、サプライチェーンの特徴が自社と似通っている企業を探すように注意しよう。生産プロセスや流通チャネルなど、構造的な類似点がある企業を選ぶことで、有意義な比較が可能になる。

社外のベンチマーク分析を実施するためには、自社のみならず、他社からも大量のパフォーマンスデータを取得しなければならない。だが、このようなデータを直接競合企業に——あるいは競

図35　レベル1のKPI

	KPIのメトリクス	五分位数で区分した母集団のパフォーマンス 改善の余地がある	←	中央値	→	ベストインクラス	ABC社
顧客対応のメトリクス	顧客要求に対する納期順守率（%）		▲	85.2%		98.3%	69.7%
	約束納期に対する納期順守率（%）			▲91.4%		98.4%	87.1%
	オーダー遂行リードタイム（日）			7.0	▲	4.2	5.6
	サプライチェーン増量柔軟性（日）			101.1▲		25.0	90.0
内部のメトリクス	サプライチェーン総コスト（売上高に対する比率、%）		▲	7.1%		3.4%	8.1%
	COGS（売上高に対する比率、%）			70.6%		47.8%▲	46.7%
	供給品の在庫日数		▲	70.4		43.0	109.6
	キャッシュサイクルタイム（日）	▲		73.3		20.1	160.5
	純資産回転率			1.7	▲	3.4	2.2
	固定資産利益率（%）			80.1%▲		243.4%	98.6%

▲＝サンプル企業のパフォーマンス

出典：PMG

合しない企業に対してでも——快く提供してくれる企業は少ない。この問題を避けるためには、ベンチマーク調査サービスのプロバイダーや業界団体など、独立した第三者機関が実施するベンチマーク調査への参加を検討するとよい。こうした機関は、サプライチェーンのメトリクスを定義したり、参加企業と協力して収集データの一義性や正確性を確保することを専門としている。

　収集データを入手したら、自社と比較する企業のグループ（対照群）とのパフォーマンスギャップをすべて分析する。対照群と比較した自社のパフォーマンスを図で表せるスコアカードを利用すると、改善機会がある分野を際立たせることができる［図35］。パフォーマンスに関するすべての問題について、それぞれの背後にある原因を調査し、ギャップを縮める方法を見極める。

そして分析結果に基づいて、プロセスを大幅に変更するための説得力のあるビジネスケースを構築する。

積極的かつ達成可能な目標を定める

企業があらゆるメトリクスで卓越することは不可能である。従って、すべてのメトリクスにとてつもなく高い目標を設定するのは禁物だ。社内のそれぞれの組織に合わせて挑戦しがいのある目標を設定し、健全な競争を促すようにしよう。ただし、やる気を失ったり意図的なデータ操作をしたりする者が現れないように、達成できそうだと思われる目標を設定する必要がある。

目標の難易度のバランスを取るためには、妥協することも1つの方法である。ある主要な領域で目標を達成するためには、別の領域でパフォーマンスが下がることを受け入れなければならないかもしれない。例えば、注文の納入の速さで競争している企業を考えてみよう。マネジャーらが設定した目標は「48時間以内に100%の注文の納入を完了」というものだった。この目標を達成するためには、手元の在庫量を増やすか、翌日配達の割増料金を支払う必要があるだろう。従って、スピードと並行して在庫量や配送料の削減の項目でも高い目標を設定しようとするのは現実的ではない。挑戦しがいのあるメトリクスがもたらす健全な緊張感はマネジメントのツールとして有効である。しかし達成できそうもないほど高い目標を設定すると、パフォーマンスのごまかしを助長したり、大幅なモラル低下を引き起こしたりする恐れがある。

過去の実績やベースラインのパフォーマンスに基づいて、改善目標を具体的なパーセンテージで設定することもできる。この方法では、特定領域の一定期間のパフォーマンスを測定してベースラインを定め、改善目標を設定する。しかしこの場合も、自社の戦略とリンクした目標設定にすることを忘れてはならない。企業のマネジャーは往々にして、理論上で達成可能なパフォーマンスのレ

図36　当初の納期順守率目標

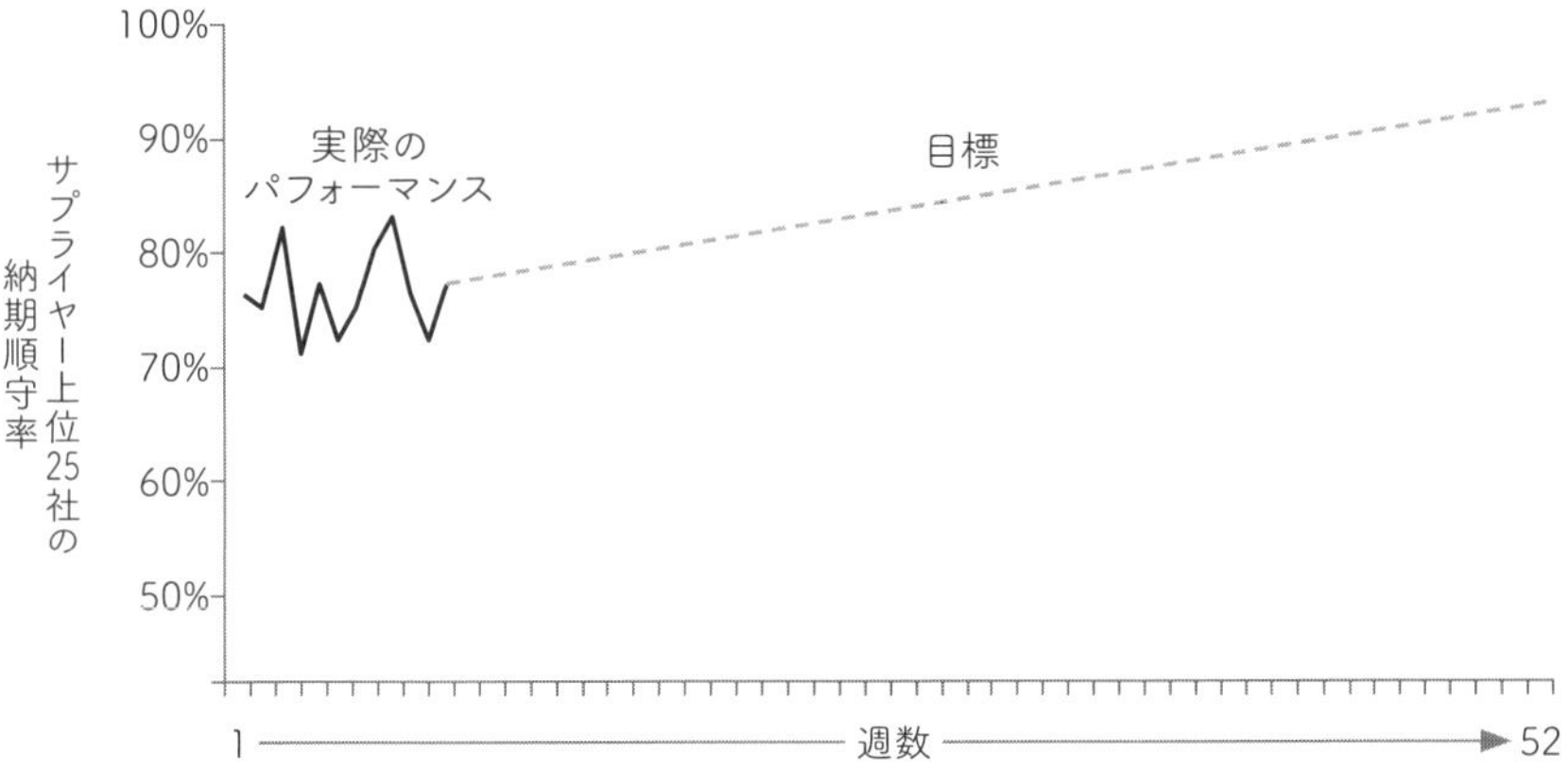

ベルを想定し、それを自社の目標とすべきだと考えがちだ。しかしこのようにパフォーマンス目標を決めても意味がない。実際のところ、まったく現実味のない目標である可能性が高い。

この例として、サプライヤーの納期順守率を改善する手順に着手した、ある電気通信機器メーカーを見てみよう。同社の調達チームは主要サプライヤー25社のパフォーマンスを3カ月間測定し、納期順守率が70〜80%であることを把握した。これは同社の許容レベルをはるかに下回る水準である。そこで同社は、この数字を1カ月に3〜4%のペースで改善し、6カ月以内に平均95%を達成するという目標を立てた。もちろんその前提として、同社が指示すればサプライヤーはパフォーマンスを改善するものと考えていた［図36］。

しかし6カ月後、サプライヤーのパフォーマンスに目立った改善は見られなかった。その理由は、この95%という目標を、具体的に成果物や期限を設定したアクションプランと結びつけていなかったからである。しかしもう1つ、考慮すべき理由があった。電気通信業界の納入パフォーマンスについてベンチマーク分析を実施した結果、トップレベルの企業でも納期順守率が90%を超えていなかったのである。同社のサプライチェーン担当バイスプレジデントは次のように述べた。「我々の立てた目標があまりにも高かったことが明らかになりました」

同社はベンチマーク分析を通して、他社が実行しているプラクティスを理解することの重要性にも気づかされた。他社のパフォーマンスレベルから理論的に実現可能なレベルを知るだけでは不十分だ。他社がどのようにそのレベルに到達しているかを理解する必要がある。

この企業は、競合他社がサプライヤーに対して需要予測の変更を毎週通知していることを知った。それに対し同社は月に一度しか通知していなかった。さらに競合他社では、主要サプライヤーを製品設計会議に参加させたり、部品の共通性を高めることにフォーカスした組織的なプログラムを確立したりしていた。どちらも同社にはない取り組みであった。

ベンチマーク分析の結果、この企業は納入パフォーマンスの改善効果が期待できるいくつかのプラクティスを採用することを決めた。そして組織的な実行プログラムを作成し、パフォーマンス目標を達成するまでの具体的なスケジュールも設定した［図37］。

個々のメトリクスについて、達成可能だと思われる目標を決めさえすれば、自動的にパフォーマンスが向上すると考えてはならない。その目標は達成可能だという認識を従業員も共有している必要がある。そのためには従業員に十分なリソースを与えることが不可欠だ。リソースとして、追加的な研修、パフォーマンスの可視性を高めた情報システム、そして、必要なプロセス変更作業に集中するために使える「本業」以外の時間などが考えられる。

図37　改定後の納期順守率目標

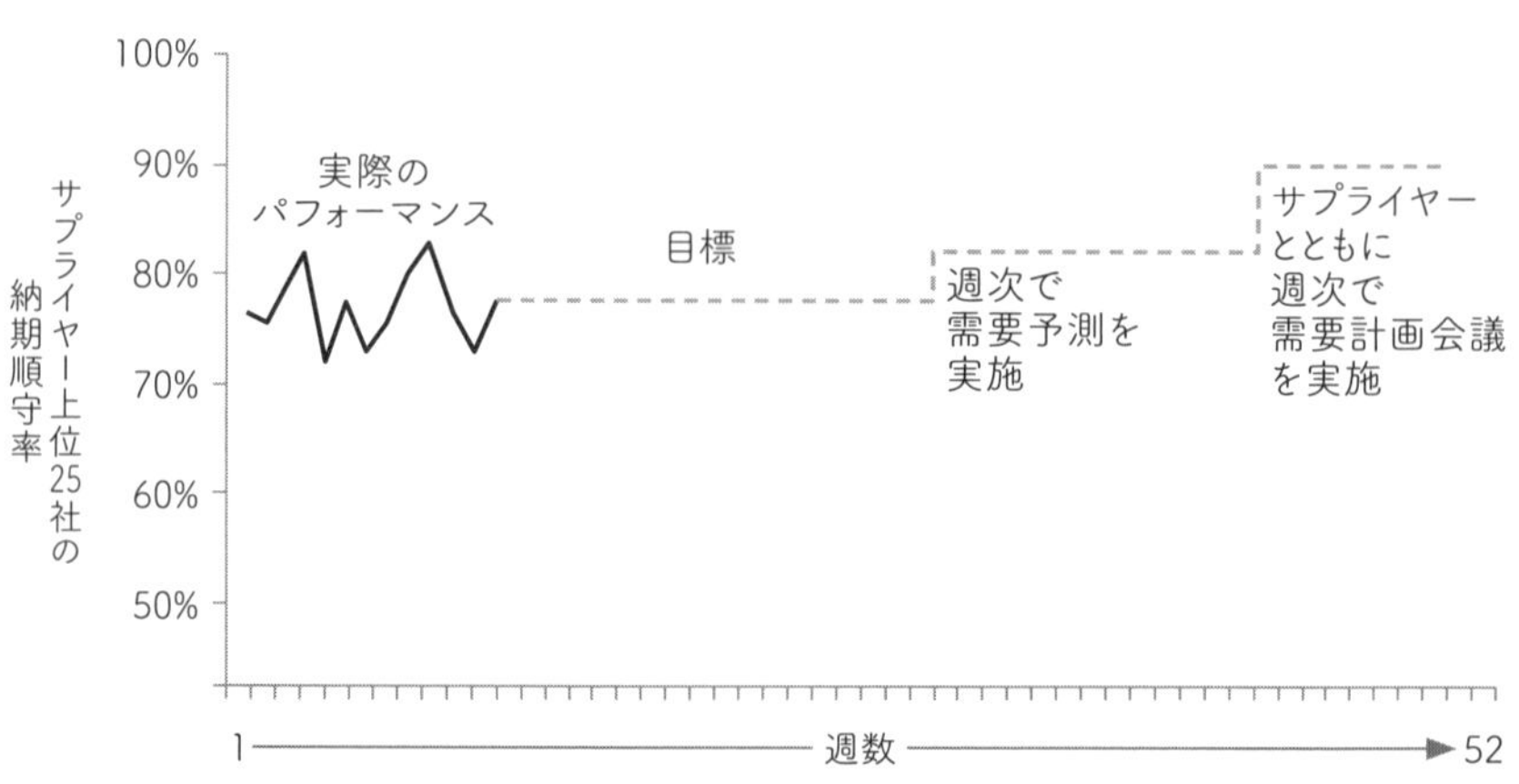

サプライチェーンパフォーマンスの管理：メトリクスに意味を持たせる――

メトリクスを選択して目標を決めることは、取り組みの一部に過ぎない。サプライチェーンパフォーマンスの測定の段階から管理の段階に進むためには、メトリクスを効果的に運用しなければならない。つまりメトリクスのパフォーマンスを定期的に監視し、その結果を継続的な改善に活用するということだ。

パフォーマンスを定期的に監視する

パフォーマンスを効果的に監視するためには、各メトリクスについて、目標値に対するパフォーマンス実績を確認するサイクルを決める必要がある。また、従業員が目標を理解し、そこに向かって前進しているかどうかを判断できるように、メトリクスは高度に可視化されていることも必要だ。そして忘れてならないのは、パフォーマンスが低い場合に、経営陣の迅速な対応が求められるということである。

モニタリングサイクルを決める

サプライチェーンのメトリクスは、どれくらいの頻度で監視すべきだろうか。それはメトリクスによって変わる。コストや資産の管理に関するような大局的なメトリクスならば、月に一度のレポーティングでよいだろう。この頻度で問題が生じる前に予兆をつかむことができるし、あまり価値を生まない過剰な報告作業も回避できる。

しかし、より詳細なレベルのメトリクスは、測定対象の変化が予想されるタイミングごとに監視するべきである。充足率、在庫量、納期順守率などのメトリクスは、毎週、場合によっては毎日という頻度で確認するとよい。一方、倉庫保管や輸送などのコストは月に一度の確認でよいだろう。

測定結果に変化があるとは思われないメトリクスを毎週監視していても意味がない。例えば、契約で決められている部品価格がこれに当たる。従業員数などのメトリクスも頻繁に監視する必要はない。従業員が1人増えたところで、驚くほど人件費が増大することはほとんどないからだ。図38に、各種のメトリクスの監視頻度を示した。

メトリクスを可視化する

メトリクスおよびパフォーマンスデータを組織のすべてのマネジャーにとって可視性の高いものにすることで、目標達成までの進捗状況を追跡できるようになる。こうして情報が即座に反映されれば、マネジャーがパフォーマンスの低い部分を特定し、迅速に是正処置を取ることに役立つ。

あるストレージシステムのプロバイダーの例を見てみよう。この企業はオーダー遂行プロセスに問題を抱えており、このプロセスに平均25日間を要していた。しかしベンチマーク分析の結果、同業他社の多くはこのプロセスを平均2～3日でこなしていた。同社の販売チームは、勤務時間の25%以上を注文ステータスの確認に費やさざるを得ず、その結果、より確実に納品できる競合企業に売上を奪われてしまうことに不満を抱いていた。一方、同社の顧客は納品までに長く待たされることに不満を抱いていた。

問題の原因は、機能間の引き継ぎ作業が多すぎることにあった。このプロセ

図38　選択したメトリクスの監視頻度

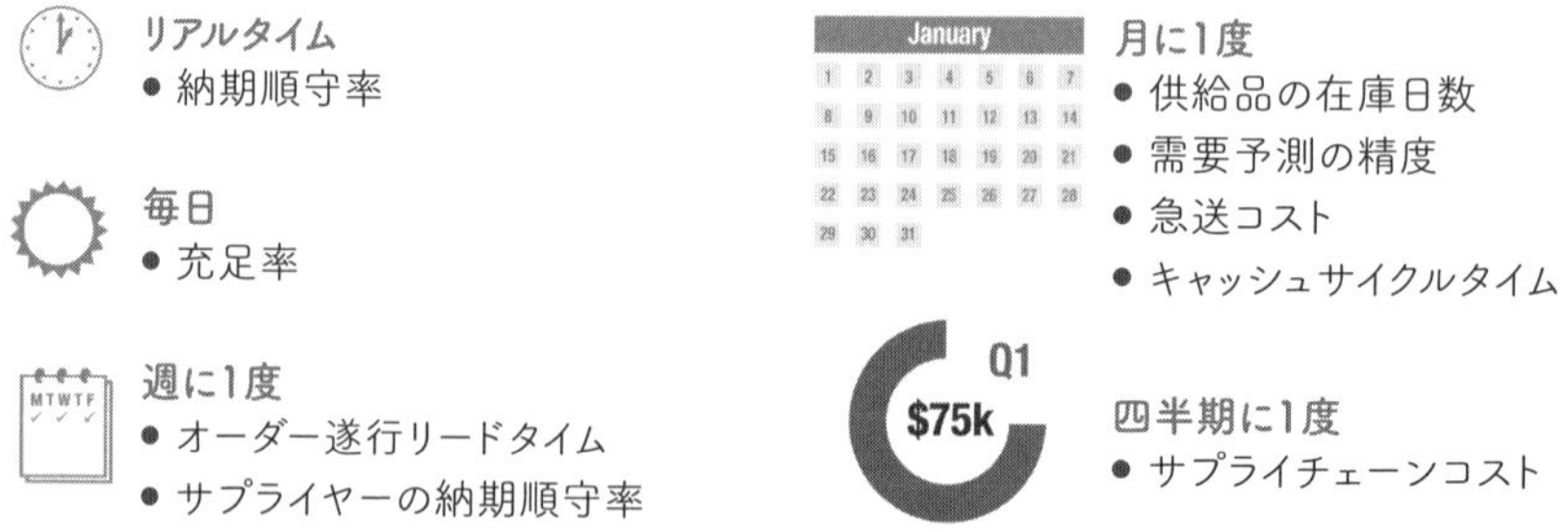

スの主な作業は、顧客の注文内容に価格を設定し、契約交渉サイクルを経て、注文内容を構成して納品することである。

同社はオーダー遂行プロセスの所要時間を25日から2日に短縮する取り組みを開始した。この目標を従業員に通知し、オーダーの処理過程を追跡するための計画を立てた。同社のCFOは、目標に対するパフォーマンスの最新情報をeメールで通知したりウェブサイトに掲載したりするだけでは、必要なインパクトを与えられないと考えた。そこで巨大な「スコアボード」を目立つ場所——幹部の執務室のそば、各地の営業所、出荷場所——に設置して、サイクルタイムのスコアを毎週手動で更新することにした。サイクルタイムのメトリクスにはオーダー遂行にかかわるすべての機能のデータが関連するため、このデータの収集には多くの従業員が携わった。

メトリクスを設定したことで、プロジェクトチームはオーダー遂行プロセスに含まれる1つひとつの活動に注目できるようになり、機能間の引き継ぎ作業の多くを削減することができた。しかしこの取り組みには多くの人々が関与し、遅れの原因を手動で追跡していたことから、結果的にプロセスのスピードが落ちてしまった。

やがて、新たな追跡システムの稼働から間もなく、このプロジェクトは頓挫の危機に見舞われてしまっていた。プロジェクトチームのメンバーからは、プロジェクトが「間違った方向に進んでいる」という意見が頻繁に聞かれるようになった。データを丸見えにすることで、従業員がやる気を失ったり、変化を拒むようになったりするのではないかという懸念があったのだ。しかしCFOは、一時的なスコアボードを使ったデータの更新を続けることを徹底した。そして結果のばらつきをならし、スコアア低下を即座に悪い兆候だと判断することがないように、2つ目のメトリクスとして直近4週間の移動平均を導入した。

大きな成果が表れるまでに時間はかからなかった。わずか8週間で、平均サイクルタイムは10日近くも短縮された。そして40週間後には、2日という高い目標を射程圏内にとらえることができた〔図39〕。同社にとってスコアカードは、重要分野のパフォーマンスの改善に役立っただけでなく、顧客サービスを重視する姿勢を実際のデータで証明する強力な販売ツールにもなったのである。

パフォーマンスをプロアクティブに管理する

スコアカードは、ある時点のKPIを切り取って対照群と比較するものだ。それに対しメトリクスのダッシュボードは動的であり、特定のメトリクスを長期的に追跡したデータをその企業に適したかたちで図示するものである〔図40〕。メトリクスのダッシュボードを作成することは、強制力のあるメカニズムにもなる。パフォーマンスデータを記録したり、マネジャーに問題点を警告したりするプロセスの自動化を進めることができるだろう。また、パフォーマンスの傾向を予測するようなメトリクスを選択すれば、ダッシュボードを早期警戒システムとして使用することもできる。

図39　オーダー遂行サイクルタイム

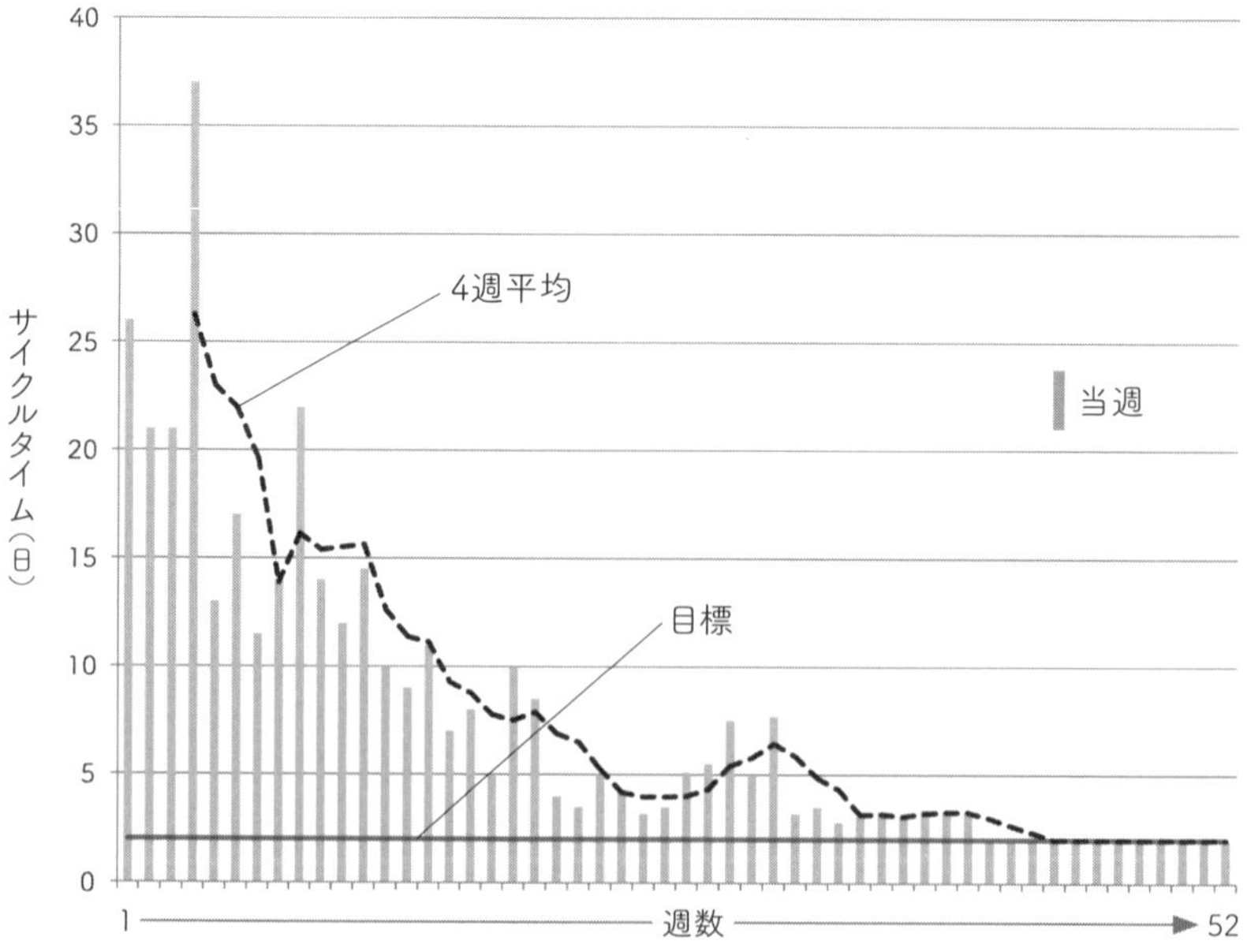

図40　メトリクスダッシュボードの例

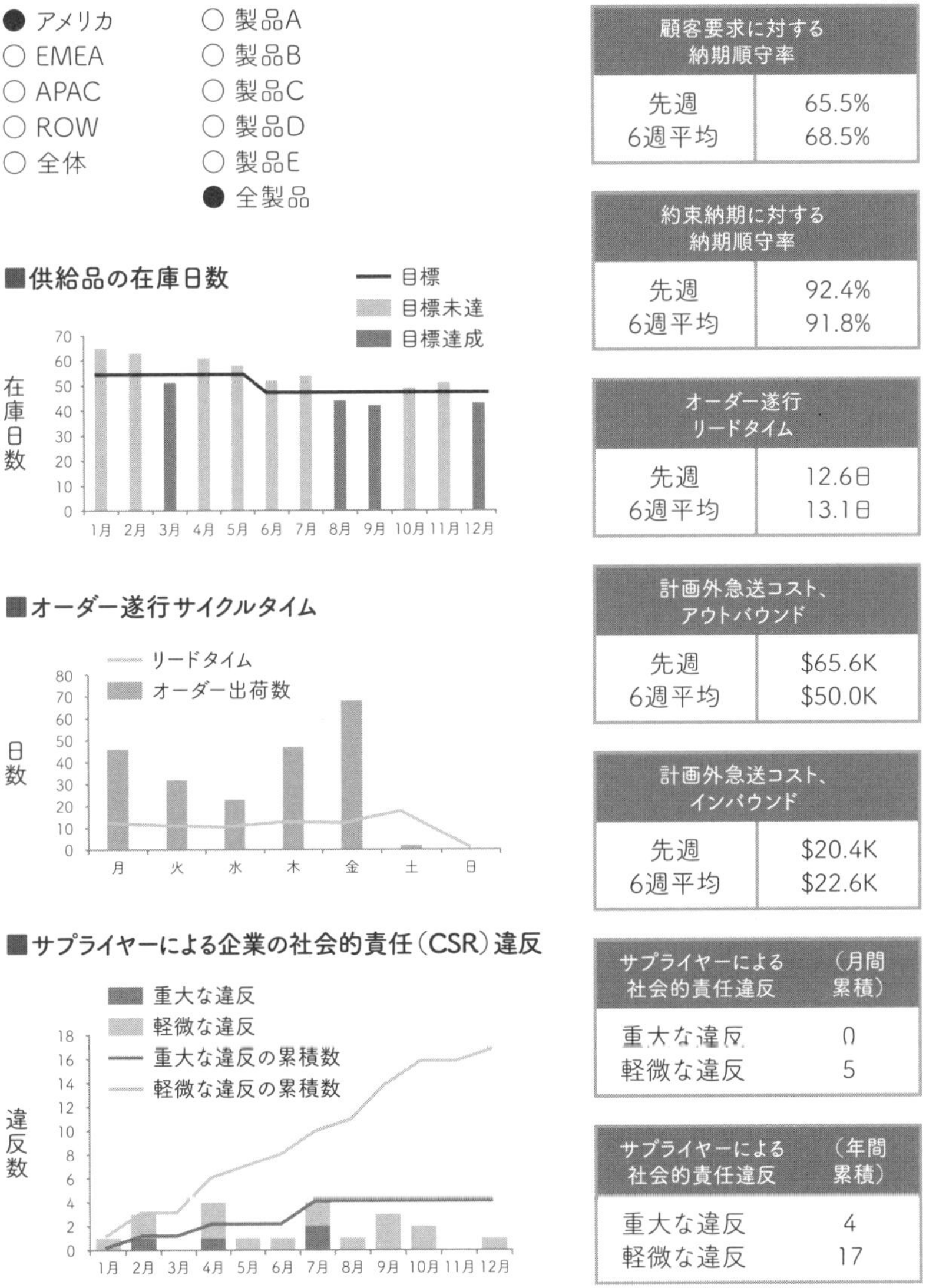

アメリカ
EMEA
APAC
ROW
全体
製品A
製品B
製品C
製品D
製品E
全製品
■供給品の在庫日数
目標
目標未達
目標達成
在庫日数
70
60
50
40
30
20
10
0
1月 2月 3月 4月 5月 6月 7月 8月 9月 10月 11月 12月
■オーダー遂行サイクルタイム
リードタイム
オーダー出荷数
日数
80
70
60
50
40
30
20
10
0
月 火 水 木 金 土 日
■サプライヤーによる企業の社会的責任（CSR）違反
重大な違反
軽微な違反
重大な違反の累積数
軽微な違反の累積数
違反数
18
16
14
12
10
8
6
4
2
0
1月 2月 3月 4月 5月 6月 7月 8月 9月 10月 11月 12月
顧客要求に対する納期順守率
先週 65.5%
6週平均 68.5%
約束納期に対する納期順守率
先週 92.4%
6週平均 91.8%
オーダー遂行リードタイム
先週 12.6日
6週平均 13.1日
計画外急送コスト、アウトバウンド
先週 $65.6K
6週平均 $50.0K
計画外急送コスト、インバウンド
先週 $20.4K
6週平均 $22.6K
サプライヤーによる社会的責任違反 （月間累積）
重大な違反 0
軽微な違反 5
サプライヤーによる社会的責任違反 （年間累積）
重大な違反 4
軽微な違反 17

クリーンなデータを維持する

パフォーマンス改善の取り組みには、ほぼ例外なくシステムのサポートが必要だ。取り組みを実行するためのシステムは社内で設計・構築することもできる。または、データウエアハウスや統合基幹業務システム（ERP）モジュール、あるいは自社のERPシステムのデータを使用するスタンドアロンのソリューションを購入してもよい。

適切なシステムを選択するためには、各種のパフォーマンスデータがどこで生み出されるかを把握する必要がある。また取り組みの管理方針が、他の主要機能で導入されている改善プログラムやメトリクスとどのようにリンクするかも理解しなければならない。レポーティング、ビジネスインテリジェンス（BI）、先進的計画スケジューリング分析、サプライチェーンのイベント管理、サプライチェーンのパフォーマンス管理などのカテゴリーにおける、利用可能なパフォーマンス管理ツールをじっくり検討しよう。

実行中の取り組みを監視するために必要なデータの種類やソースは、すべて特定する必要がある。そしてデータをアクセス可能な状態にしておこう。例えば、顧客に対する納期順守率を監視するならば、注文を受けた日付、顧客が仕様を指定した日付、予想リードタイム、自社が約束した納期、実際の出荷日のデータを取得する必要があるだろう。多くの企業では、異なるシステムが多数存在し、大量のデータが埋もれたままになっている。もしこれに当てはまる場合、異なるソースからのデータ抽出や、適切なタイミングでの意思決定を可能にするようなアプリケーションやインフラが必要になるだろう。データの収集と報告を容易にするために、データやメトリクスの標準的な定義を用いてデータの取得・レポーティングインフラを設計するとよい。

今日の情報システムには大量のデータを収集して分析する能力があるが、データは有意義な情報に変換してから利用しなければならない。ダッシュボードに表示するデータは、追跡しているメトリクスの計算に使うものだけにする。詳細なデータは、問題のある領域を掘り下げて調査するときに、必要に応じて使用すればよい。

何より重要なのは、パフォーマンス測定で使用するデータを常に「クリーン」な状態にしておくことだ。効果的に測定するためには、基盤となるデータベースが正確かつ最新でなければならない。データがクリーンでない場合、問題が深刻化する前に検出できなかったり、株主など重要な関係者に不正確な業績報告をしてしまったりする恐れがある。

総合的なアプローチを取る

過去10年間に見られた大きな進歩の1つに、サプライチェーンに関する業界標準のメトリクス（SCORなど）が多くの主要ERPシステムのビジネスインテリジェンス機能*に組み込まれたことが挙げられる。多くの場合、ビジネスインテリジェンスのプラットフォームの追加モジュールとしてサプライチェーンのパフォーマンス管理システムを購入すると、自社データベースの既存データを用いて標準的なメトリクスを計算することが可能になり、手動でデータを取得したり計算したりする手間を省くことができる。

多くの組織が、コーポレート・パフォーマンス・マネジメント（CPM）の包括的なアプローチを通し、サプライチェーンのパフォーマンス管理を全体的なパフォーマンス管理戦略の不可欠な要素として扱っている。CPMは、エンタープライズ・パフォーマンス・マネジメント、あるいはビジネス・パフォーマンス・マネジメントと呼ばれることもある。

CPMは、組織の全体的なビジネスパフォーマンスの監視と管理に用いられるプロセス、方法論、メトリクス、システムのことである。これは単なるソフトウエアではなく、企業業績を管理するプロセス、プロセスの適切なメトリクスを選ぶ方法論、そしてメトリクスを管理するプロセスが含ま

＊ 企業のデータ（売上・顧客・その他の業務データ）を収集・分析し経営の意思決定に役立てる手法や技術

れる。さらにCPMでは、ERP、サプライチェーンマネジメント、CRM（顧客関係管理）、製品ライフサイクル管理、人材管理、ビジネスインテリジェンスシステムのデータを融合させることにより、内部オペレーションの異なる分野を結びつける。一般的にCPMソリューションではKPIが表示されるため、従業員は自分やグループのパフォーマンスを企業の目標や戦略と比較しながら追跡することができる。

つい最近まで、マネジメントの報告に使われるデータは多少なりとも主観的であり、そのデータの表示手段の影響を受けていた。多くのマネジメント報告書（例えば、どの企業にもあるような月次の業務報告書）はスプレッドシートに大きく依存していた。かつては、シートに手入力されたデータを収集、確認、整理したうえで報告書にまとめなければならなかった。それが終わって初めて、データの分析やデータを踏まえた行動に移ることができる。このアプローチは大量のデータ入力やデータ操作に依存するため、たいてい、手間がかかるうえにミスも発生しやすく、社内の他部門とパフォーマンスを比較することは困難だった。

しかしその後、クラウドコンピューティングの登場によってCPMソリューションが急速に発展する。今日のCPMは従来型のパフォーマンス管理とビジネスインテリジェンス機能を組み合わせており、一貫性のあるデータと定義を利用して業務報告や財務報告、エグゼクティブレポートを作成したり、任意のタイミングで分析を実施したりすることが可能だ。さらにクラウドベースのCPMシステムには、ハードウエアにほとんど依存せず、各ユーザーの視点に合わせて構成できるという強みがある。

業界の標準的な定義を取り入れて自動化されたCPMツールでは、これらの定義に基づいたメトリクスを、あらゆる場所から抽出したデータを用いて測定することができる。この能力を獲得した企業は、長期的な比較調査や、社内・社外を対象としたベンチマーク分析の効率化が可能になる。

このような方法で報告作業の自動化やカスタマイズを実現することにより、社内のすべてのマネジャーが、自社の戦略的な方向性に最も関連性の高いメトリクスに集中することができるのだ。

適切に計算する

パフォーマンスの測定システムは、測定に必要なすべて――ビジネス戦略、業界の標準的な定義、論理階層に関連づけられたメトリクス――を備えることができたとしよう。しかし実際に起こっていることを反映した測定結果が出てこなければ、誤解を招く恐れがある。このことをよく示す企業の例を見てみよう。便宜上この企業をエグゼクトロニクス・データと呼ぶ。

データストレージメーカーであるエグゼクトロニクス・データは、既製ソリューションとカスタマイズソリューションの両方を販売し、同社の製品は世界各国のデータセンターで利用されていた。しかし最近になって顧客から、納入に時間がかかりすぎる、あるいは納品予定日がいつも不正確だといった苦情が寄せられるようになった。これは深刻な問題だった。顧客のデータセンターでは、装置をスムーズに設置するために、多数の技術者やサービス担当者を待機させている。納品が1日遅れるごとに、彼らが別の作業をする時間が1日失われるのだ。

不満を抱えていたのは顧客だけではなかった。エグゼクトロニクスの販売担当者からも、オーダー遂行プロセスを実行したり、注文の最新ステータスを確認したりすることが難しいという声が上がっていた。しかし販売オペレーションの責任者は、そんなはずはないと考えた。週ごとに収集するオーダー管理データを確認したところ、既製ソリューションについては、受注後2日以内に出荷するという約束をきちんと実現できていたからである。実際に週次報告を見ると、過去52週間のオーダー遂行サイクルタイムは平均1・74日であり、2日というサービスレベル目標を十分にクリアしていた。何度か突出して数値が大きい週があったが、これも一時的な原材料不足によるものと容易に説明がついた〔図41〕。

問題の根本原因を突き止めるために、同社のCFOは、各週のサイクルタイムの平均値だけでなく変動性も調べるよう指示した。そして出てきた結果はかなり衝撃的なものだった。新たに作成したグラフでは、プロセスのサイクルタイムの変動性が非常に高いことが示され、標準偏差は3・2日以上だった〔図42〕。

この新たな情報を踏まえ、経営陣はさらに詳細にデータを調査することにした。すると、大部分の注文が期日通りに出荷されていたものの、そうではない注文の多くが処理の順番から外れてしまい、場合によっては何週間も納入が遅れていたことがわかった〔図43〕。

オーダー管理チームがプロセスの詳細な調査が必要だという危機感を持つには、このようなデータの見方が必要だったのだ。そして同社では、各部門の担当に注文がとどまっている時間を測定し、遅れの原因を追跡することになった。オーダー入力グループは、記載項目に漏れや誤りがある注文書が届く頻度や、注文内容に取り扱い終了製品や取り扱い開始前の製品が指定されている頻度に注目した。注文内容に漏れや誤りがあるオーダーは、その問題に対処できると思われる部門に回されていた。その結果、2つ以上の問題点がある場合、問題が解決するまでこのサイクルが何度も繰り返されるという現象が起こっていた。このサイクルを追跡したり、そこに費やされる時間を意識したりする者が1人もいないことは明らかだった。

同社はオーダー遂行が滞る原因を調査するための部門横断チームを立ち上げた。そして、毎週のメトリクスのレビュー内容にリードタイムの変動性や分布のデータも含めるようにし、異常値を特定しやすくし、問題にすばやく対処するようにした。

エグゼクトロニクス・データの場合、プロセスは表面的にはすべて順調に動いているように見えた。顧客にとって重要なことを的確に理解していたし、各領域でパフォーマンスを測定すべき要所

図41　エグゼクトロニクスのオーダー遂行サイクルタイム

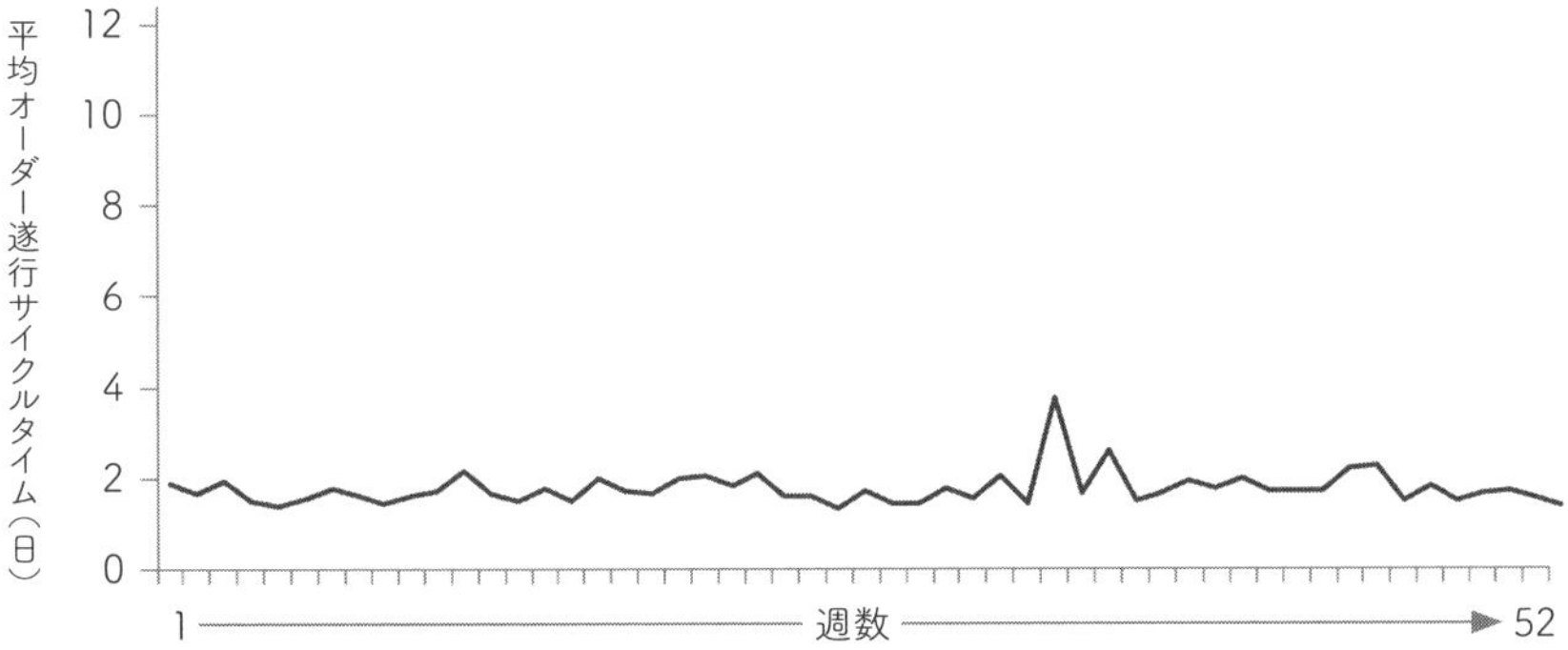

図42　エグゼクトロニクスのオーダー遂行サイクルタイムの変動性

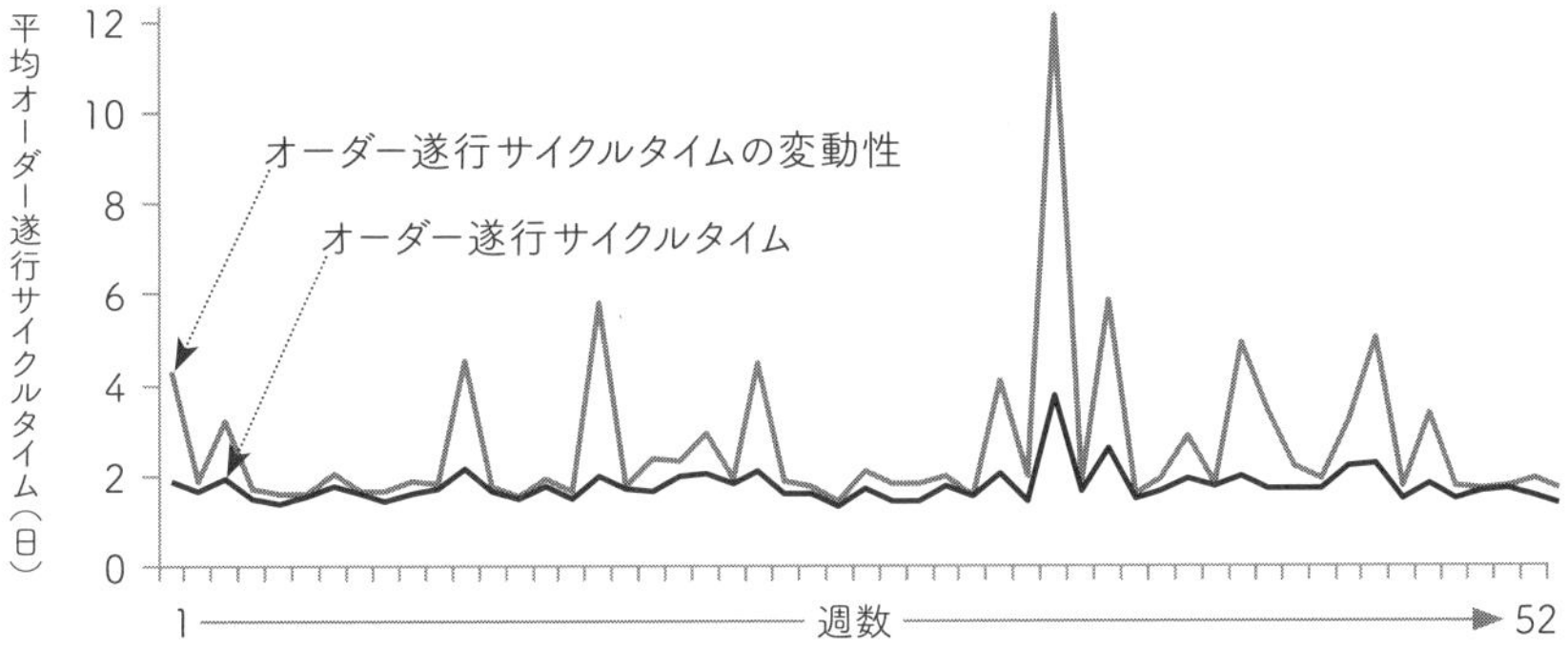

図43　エグゼクトロニクスのオーダー遂行サイクルタイムの分布

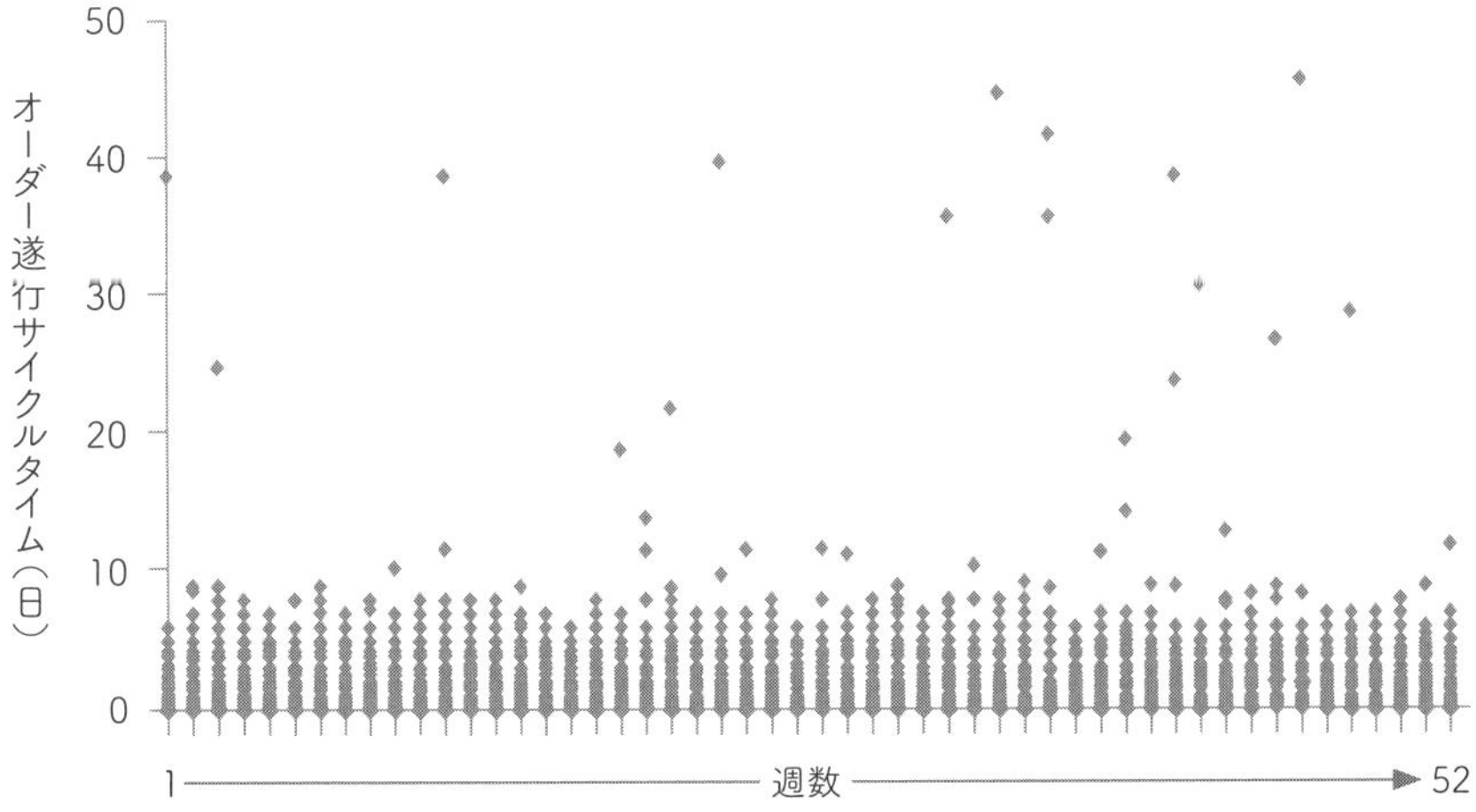

も心得ていた。そしてデータの収集やパフォーマンスの監視には業界の標準的な定義を使用していた。しかし、より広範なプロセスのパフォーマンスの測定結果を出すときに平均値を用いたのが間違いだった。メトリクスの報告書の内容が従業員や顧客の意見と食い違ったときは、測定対象を調査するだけではなく、測定したものをどのように表しているかという点も見直すべきである。

測定プログラムの有効性を確保する

効果的な管理ツールとするためには、サプライチェーンメトリクス活用において、いくつかのプラクティスを取り入れる必要がある。

計画と予算に定量的目標を組み込む

もし物流コストの削減が優先事項ならば、コスト削減目標を組み込むように予算の前提を調整する。その際、物流ネットワークの再編や新たな物流サービスプロバイダーの参画に必要なコストやリソースも、すべて含まれるようにしなければならない。

意味のある目標を設定する

目標は個人レベルと部門レベル（製品ライン、ビジネス部門、地域など）の両方で設定すべきであり、いずれも全社的な目標とリンクしていなければならない。例えば、安価、あるいは無料の配送を計画している場合、物流センターの目標は急配の割合を通常よりも低く抑えることになるだろう。プロセスの変化を追跡するために、実際の配送料や急配コストを抑えるための新たなプラクティス（オーダー遂行リードタイムの順守など）の導入率を測定したりすることが考えられる。

進捗を追跡する

進捗状況を効果的に追跡するためには、巧みに定義したメカニズムやプロセスを確実に機能させる必要がある。この章は「測定できないものは管理できない」という言葉で始まった。顧客オーダーの遂行時間の監視を計画しているのならば、主要プロセスの1つひとつの作業を確実にとらえることができるシステムが必要だ。そして、オーダー遂行の経過時間の定義を、自社と顧客で必ず一致させる必要がある。

パフォーマンスの異常を見極める

適切に管理できていないプロセスを検知するために必要な測定精度はどのレベルなのかも理解し、そのレベルで確実に測定するようにする。データの表示の仕方によって、起きていることを把握する能力は大きく左右される。リードタイムが求められる水準にあるかどうか判断するためには、プロセスを全体として見るだけではなく、個々のオーダーにまで掘り下げて調査できるようにしておくことが必要だ。

第5章のまとめ

- メトリクスは企業のビジネス戦略と結びつけなければならない。例えばビジネス戦略でイノベーションの卓越性を目指しているならば、イノベーションがどれほど優れているかを測定する必要がある。
- パフォーマンスの全体像を把握するためには、バランスの取れた包括的なメトリクスを選択する必要がある。全員が同じ方法で測定できるように、曖昧さのないメトリクスを設定すること。
- メトリクスを活用して持続的な改善を促す。具体的なパフォーマンス改善の取り組みを計画し、積極的かつ達成可能な改善目標を設定する。
- 実現可能なパフォーマンスのレベルや、そのレベルに到達するプラクティスを理解するために、ベンチマーク分析を実施する。
- 組織全体に向けてメトリクスを可視化し、定期的に監視する。

レノボ

フルスピードで前へ

「レノボのグローバル展開にともない、我々は包括的な『グローバル・ローカル』戦略の一環として、より深く世界の主要市場に根を伸ばそうとしています。販売チームやマーケティングチームをローカライズするだけでなく、さらなる製造拠点の強化やR&Dへの投資を進め、そして現地のトップレベルの人材を獲得し、競争上の強みや勝てるビジネスを確立するための戦力にしています。グローバルな拡大をローカルな卓越性で支えることで、ビジネス戦略をより徹底的に実行できる体制になりました。我々はスピードと効率をさらに向上させつつ、最高のイノベーション、品質、顧客サービスも推進しています。これは当社の強力な差別化ポイントであり、世界中の顧客をより良く理解して奉仕することに役立っています」

——レノボ会長兼CEO、楊元慶《ヤンユリンチン》氏

2012年、レノボはノースカロライナ州ホウィットセットに製造工場を建設する計画を発表した。中国の巨大パソコンメーカーであるレノボが初めて米国に建設する同工場では、市販向け「Think」ブランドのコンピュータを製造する見通しだ。*

＊2013年1月より操業開始
http://www.lenovo.com/lenovo/us/en/commitment_to_the_customer.html

この発表は業界の専門家の大きな関心を呼んだが、それも当然のことだった。過去数十年にわたり、ほとんどのパソコンメーカーが製造ラインを人件費の安い地域（アジアやメキシコなど）に置いてきたからだ。

しかし常識外れのように見えたこの決断は、より速く信頼できる方法で顧客に製品を届けるというレノボの目標に完璧に合致していたのである。同社グローバルマニュファクチャリング担当バイスプレジデントのジョン・イーガン氏は次のように述べた。「米国で製造を行うのは難しいというのが一般通念です。しかし我々は、収益性と同じように応答性や柔軟性も追い求めています。顧客の近くに工場を置くことによって、サプライチェーンがこの戦略を確実に支えられるようになるのです」

実際に、レノボが最も成長力のある世界有数のパソコンメーカーになる過程で、常識にとらわれない同社のサプライチェーンマネジメントが力を発揮してきたのである。ノートパソコンやデスクトップパソコンで最も知られる同社では、１６０カ国で2万９０００人の従業員が働いている。特に中国ではパソコン市場の34％を占めるトップ企業であり、1万５０００店の小売店を展開している。２０１１年度（２０１１年4月31日～２０１２年3月31日）の売上は２９６億ドルだった。

新興企業から急成長企業へ

レノボが中国以外で知られるようになったのは、ここ10年ほどのことである。柳伝志《リュウチュアンチー》氏ら11人が１９８４年に立ち上げた同社は、当初は中国科学院計算所新技術発展公司という名称で、輸入パソコンを販売していた。

柳氏の指揮のもと、同社は間もなくLegend Holdingsと名称を変えたが、初期の事業は順調ではなかった。そこでギアを入れ替え、ＩＢＭのパソコンで漢字が使えるようにする回路基板、「漢カード」の製造を開始した。中国でパソコン需要が増加するタイミングで発売された漢カードは大きな成功を収めた。

勢いに乗ったLegendは、中国市場向けのパソコンの製造に進出した。外国の競合企業が中国に進出し始めた１９９０年代初めに、同社は自社ブランドのパソコン第1号を発売した。手頃な価格と製品の革新性が人気を呼び、Legendはあっという間に市場シェアを獲得した。例えば中国企業でPentiumのチップをパソコンに搭載したのはLegendが初めてだった。しかもそのパソコンを、競合他社の遅いパソコンよりも安く販売したのである。Legendは間もなく中国のパソコン最大手になり、収益の90％以上は中国で獲得していた。

中国で強力なポジションを確立したLegendは、世界進出に照準を合わせた。当時CEOに就任していた楊元慶氏は、新たな出発を記念して社名をレノボ（Lenovo）に改称した。Legendの「Le」と、ラテン語で「新たに始める」という意味の「novo」を合わせた単語である。

レノボは徐々に成長するという選択肢は選ばず、２００５年に、ＩＢＭのパーソナル・コンピューティング部門を買収するという大胆な手を打った。ＩＢＭは１９８１年にパソコンを生み出した企業である。レノボは一夜にして世界第3位のパソコンメーカーになり、グローバルな事業展開地域と、大企業、官公庁、教育機関を中心に世界中で使用されている製品ライン（ノートパソコンのThinkPadとデスクトップパソコンのThinkCentre）を獲得した。

しかし買収によって大きな課題も発生した。２つの異なるサプライチェーンを統合するだけでなく、サプライチェーン全体の可視性を高めなければならなかったのだ。需給計画は特に困難であり、在庫の陳腐化という慢性的な問題として表れていた。レノボは、イノベーションに対する評判や高い成長力を損なわずに、こうした問題に対処することを迫られた。新製品が次々に登場し、製品ライフサイクルが製品によっては6カ月しかもたない同業界において、これを実現することは至難の業であった。

安定化と変革

買収で新体制となったレノボの最優先事項は、ThinkPadの生産を止めることなくグローバルなビジネスを安定化させることだった。そのためには、オペレーションの幅と深さを速やかに拡大すると同時に、オペレーションの推進と管理に求められる専門知識も強化する必要があった。さまざまな競合企業のベストプラクティスに関する知識を得るために、同社はただちに各社の人材を上級幹部に登用した。

統合サプライチェーン組織

変革の取り組みを指揮したのは、外部から登用された幹部の1人で、現在北米地域のプレジデントを務めるゲリー・スミス氏である。この取り組みの鍵は、サプライチェーンの主な機能を中央のグローバル組織に統合することだった。スミス氏は次のように説明する。「オペレーションの改善を迅速に進めるために、1つの管理構造のもとに受注から現金回収までのすべての機能が完全に統合された、全体を網羅するグローバルレベルでのサプライチェーン管理が必要でした。これを実現することで、実行スピード、敏捷性、コスト、品質の面で重要なメリットがもたらされました」

メトリクスの改革

この第1段階で、同社のサプライチェーン組織はプロセスとメトリクスの大がかりな再評価を実施した。買収時点では合わせて129ものメトリクスが存在し、有意義な測定ができない状態だった。スミス氏は次のように述べている。「各自がそれぞれのやり方で測定していました。ごく小さな分野にまでKPIが設定されており、各担当者は自分のKPIを測定してこう言うのです。『私の目標は達成しています。なぜ改善する必要があるのですか?』」

同社は徐々にメトリクスを減らしていき、大規模なプロセスの再評価を始めてから2年後には5つの重要なメトリクスに絞り込んだ。製品の納入パフォーマンス、キャッシュサイクルタイム、品質、原材料コスト、サプライチェーン総コストである。これらのメトリクスによって、サプライチェーン全体のパフォーマンスの良し悪しをはっきりと見通しやすくなった。

同社のサプライチェーン組織は、メトリクスの改革と並行して需給管理プロセスの徹底的な見直しも進め、連携の取れた需給分析のスケジュールを整備し、実行責任と説明責任を一貫性のあるものにした。また最近では世界で統合された計画系システムを導入し、予期せぬ需要変動に対処する能力をさらに強化している。

防御と攻撃

外部から登用した上級幹部は、レノボに新鮮なものの見方と豊かな業界経験をもたらした。しかし同時に、レノボ、IBM、そして新たに採用した人材の大部分が以前勤めていた競合企業のマネジメント手法との違いをめぐる対立が発生した。金融危機によって収益――特にThinkPadが上げる収益――が激減すると、この溝はさらに鮮明になった。

CEOの楊元慶氏は、統合を推進しつつ、急成長企業としてのポジションを確立する戦略を打ち出した。「防御と攻撃」と名付けられたこの戦略は、同社のコア――IBMから引き継いだ成熟市場の法人顧客と中国のレノボの顧客――を守ると同時に、新たな成長機会――成熟市場の小売・消費者向け部門と中国以外の新興市場への拡大――への挑戦も目指すものだった。

得意客

レノボの当面の目標の1つは、IBMから引き継いだ法人向けビジネスを防御して強化し、再び黒字化して成長路線に戻すことであった。このビジネスの「得意客」は主に大企業と公的セクターの顧客であり、Thinkファミリー製品の根強い支持者が多かった。彼らは特殊な、あるいはカスタマイズされたハードウエアを、ソフトウエアソリューションとセットにして大量に購入する傾向があった。

得意客への働きかけでは、レノボは主に直接的な販売力に頼っている。例えば顧客に電話をかける内勤スタッフ、顧客を訪問する外勤スタッフ、技術の専門家などである。受注やオプションの選択を電子的に行うことで、顧客の要求事項は簡単に生産オーダーに変換でき、プロセスの途中で情報が失われることもない。

得意客はしばしば、応答性や納入時間を最適化するために、流通業者やビジネスパートナー（付加価値再販業者など）にレノボ製品を発注することがある。再販業者は必要に応じて、レノボのサービスを補完する独自サービスを付け加えて販売する。再販業者は、レノボのサービスや製品を販売することによって報酬を受け取る。

中国

中国事業については、市場リーダーとしての地位をさらに強化しつつ、収益性も改善することを決定した。そして主要戦略として小売店の拡大に取り組み、素晴らしい成功を収めた。

今やレノボは中国を代表するブランドになったが、これには中国全域にある1万5000以上のレノボブランドの店舗が少なからず貢献している。メガストアからごく小さな店までさまざまな規模の店舗があり、同社の多様な製品――ノートパソコン、デスクトップパソコン、オールインワンパソコン、そしてスマートフォンやタブレットなどのモバイル端末――を消費者に知ってもらう場になっている。サービスが行き届いていない地域が多い農村部では、今後さらに店舗を増やしていく計画だ。

成熟市場と新興市場の一般顧客

成熟市場の消費者や中小企業、そして新興市場のすべてのセグメントにも、大きな成長機会があった。これらの「一般顧客」は通常個別にパソコンを購入し、購入量も少なく（通常は一度に1台）、価格や入手の可否を重視する。また、1年の決まった時期に購入する場合が多い。

レノボは中国で小売店拡大戦略が成功したことを励みに、インドでも同様のアプローチを推進中だ。同社はインドで急速にレノボ専門店（LES）やLESライトを増やしている。LESライトはLESよりも品揃えが少なく、面積も150～200平方フィートほどの小さな店舗を指す。インド国内の店舗数は2011年に1000店に到達した。

2系統のオペレーションモデル

革新的で手頃な価格の製品を幅広い顧客に提供するために、レノボは2つの異なるオペレーションモデルを生み出した。スミス氏は次のように述べた。「我々は得意客向けのサプライチェーンと一般顧客向けのサプライチェーンを開発しました。どちらも迅速なイノベーションと顧客サービスを重視していますが、2つの顧客セグメントに固有の要求事項を満たすために、構造が異なるのです」

得意客向けサプライチェーン

「応答型オペレーションモデル」とも呼ばれる得意客向けサプライチェーンの当初の資産配置とプロセス構造は、主にIBMのパーソナル・コンピューティング部門の買収でもたらされたものである。レノボによると得意客向けのコンピュータには「大幅なカスタマイズ」が施されている。製品は大口顧客の個別の要求事項に合わせて構成され、多くの場合、一度の注文で大量に販売される。

得意客向けの製品は、EMSのパートナー企業がレノボの工場で製造・組立を行う。生産ラインで出来上がったコンピュータは、納入に求められるスピードに基づいて航空便か船便を選び、直接顧客に出荷される。

レノボは、各顧客に特有の要求事項に応えるためにプロセスの柔軟性を維持しつつ、サプライチェーン全体で製品の大量生産を実現している。カスタマイズされたソフトウエアを求める顧客に対しては、同社のイメージング・テクノロジー・センターが、ソフトウエア構成の策定や購入済みシステムとの適合性の確認を支援する。その後、ソフトウエアのイメージを自社工場または世界各地のODM*の工場に送り、コンピュータのハードドライブに組み込む。標準的なシステムをベースに性能の拡張（メモリの増設や特殊な周辺機器など）を考える顧客に対しては、ホウィットセット（米国ノースカロライナ州）などに開設した第2段階の作業を行う場所で対応する。このような施設で、ソフトウエア、周辺機器、カスタマイズ済みの資産管理タグをコンピュータに同梱して出荷するのである。どちらの場合も、顧客が目にするのは製品の最終状態だけであり、その背後にあるいくつものステップが意識されることはない。

* orignail design manufacturer. 受託者（製造者）に製品の設計から生産までを依頼する方法

応答型オペレーションモデルにはいくつもの明確なメリットがある。生産能力の大部分を自社で持つため、厳しい品質基準や顧客の特殊な要求事項への対応が容易である。さらに、キャパシティーのスケジューリングで順番待ちをする必要がないため、特定製品の需要が想定外に増えた場合でも迅速に反応しやすい。自社で生産することにより、他社と設計の受け渡しをするときに発生するミスも回避できる。また、コモディティ化が進む業界において重要な資産である知的財産も、より安全に守ることができる。

2011年のタイの洪水で生じたような供給の混乱への対応も容易になる。イーガン氏は次のように述べた。「いくつかの製品で必要な容量のハードドライブを入手することができなくなり、記憶容量の少ないハードドライブに適合するように早急に製品構成を変更する必要が生じました。しかし自社で製造していたおかげで、すばやく変更することができたのです」

一般顧客向けサプライチェーン

一般顧客向けのコンピュータについては、レノボが「効率型オペレーションモデル」と呼ぶアプローチで生産や納入が行われる。このモデルではODMの工場や一部の自社工場で、計画に沿ってパソコンを大量生産する。流通業者や小売業者への即時出荷に備えるために、レノボが作成する地域別需要予測に基づき、ODMはいくつかの製品モデルを設計・製造して保管する。効率型オペレーションモデルは、中国と台湾を中心としたレノボのODMネットワークおよび中国国内の一部の自社工場を活用している。

一般顧客をめぐる競争は極めて激しく、適切な量の製品を、季節ごとの市場の需要に合わせて出荷できるかどうかが成功を左右する。レノボのセールスアカウント責任者と需要アナリストは緊密に連携し、小売客から入手した予測や過去のデータを活用して需要予測の正確性を確保している。

合流ポイント

レノボの2つのサプライチェーンは別々に稼働しているものの、共通部分をシェアすることによってスケールメリットを発揮している。例えば原材料や部品の調達、倉庫保管、製品の流通といった分野である。

また、顧客、コスト、輸入や税制の仕組みが独特な国においても、2つのサプライチェーンをシェアする。例えばブラジル、アルゼンチン、インドでは、法人向け、消費者向け、中小企業向けの幅広い製品を生産する現地工場を設置している。

資産配置に関する意思決定の方法は、大ざっぱに言ってどちらのサプライチェーンも同じである。製品の大部分は中国で製造される。ただしリードタイムが重要な製品の場合は、納入の所要時間を短縮するために顧客の近くに工場を置き、輸送コストや輸入コストの上昇も防いでいる。こうした理由から、レノボは南北アメリカに出荷するThink製品（デスクトップパソコン、エンジニアリングワークステーション、サービスを含む）をメキシコで大量に製造し、同じ製品でも欧州向けのものはハンガリーの請負業者が製造している。イーガン氏は次のように述べる。「カスタマイズ済み製品を8日以内に出荷することが目標です」

現在レノボは8つの製造工場を所有し、欧州、中国、南米の24カ所の製造業者と協力している。同社は台湾のODMであるコンパルエレクトロニクスとの合弁事業によって、中国でのデスクトップパソコン、ノートパソコン、オールインワンパソコンの生産能力を強化した。またNECとの合弁事業は、レノボが日本でトップシェアのパソコンブランドになることに貢献した。最近ではパソコン、タブレット、携帯電話メーカーのCCEを買収し、ブラジルでの事業展開を拡大した［図44］。

④ Shara Tibken, "Lenovo Exec: We Didn't Realize How Big Touch Would Be," CNET, December 5, 2012. http://news.cnet.com/8301-1001_3-57557355-92/lenovo-exec-we-didnt-realize-how-big-touch-would-be/

図44　レノボのハイブリッド型製造ネットワーク

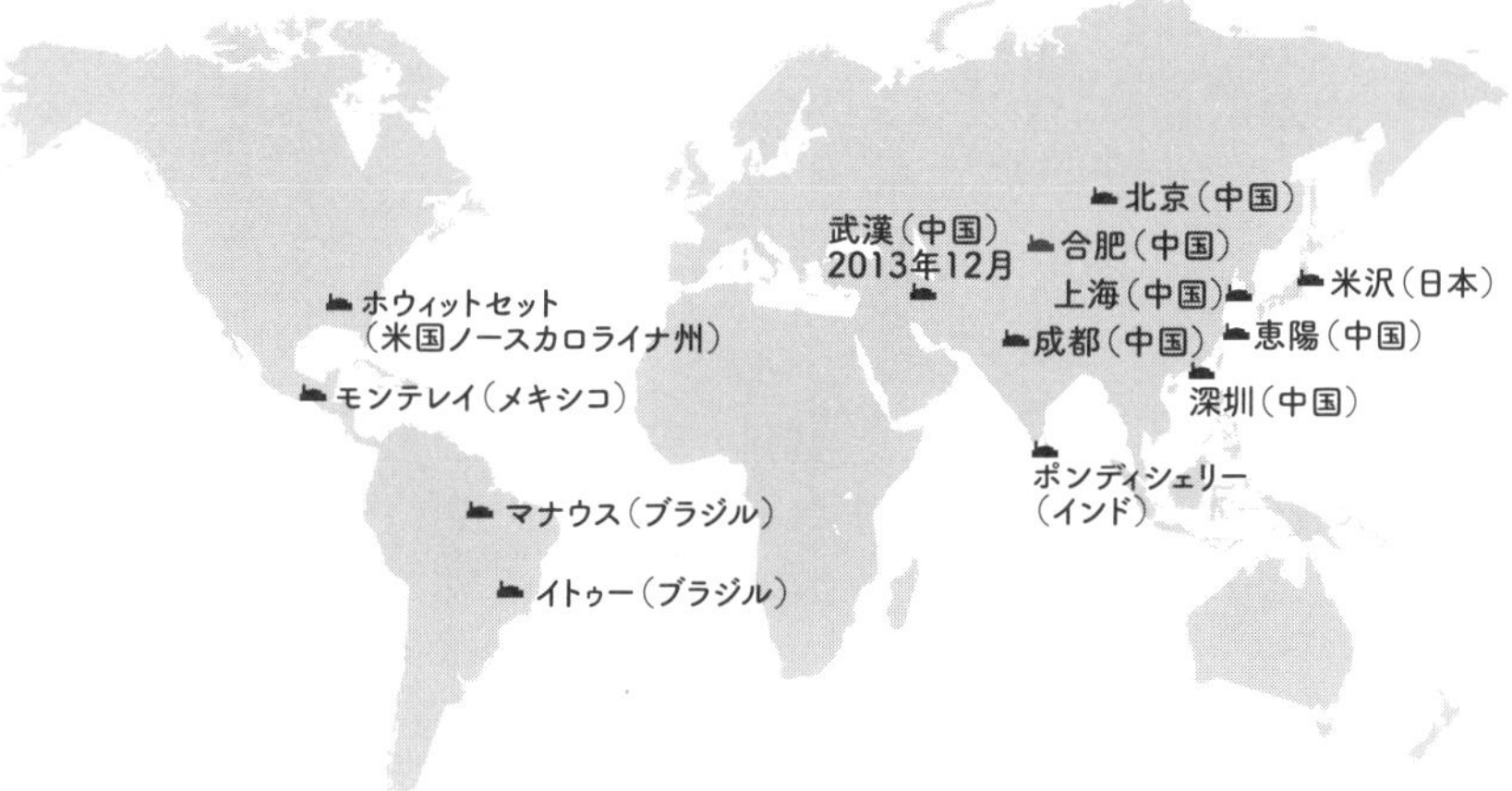

11カ所の自社工場（2013年末には12カ所）
合肥はコンパルエレクトロニクスとの合弁事業、米沢はNECとの合弁事業。
レノボ製品は中国、欧州、南米の24カ所の委託先でも生産される。

出典：レノボ

将来の成長を具現化する

レノボの急成長の勢いが近いうちに衰える兆しはない。競合企業がパソコンの販売数を大きく減らす中、レノボは中国市場や世界の法人向け市場での強みを主な武器にして、着実に市場シェアを伸ばし続けてきた。現在は新興市場のほか、一部の成熟市場の大きな成長機会にフォーカスして収益を再投資している。米国市場はその筆頭だ。レノボの目標は米国市場でナンバーワンになることであり、ノースカロライナ州に新設される工場が目標達成に貢献する見通しだ[4]。

レノボの躍進を支える革新的な製品は、今後も同社の成長戦略の推進役になるだろう。同社は収益の大半を製品開発に再投資しており、パソコン売上高に対するR&D投資額の比率は業界最高だ。同社は中国の北京、深圳、上海、日本の横浜、米国ノースカロライナ州のモリスビルにグローバルR&Dセンターを置いている。特に重点的に投資しているのは、24カ月以内に製品化できるコンセプトの開発だ。これらのR&Dセンターでは、得意客の固有の要求事項に合わせた構成を容易に実現できる、高度な設計の製品を開発している。

それと同時に、タブレット型に変形できるノートパソコンのIdeapad Yogaなど、消費者向け製品の分野で新たな形状デザインの実験も進めている。モバイルコンピューティングに対する消費者の需要が伸び続けていることを受けて、レノボもスマートフォンやタブレットの市場で事業を拡大し、さらにはスマートテレビにも進出している。

とはいえ、R&Dは方程式の一部でしかない。革新的な製品を市場に投入し続けるには、そのための必要事項を満たせるサプライベースが不可欠だ。イーガン氏は次のように述べている。「Yoga製品の生産には新たなコモディティとサプライヤーが必要でした。設計者と生産チームとの広範なコラボレーションが求められ、上海の工場にYoga用のキャパシティーを用意する必要もありました」

評価と適応を繰り返すことを通して、レノボは競争上の強みの確固とした源となる、応答性、柔軟性、効率性に優れたサプライチェーンを作り上げた。今後も同社のサプライチェーンは、「防御と攻撃」戦略の推進役として、引き続きビジネスの成功を牽引する重要な役割を果たしていくだろう。

第6章

ベストインクラスのサプライチェーン

ベンチマーク分析のデータによると、サプライチェーンのパフォーマンスが優れている企業は財務パフォーマンスも優れている。ベストインクラスの企業は、競争の中で自社を差別化するために、計画、調達、生産、納入のプロセスで、ある特定のプラクティスに磨きをかけると同時に、サプライチェーンの複雑性を管理して、強みに変えている。本章ではベストインクラスを目指す企業が活用できるプラクティスを紹介し、それによって実現される改善機会の大きさも解説する。

大半の企業がサプライチェーンパフォーマンスの重要性を認識しているが、優良企業はそれをビジネスの成功に活用する方法を知っている。

PwCパフォーマンス・メジャーメント・グループ（PMG）は、本書のためにベストインクラス企業（BICC）を複数調査した（コラム「サプライチェーンパフォーマンスのベンチマーク分析」256頁参照）。PMGはBICCの収益成長率や利益率がしばしば競合他社を上回ることを突き止めた。この調査の結果や、長年クライアントに携わってきた経験は、このことを裏付けている①（コラム「PMGについて」259頁参照）。

PMGの調査の結果、BICCはサプライチェーンの重要な領域――キャッシュサイクルタイムやサプライチェーン総コストなど――において卓越することで、極めて大きな価値を獲得していることがわかった。こうした企業のベストプラクティスは、業界を問わずあらゆる企業の参考になる。

またPMGの調査ではサプライチェーンパフォーマンスに関する3つの重要な事実が浮かび上がった。

● 優れたサプライチェーンパフォーマンスは優れた財務パフォーマンスと関連することが多い。
● 計画、調達、生産、納入において、ある特定のプラクティスに秀でている企業は、競争力を得ることができる。
● 複雑性を巧みに管理すると、競争上の強みを生み出す源泉となる。

① See also *Next-Generation Supply Chains: Efficient, Fast, and Tailored*, Global Supply Chain Survey 2013, PwC, 2012.

② PMGはこの調査のために、多様な業界から集めた何百にも及ぶ企業の詳細情報を含むデータベースから、48の企業を選出した（データベースはPMGのベンチマーキングにより構築されたものである）。まず、定量・定性・その他詳細を含んだデータのみ選出され、またそのデータの中から、質が高いデータのみが今回選出された。この48企業のうち、12企業がBICCとして判断されている。

サプライチェーンパフォーマンスと財務パフォーマンスの関係

PMGの研究では、優れたサプライチェーンパフォーマンスと優れた財務パフォーマンスの関係が明らかになった。サプライチェーンパフォーマンスがトップレベルの企業は、財務面の主要メトリクスでも同業他社のスコアを上回っている。

PMGの調査データ②によると、BICCの年平均売上成長率は同業他社を約50％上回り、利益率は約20％高かった。BICCは純資産回転率のスコアも優れており、業界平均を約50％上回っている〔図45〕。

ベストインクラスという名の通り、BICCはサプライチェーンパフォーマンスも優れている。それでは、どれほど優れているのだろうか。図46（次頁）に5つの主要メトリクスに関するパフォーマンスデータを示した。

図45　売上成長率、利益率、純資産回転率

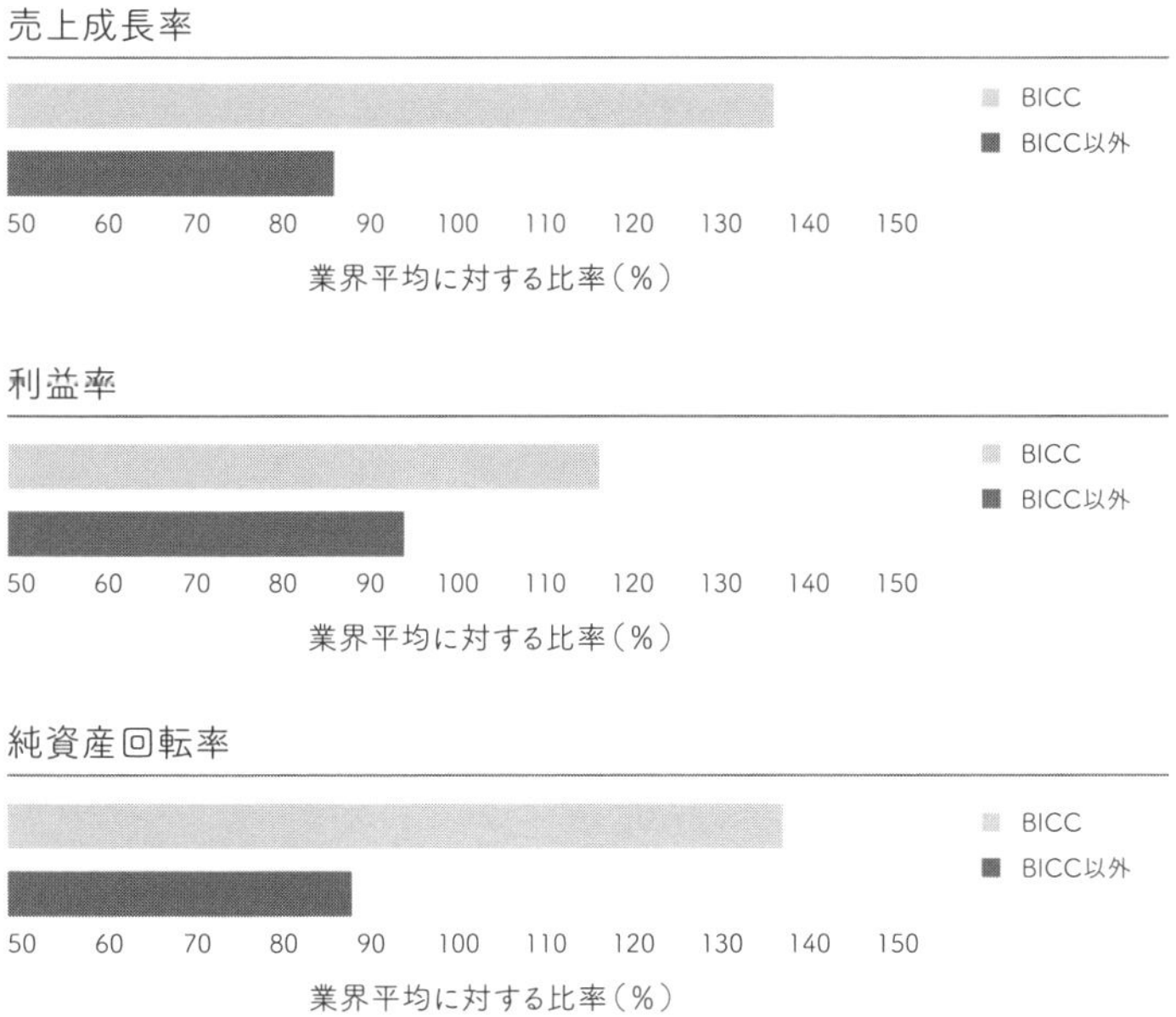

© *SC2 Book Analysis*, PMG, 2012

図46　BICCインデックスのメトリクスのパフォーマンス

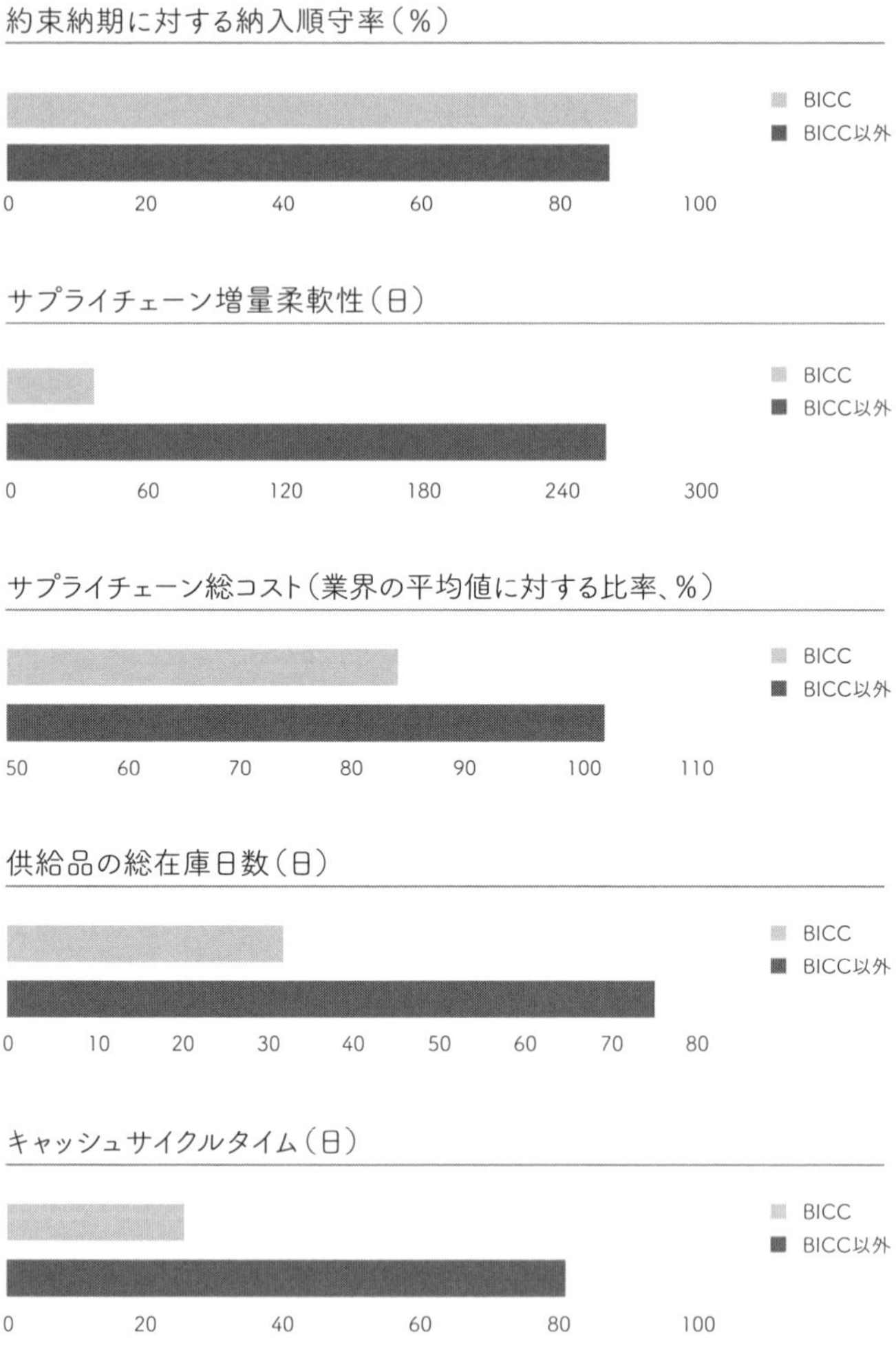

© *SC2 Book Analysis*, PMG, 2012

●顧客要求に対する納期順守率に優れる　BICCでは、顧客が要求した期日で納入するスケジュールを組み、約束した期日に納入を完了する率が高い。優れた納入パフォーマンスを実現することで顧客の満足度やロイヤルティーが上がり、このことが売上や市場シェアの拡大に貢献している。

●サプライチェーン増量柔軟性に優れる　BICCでは一般的に、需要が突然急増した場合の対応が競合他社よりもすばやい。需要の増加を反映して生産を増やすスピードは競合他社の6倍以上だった。この結果が物語るのは、BICCが必要なもの――労働力であれ、原材料であれ、生産能力であれ――を獲得したり、迅速に生産力を上げたりする能力に長けているということだ。不安定さを増す今日のビジネス環境において、柔軟性は急速に競争に不可欠な要素となりつつある。最近の調査によると、サプライチェーン担当幹部は柔軟性について、コストや顧客サービス、収益性に匹敵するほど重要なものと考えている③。

●サプライチェーン総コストが低い　業界平均と比較すると、BICCのサプライチェーン総コストは平均的な企業よりも15%以上優れていた。バランスの取れた包括的なメトリクスを用いてBICCを調査したところ、柔軟性やサービスレベルを犠牲にすることなく資産やコストを巧みに管理している企業の例を見つけることができた。

●総在庫量が少ない　BICCがオペレーションで維持する在庫はわずか1カ月分ほどだ。これに対し競合他社では、この2～3倍の在庫を抱えている。在庫量を低く抑えることで、キャッシュフローを劇的に向上させることが可能だ。納入パフォーマンスを犠牲にせずに在庫量を抑えられるのは、BICCのサプライチェーンプラクティスが優れていることの証である。

●キャッシュサイクルタイムが短い　供給品の在庫日数が極めて短いことは、キャッシュサイクルタイムの短さと強い相関関係がある。キャッシュサイクルタイムは、支出した現金が売上とし

③ *Next-Generation Supply Chains: Efficient, Fast, and Tailored*, Global Supply Chain Survey 2013, PwC, 2012.

て現金に変わるまでの所要時間と定義され、在庫日数に売上債権回転日数を足し、仕入債務回転日数を差し引いて計算する。BICCのキャッシュサイクルタイムは約3週間だが、中央値の企業ではこの3倍以上を要している。

BICCと同業他社との差の大きさはメトリクスによって幅がある。例えば、コスト面よりも在庫管理のメトリクスのほうが、BICCの優秀さが際立っている。全体的に見ても、BICCとそれ以外の企業との間にはかなりの差がある。ベストインクラスの仲間入りを狙う企業にとっては、それだけ獲得できるメリットも大きいという意味で注目すべきである。

サプライチェーンパフォーマンスを向上させる

BICCは製品やサービスを顧客に届けるうえで最も重要なポイントを知っており、かつそこに磨きをかけているため、サプライチェーンに関するメトリクスで一貫して同業他社を上回る。

PMGのサプライチェーン成熟度モデルを用いると、BICCおよびその他の企業が実施しているサプライチェーンプラクティスをハイレベルな視点で見ることができる。このフレームワークでは計画、調達、生産、納入プロセスにおける何十種類ものプラクティスが成熟度ステージごとに詳述されている［図47］④。PMGのベンチマーク調査では通常、参加企業が自組織で採用しているプラクティスと最も近いプラクティスを回答する。この回答に基づいて、PMGは各組織のプラクティスの成熟度を評価し、個々のプラクティスとパフォーマンスとの関係を検証している。

この分野に関するPMGの分析では、優れたサプライチェーンパフォーマンスを実現している企業により広く見られるプラクティスに焦点を当てる。特に重視するのは、相対的に成熟したプラク

④ 6つの主要プロセスのうち、返品（第5のプロセス）とイネーブルメント（第6のプロセス）はPGMのベンチマーキング分析には含まれていない。

図47　サプライチェーン成熟度モデル

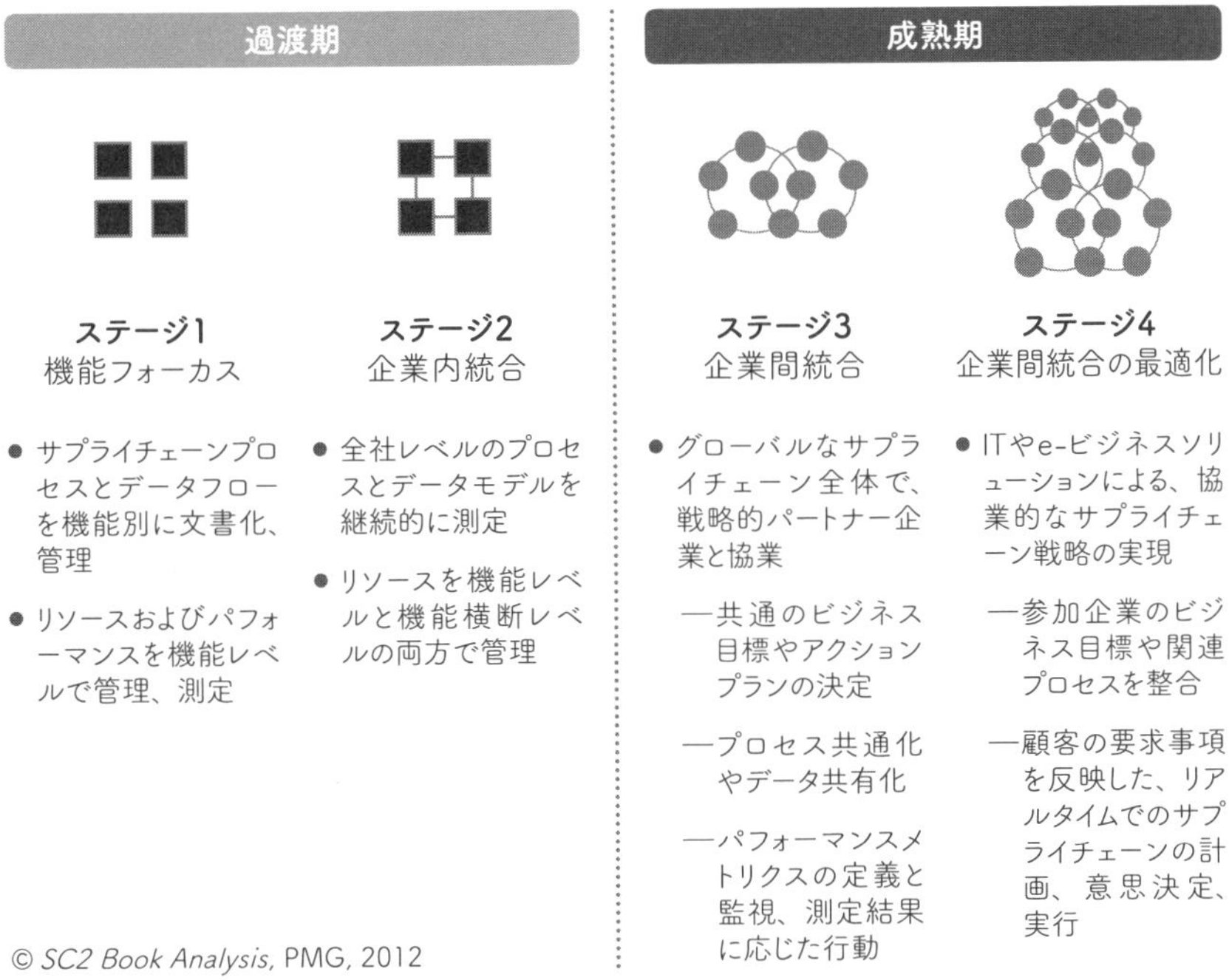

過渡期		成熟期	
ステージ1 機能フォーカス	**ステージ2** 企業内統合	**ステージ3** 企業間統合	**ステージ4** 企業間統合の最適化
● サプライチェーンプロセスとデータフローを機能別に文書化、管理 ● リソースおよびパフォーマンスを機能レベルで管理、測定	● 全社レベルのプロセスとデータモデルを継続的に測定 ● リソースを機能レベルと機能横断レベルの両方で管理	● グローバルなサプライチェーン全体で、戦略的パートナー企業と協業 ―共通のビジネス目標やアクションプランの決定 ―プロセス共通化やデータ共有化 ―パフォーマンスメトリクスの定義と監視、測定結果に応じた行動	● ITやe-ビジネスソリューションによる、協業的なサプライチェーン戦略の実現 ―参加企業のビジネス目標や関連プロセスを整合 ―顧客の要求事項を反映した、リアルタイムでのサプライチェーンの計画、意思決定、実行

© SC2 Book Analysis, PMG, 2012

ティスであるステージ3とステージ4のプラクティスだ。母集団よりも、BICCではステージ3およびステージ4のプラクティスの導入率が非常に高い。議論の便宜上、本章ではこれらの比較的成熟度が高いものを「差別化要因」プラクティスと呼ぶことにする。PMGのデータは、差別化要因が大幅な業績向上に貢献することを示している。一方、PMGの調査に参加した企業の65%以上が使用しているプラクティスを「広範囲採用」プラクティスと呼ぶ。これは業界で競争するためにすべての企業が取り入れるべき基本的なプラクティスである。

ここからの議論は、主に差別化要因に焦点を当てて進める。こちらのほうが、BICCではない企業にとって学ぶべき点が多く、大きなチャンスがあるからだ。一部の重要なサプライチェーンプラクティスが含まれていないが、それは決してそのプラクティスに意味がないということではない。PMGのサンプル企業での評価において関連性が見られなかったということである。

計画プロセス

サプライチェーンの主要プロセスのうち、差別化要因が最も多いのが計画プロセスである。需要予測の精度を改善し、顧客やサプライヤーと効果的に連携するために、BICCが成熟度の高い計画プロセスやシステムの開発に、より重点的に取り組んでいることは明らかだ。計画プロセスに関する差別化要因を詳細に調査したところ、BICCの次の特徴が判明した。

- 長期的な戦略計画の策定に関し、より活発に顧客やサプライヤーと協業している。
- 主要サプライヤーを供給計画プロセスに組み込んでいる。
- 想定外の需給変動について、顧客やサプライヤーとの間でルールや要求事項を明確に定めている。
- 機能横断的な観点から想定外の需給変動に対処している。

これらの特徴は、同調査で判明した別の知見と併せて考えると、より興味深いものとなる。BICCの数量ベースの予測精度が、それ以外の企業と比べて18%高いことがわかったのだ。明らかに、BICCを差別化する卓越した計画プロセスが需要予測の正確性に貢献していると言えるだろう。

計画プロセスはサプライチェーン全体のパフォーマンスのまとめ役であり、BICCは計画プロセスに注力し、サプライチェーンにおける有益な情報へのアクセスを確保している。そして、入手した情報を処理して迅速で的確な意思決定に役立てることも重要だと考えている。迅速で的確な意思決定を行動に変えることができれば、それは差別化できる能力となる。BICCはこれを、より良いサービスを柔軟かつ安価に提供することに活用している。

調達プロセス

改善の余地が最も大きい計画プロセスに対し、調達プロセスはすでに最も進んでいる分野である。調査で例示した調達に関するプラクティスのほとんどが、調査対象企業の少なくとも15%で採用されていた。その中には「広範囲採用」のカテゴリーに該当するプラクティスもあった。例えば機能横断的な調達チームの活用、総コストを最小化するための調達戦略の策定、調達プロセスへのサプライヤーの統合などのプラクティスである。

それでもやはり、いくつかのプラクティスについてＢＩＣＣは他の企業と一線を画している。計画分野と同様に、ＢＩＣＣはサプライヤーとの協業的なインタラクションをより高いレベルで実現している。調達プロセスで見られるＢＩＣＣの特徴は次の通りである。

- 電子データ交換（ＥＤＩ）によってリアルタイムデータを取得している。
- サプライヤーとの間でより深く充実したデータを共有している（需要予測、在庫水準、生産スケジュール、設計変更、パフォーマンススコアカードなど）。
- 単に値下げ圧力をかけるのではなく、プロセス改善プログラムに共同で取り組んでコスト削減を図っている。

ＢＩＣＣから得られる教訓は明らかだ。調達分野では大半の企業がベストプラクティスを導入しているが、ＢＩＣＣはさらに一歩先を進んでいる。より多くの自社データをサプライヤーと共有することと引き替えに、リアルタイムデータへのアクセスを強化し、コスト削減努力への参画を進めている。これらの取り組みを通して、サプライヤーとさらに深く効果的な関係を築いているのだ。

生産プロセス

生産プロセスには、各社が独自に改善を重ねてきた長い歴史がある。生産プロセスのプラクティスの多くは調査対象企業の間で広く採用されていた。ほぼすべての企業がサイクルタイムの短縮や工場内在庫の削減にシステマチックな手法を使用しており、迅速な異常の検知、生産の優先順位やスケジュールの変更、顧客やサプライヤーへの影響の連絡を実行していた。

一方BICCは、生産活動において「プル型」のメカニズムをより広範に利用している。だが最も顕著な差別化要因は、製品設計や製品ライフサイクル管理への生産機能の参画である。BICCは、製造性を考慮した設計（DFM）のプラクティスや、マスカスタマイゼーション*、ポストポーンメントを活用している。その結果、新製品を大量生産するまでの時間が競合企業よりも短く、信頼性やコスト面でも勝っている。

納入プロセス

過去10年間で納入プロセスにおける信頼性や顧客サービスに注目が集まるようになったこともあり、納入のコアなプラクティスの多くがすでに広く採用されている。その中心となるのがオーダー遂行であり、そこには基本的な取引情報の自動化、注文ステータスの報告、納期の約束などが含まれる。

BICCは、サプライチェーンのリソース配置を決定する際に、顧客やサプライヤー、そしてベンチマーク分析を考慮しており、納入プロセスを幅広い視点で捉えている。また顧客セグメントの違いに合わせてサプライチェーンのサービスのレベルや方針を変える割合が、BICCではない企

＊ コンピュータ等の技術を駆使し、顧客独自のニーズに応えるべくカスタマイズを加える一方で、コストを抑えた大量生産を維持すること

業の3倍だった。さらに、速さ、柔軟性、品揃え、コスト、新製品発売に対する各顧客セグメントのニーズに応じて、個々のサプライチェーンを調整している割合も大きかった。PwCの2013年版グローバル・サプライチェーン・サーベイが示すように、BICCが運用するサプライチェーンパターンやオペレーションモデルは平均的な企業よりも40％多かった⑤。

調整されたサプライチェーンを優れた計画プロセスと連動して展開していることが、BICCの成功の大きな要因である。こうした企業では従来のトレードオフの障壁を克服し、サービス、柔軟性、コスト、運転資本について優れたパフォーマンスを実現しているのだ。

サプライチェーンの戦略、組織、パフォーマンス管理

BICCは主要サプライチェーンプロセスに横串を通すプラクティスも採用している。BICCでは戦略、プロセス、組織、コラボレーション、パフォーマンス測定に関して連携の取れたプラクティスを採用しているケースが多く、これはPMGの経験とも一致している。BICCに顕著に見られる特徴は次の通りである。

- 計画、調達、生産、納入、返品の全体にわたって統合されたプロセスアーキテクチャーを構築し、製品開発、販売、マーケティング、財務の各機能との関連を明確に定義している。
- エンドツーエンドのパフォーマンスのメトリクスと目標（キャッシュサイクルタイム、サプライチェーン総コストなど重要な基準を含む）を確立している。
- サプライチェーンの複雑性を増大させる要因を測定し、KPIに含めている。
- サプライチェーンに必要な能力を定義し、採用、人員配置、教育計画に反映させている。

⑤ *Next-Generation Supply Chains: Efficient, Fast, and Tailored*, Global Supply Chain Survey 2013, PwC, 2012.

BICCはサプライチェーンパフォーマンスの位置づけをビジネス全体の優先事項にまで高め、これらをより明確に定義して管理している。こうした企業は、計画、調達、生産、納入において独自のプラクティスに力を入れることで、サプライチェーン全体でより優れたオペレーションを実現している。それと並行して本書の「5つの原則」を活用し、そのパフォーマンスレベルを維持している。

複雑性を克服して優れたパフォーマンスを目指す

サプライチェーンパフォーマンスを向上させるには成熟したプラクティスの導入が不可欠だ。とはいえ、ベストインクラスを目指す企業には、それ以外にも考慮すべきことがある。今日の世界的なビジネス環境において極めて重要な要素、すなわち複雑性の問題だ。

複雑性の定義

複雑性には大きく3つの種類がある［表15］。複雑性の原因の中で最も重要なものは何だろうか。調査対象企業の75%以上が、複雑性が増す最大の要因は、製品あるいは直接原材料の数だと回答した⑥。

複雑性を差別化に活用するBICC

BICCは、一般的な複雑化の要因に競合他社とは異なる方法で対処して

表15　サプライチェーンの複雑性の定義

製品とサービス	完成した製品のアイテムの数で表される。新製品の発売数、季節的な変動、パッケージ原材料の違いなども含めることができる
サプライチェーンのパターンと構造	サプライチェーンに関するあらゆる関係者や構成要素の数。例えば製造工場、物流センター、オーダー、顧客の数など
サプライチェーンマネジメントのプロセスとシステム	サプライチェーン全体で導入されているITシステムの種類。オーダー遂行システム、オペレーション管理システム、倉庫管理システムなどが含まれる

いる。彼らの目標は必ずしも複雑性を最小化することではなく、あくまでビジネス戦略を念頭に置いて複雑性を管理することである。

製品

PMGの調査によれば、製品やサービスの数はサプライチェーンパフォーマンスに大きな影響を与える。BICCとそれ以外の企業では、在庫管理単位（SKU）の数に明らかな違いがある［図48］。

調査対象企業が製品数を増やす最も重要な要因だと答えた項目、すなわち毎年の新製品発売数を見ると、BICCとその他の企業にはかなり大きな差があった⑦。PMGのベンチマーク分析によると、BICCが発売する新製品はBICCではない競合企業の半分未満である［図49］。

SKU数を削減するためには、既存の製品ラインの中で利益の少ないものを合理化する必要がある。それと同時に、製品ラインの中で新製品のパフォーマンスが最も高くなるように、新製品発売プロセスを管理することも重要だ。

図48　完成品アイテムの数（SKU）

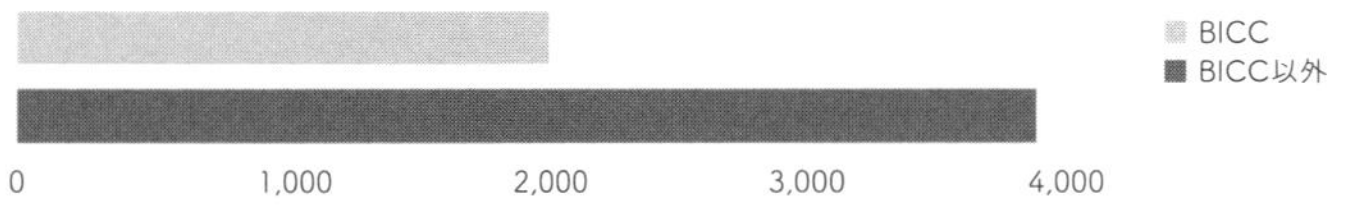

© SC2 Book Analysis, PMG, 2012

図49　新製品発売数

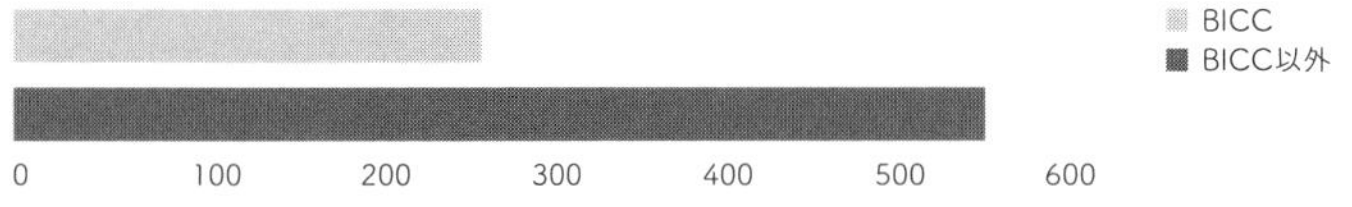

© SC2 Book Analysis, PMG, 2012

⑦ ここでの新製品発売数は、前会計年度中に加えられた新製品コードの総数を使用。

⑥ 複雑性マネジメントについて、複数の企業間での比較分析を行うにあたり、PMGは各要素を売上原価（COGS）で割ることでデータの標準化を行った。例えば、生産拠点の分析では、実際の生産拠点数ではなく、COGS10億ドル当たりの生産拠点数を使用した。これらの分析では、PMGは各製品・企業のマージンの差の影響を避けるため、売上ではなくCOGSを使用。

サプライチェーンのパターン

ＢＩＣＣはあらゆる種類の複雑性を排除しているわけではない。実際のところ、彼らの製造拠点、物流センター、顧客の数は母集団と比べてもかなり多い〔図50〕。

ＩＴシステム

ＢＩＣＣでは競合企業と比べて使用しているシステムやアプリケーションの数がはるかに少ない〔図51〕。彼らの使用するシステムは10種類だ。多いと感じるかもしれないが、ＢＩＣＣ以外の企業が17種類を使用していることを考えると、そうとは言えない。従って、サプライチェーン全体で使用するシステムの数を減らすことは、パフォーマンスの改善に役立つ可能性がある。

要約すると、ＢＩＣＣは全体的な複雑性を３つの方法で管理している。まず、新製品の発売数が競合他社よりも少なく、製品ラインのＳＫＵの増大を抑えている。さらに、使用するシステムの数を合理化して管理の報告や統制の質を改善している。

それと同時に、ＢＩＣＣは顧客の需要に合わせてサプライチェーンのパターンを変えている。彼らは競争力を得るためには複雑性も必要だと認識し、複雑性の管理の点でより優れたプラクティスを用いている。

ここで紹介したベンチマーク分析のデータは、サプライチェーンパフォーマンスの重要性を説得力をもって示すものだ。優れたサプライチェーンパフォーマンスの企業は、財務面の業績にも優れる。彼らはサプライチェーンの戦略的な可能性を理解し、製品やサービスを顧客に届けるうえで最も重要なプラクティスに磨きをかけている。彼らのプラクティスは、ベストインクラスを目指すあらゆる企業に進むべき方向を提示している。

図50　サプライチェーンのパターンと構造

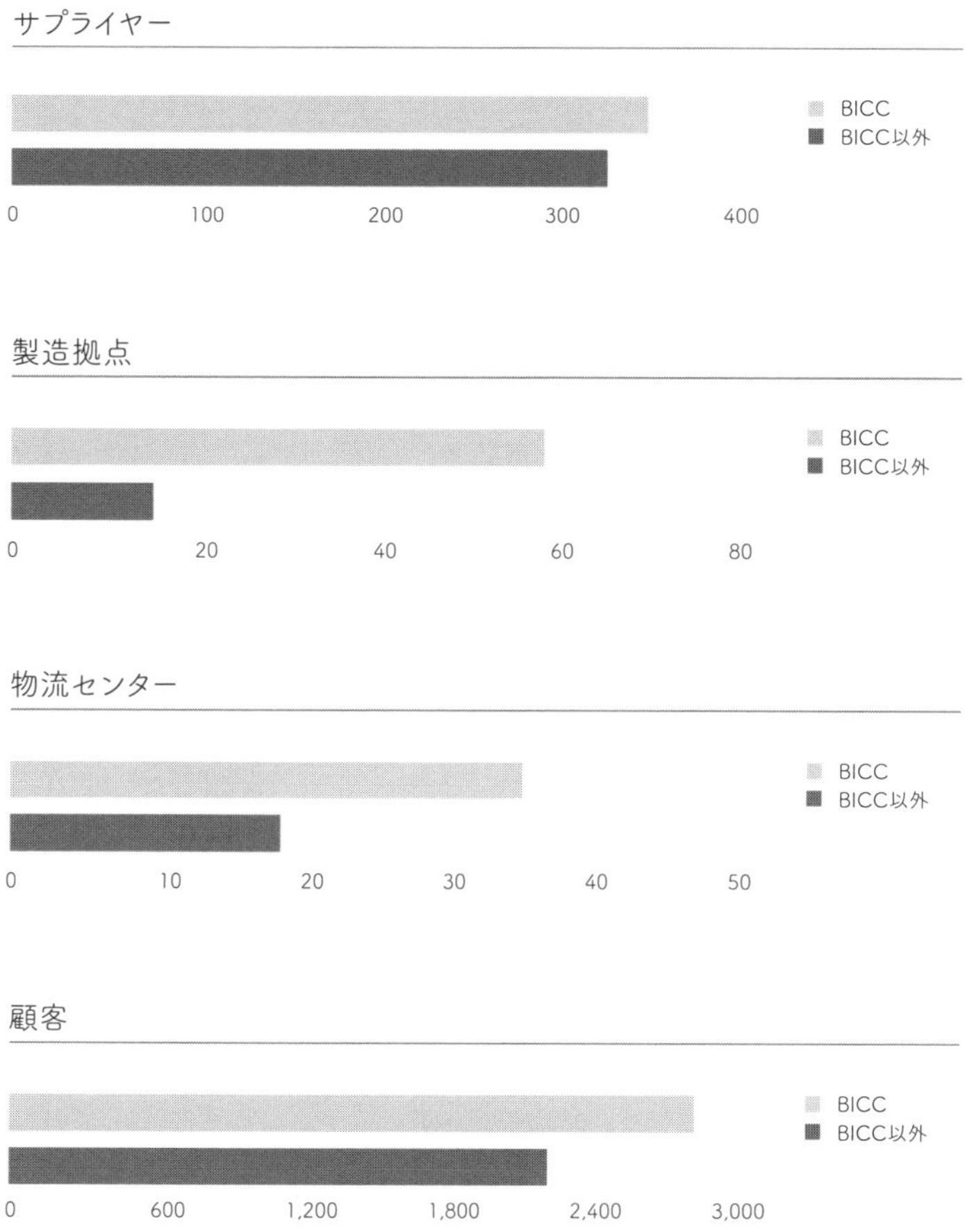

© *SC2 Book Analysis*, PMG, 2012

図51　システムやアプリケーションの種類

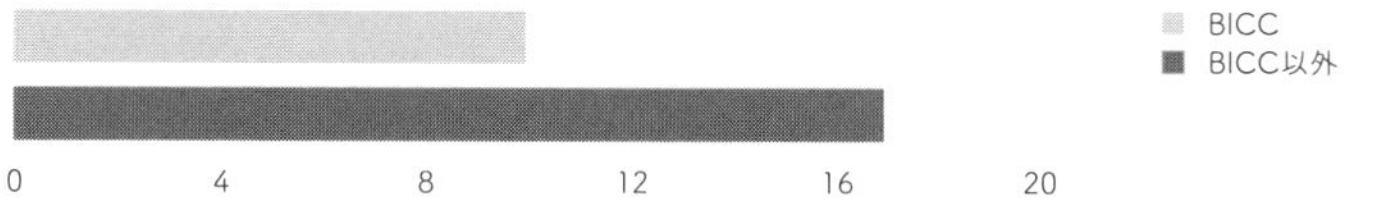

© *SC2 Book Analysis*, PMG, 2012

コラム

サプライチェーンパフォーマンスのベンチマーク分析

質の高いベンチマーク分析の基本は、昔ながらの「アップルトゥーアップル比較」、すなわち同条件における比較である。有効なベンチマーク分析を行うためには、どの企業にも適用できる方法でベンチマークを定義しなければならない。ベンチマークは定量的なもの（メトリクス）でも、定性的なもの（プラクティスの評価）でもよい。メトリクスの場合は、計算式やデータソースを明示する必要がある。プラクティスの評価の場合は、プラクティスの特性評価の方法を詳細に説明し、そのプラクティスが対象組織においてどれほど一貫して使用されているかを評価することが求められる。

BICCインデックス

トップレベルのサプライチェーンパフォーマンスを示す企業を識別するために、PMGは「BICCインデックス」を開発した。このインデックスは5つのメトリクス——約束納期に対する納期順守率、サプライチェーン増量柔軟性、サプライチェーン総コスト、在庫日数、キャッシュサイクルタイム——で構成される。各メトリクスの定義と計算方法は、サプライチェーン・オペレーションズ・レファレンス（SCOR®）モデルのフレームワークに基づいたPMGのサプライチェーン調査で採用しているものと同一である〔表16〕。

BICCインデックスを構成するメトリクスはSCORレベル1の基準である。これらは大局的なメトリクスであり、より詳細なレベル2やレベル3のメトリクスに対する各企業の回答に基づいて計算される。例えば、約束納期に対する納期順守率は、顧客が要望する約束納期に納入したオー

表16　BICCインデックスのメトリクスの概要

メトリクス	定義	選択の根拠
約束納期に対する納期順守率	顧客に約束した期日通りに納入したオーダーの比率を表す、顧客対応のメトリクス	顧客が要望する納期は大きくばらつく可能性があり、企業自身が決める納期に対するパフォーマンスのほうが企業の管理能力が表れる
サプライチェーン増量柔軟性	納入量を持続的に20％増加させるまでに必要な日数（それ以外の制限事項はないと仮定）	より柔軟な生産能力を持つ企業は、より迅速に市場の変化に対応できる
サプライチェーン総コスト	オーダー遂行、原材料の調達、在庫管理、サプライチェーンの財務管理、計画、ITシステムの管理にかかる総コスト。給与、諸給付、土地や施設、一般管理費も含む	サプライチェーン全体のコストを測定する最適な方法である
キャッシュサイクルタイム	原材料調達に使用した現金が、製品を販売することで企業に戻ってくるまでに必要な時間（日数）	買掛金、売掛金、在庫の水準を全体的にとらえるメトリクスである
供給品の在庫日数	在庫で需要を満たせる日数。帳簿に記載され、該当事業がその時点で保有する在庫のみを対象とする	このメトリクスは業界の区別なく使用される。資産を効率的に利用し、無駄のないサプライチェーンであることを示す

ダーの数を、納入したオーダー全体の数で割ることで算出できる。

この調査における定量的調査には、サプライチェーンのオペレーションにさらなる知見をもたらす質問も含まれる。例えば、出荷日の何週間前までに確実な需要予測が必要かといった質問だ。

正規化

業界による偏りを避けるために、BICCインデックスの5つのメトリクスに対する各企業のパフォーマンスは、属する業界に応じて正規化されている。言い換えると、個々の企業のパフォーマンスは、そのメトリクスの業界平均で割った値で表されている。例えば、ある消費財メーカーの納入パフォーマンスが99%で、消費財業界の納入パフォーマンスの平均が90%だったとする。この場合、正規化した納入パフォーマンスは99÷90、すなわち1.1である。BICCインデックスは、5つのメトリクスに対する正規化したパフォーマンスの合計を表している。

もちろん、BICCインデックスに含まれるメトリクス以外にも、サプライチェーン全体のパフォーマンスの測定に適した基準は存在する。例えば、純資産回転率は今も広く使用されているメトリクスだ。しかしこのメトリクスは資本構成（短期および長期の資産負債比率）に左右されるため、BICCインデックスには含まれていない。同様に、オーダー遂行リードタイムは、主として使用するオペレーションモデルによって大きく異なる可能性があるため、インデックスから除外されている。

コラム

PMGについて

本書で紹介したベンチマークのデータおよび分析結果は、PwCの社内組織であるパフォーマンス・メジャーメント・グループ（PMG）が実施した調査から抽出したものである。現在のPMGのメンバーである、サプライチェーンパフォーマンスのメトリクスの設計および測定の専門家たちは、1990年代のSCORモデルの開発において重要な役割を果たした。

PMGは世界各国の企業を対象に継続的にベンチマーク調査を実施し、サプライチェーンパフォーマンスにおいて中間的な企業とベストインクラスの企業のパフォーマンスレベルや、サプライチェーンの現状支配的なプラクティスと今後利用されるであろうプラクティス、関連する複雑性のレベルについて研究している。これらのデータはデータベースに蓄積されており、自社のサプライチェーンパフォーマンスを適切な対照群と比較したいと考える企業は、その企業自身のパフォーマンスやプラクティスを問う広範な質問事項に回答することを条件に、メトリクスの統計値を利用できる。

データの完全性を確保するために、PMGはデータを収集する際に調査参加企業を支援し、論理的な推計方法を提供したうえで、提出されたすべての回答データを評価する。ある質問に対して各企業からの回答数が下限値を超えた場合のみ評価される。極端な外れ値は除外される。PMGは最新の提出データをもとにベンチマークを定期的に更新している。機密性を保持するために、開示するのは統計的なベンチマークデータのみとし、企業独自のデータは含めていない。

第6章のまとめ

- サプライチェーンパフォーマンスがトップレベルの企業は、財務面の主要メトリクスでも競合他社を上回る。
- ベストインクラスの企業は、多様なサプライチェーンのメトリクスで一貫して——しかも大幅に——その他の企業よりも優れたパフォーマンスを示す。なぜなら彼らは、サービスを顧客に届けるうえで最も重要な、計画、調達、生産、納入のプラクティスに磨きをかけているからである。
- サプライチェーンの複雑性を抑えるためには、新製品の導入プロセスを通してSKU数を管理することが最も有効な方法である。

シュルンベルジェ

人材と技術を統合して卓越したサービスを目指す

カリフォルニア州の海岸沿いに「スマート」な家を建てることを想像してみよう。建築に当たり、施主はできる限り最高のプロフェッショナルを雇った。彼らは最適な場所を正確に見極めて基礎を打った。台所、寝室、メディアルームの配線も完璧だった。

不安を抱えながら待つこと数カ月、完成した夢の家についに入居する日がやってきた。配管や空調、熱源、電気系統など、すべてにおいて完璧な仕事がなされている。建築チームは、あらゆる設備が正しく機能することをテストしていた。彼らは入居日以降もかなりの期間、設備が最高の状態で機能していることを確認するために、遠隔操作で監視を続けた。

世界各地の石油・天然ガス田では、この作業の100倍あるいは1000倍も複雑な作業が、より大規模で危険な環境で遂行されている。

1926年創業のシュルンベルジェは世界有数の油田サービス企業であり、油田や天然ガス田を運営する顧客のロジスティック面を日々サポートしている。それがシベリア西部のツンドラ地帯でも、ブラジル沖の深海でも同じことだ。パリ、ヒューストン、ハーグに本社を置くシュルンベルジェは、同業界初の真のグローバル企業である。従業員は11万5000人を超え、世界85カ国の坑井で、年間数千回もサービスを提供する。資源のあるところならどこでも、同社の従業員や機器が活躍している。2011年の収益は395億4000万ドルだった。

シュルンベルジェは探査、開発、生産のあらゆるサービスを提供する。顧客には、エクソンモービルなどのグローバルエネルギー企業や、サウジアラムコなどの国営企業、チェサピークのような独立系企業が含まれる。シュルンベルジェはこうした企業に対し、石油や天然ガスの採掘時だけでなく、顧客が保有する資源のライフサイクル全体を管理するために必要な、ノウハウ、技術、情報ソリューション、統合プロジェクト管理サービスを提供している［図52］。

端的に言うと、シュルンベルジェは従業員と技術を武器に、最も多様なサービスを最も広い地域で提供し、事業遂行への焦点が最も明確なナンバーワン企業なのである。

最初の石油にたどり着く

開発しやすい場所の石油や天然ガスは大半が発見済みで、すでに生産段階にある。そのため、現在の探査活動はますます人里離れた場所で行われるようになっている。こうした地域で貯留層を発見して活用することには大変な困難がともなう。オペレーションに必要

図52　油田ライフサイクル全体に及ぶシュルンベルジェのサービス

シュルンベルジェのサービスは、油田ライフサイクルの3つの段階（探査、開発、生産）を網羅する。

探査　石油会社の研究者が地中に石油や天然ガスが貯留する地点を特定し、シュルンベルジェなどの企業と契約を結んで、地中モデルの構築に必要な地球物理学的・地質学的調査を行う。シュルンベルジェではこの段階を「貯留層の特性評価」と呼ぶ。この段階の目標は、石油や天然ガスが存在する場所や量を把握し、開発が経済的に妥当かどうかを判断することである。貯留層のポテンシャルを確認するには、1つ以上の探査井を掘る必要がある。

開発　石油会社の技術者が貯留層の開発方法を設計し、石油あるいは天然ガスを生産するために坑井を掘削する。この段階の目標は、生産目標を達成するために、できる限り効果的かつ効率的に貯留層に坑井を掘ることである。

生産　坑井のライフサイクル全体にわたって生産を継続できるように、シュルンベルジェが各種のサービスや製品を提供する。この段階の目標は、石油・天然ガスの回収量を最大化することである。

出典：シュルンベルジェ

な人員、設備、技術、原材料を集めることは極めて複雑な作業である。予定通りに掘削作業を開始できない場合、石油会社にはオフショアの深海石油リグ1基につき毎日50万~100万ドルものコストがかかる。収益計上が1日遅れることは言うまでもない。そのためシュルンベルジェは、何事も一度目で確実に完了させる必要がある。リスクが非常に大きい遠隔地でこれを実現するのは、途方もなく困難なことだ。

典型的なオフショアプロジェクトの場合、石油・天然ガス企業は掘削業者から移動式のオノショア掘削ユニットを借りて使用する。オフショアリグ*のプラットフォームには、海底に設置した脚で「ジャッキアップ」するものや、より深い海では掘削船や半潜水型構造物を用いるものなど、さまざまな種類がある。シュルンベルジェは、坑井の掘削から完成までに必要な、ほぼすべての製品とサービスを提供している。

掘削ユニットが指定の掘削場所（この場合は海底）に設置されると、掘削作業が開始される。このとき、ドリル刃や測定器具を坑井の中に送るために、ねじ込み式の30フィートのドリルパイプをつないだドリルストリングを使用する。掘削が進むと、ドリル刃で岩を切削し、切削した岩石を海上に送って分析することが可能になる。時折掘削作業を中断し、掘り出したものを用いて岩石層の物理的特徴を分析する。貯留層に到達すると、ドリルを取り除いてケーシングと呼ばれる鋼鉄管を挿入する。この管はセメントで固定され、保護管として永続的に使用される。ここまで終了すると、バルブや計器を取り付けて坑井が完成する。

実行上の課題

以上は典型的なオフシェア坑井の掘削方法だ。それでは、石油・天然ガス産業が発展途上にある

＊移動式海洋掘削装置

国——例えば東アフリカのモザンビーク——で、ゼロから坑井開発を始めることを想像してみよう。このような場合シュルンベルジェは、坑井開発の準備開始が遅れないように、さらには計画通りに掘削作業が始められるように、適切な人員、設備、インフラを配置しなければならない［図53］。

作業を滞りなく進めるためには包括的な計画が求められる。モザンビークのあるオフショアプロジェクトでは、インフラが限られているため、リソースを配置する作業に通常より時間がかかることを考慮し、6カ月早く計画プロセスが開始された。シュルンベルジェの従業員は準備状況を評価して問題のある部分を特定し、それらを解決するためのアクションプランを策定する。このアプローチは調達、物流、人材、施設などの分野を網羅する。同社で調達のグローバル責任者を務めるフィル・テイヘイラ氏は、次のように述べた。「準備状況の評価はシュルンベルジェの長年の経験に基づいています。スケジュール通りに確実に実行するためには、これが必要不可欠です」

調達

ひとたび坑井でオペレーションが始まれば、さまざまな活動（掘削、ケーシング、データ取得、圧力の監視など）が実施され、多様な技術や原材料が必要となる。シュルンベルジェの製品センターで調達する設備もあれば、外部サプライヤーから調達する設備もあるが、これらは使用する時期の数カ月前に発注する必要がある。現地で調達できるもの（掘削オペレーションに必要な重晶石など）については、そこまで長いリードタイムは要求されないだろうが、坑

図53　シュルンベルジェの実行上の課題

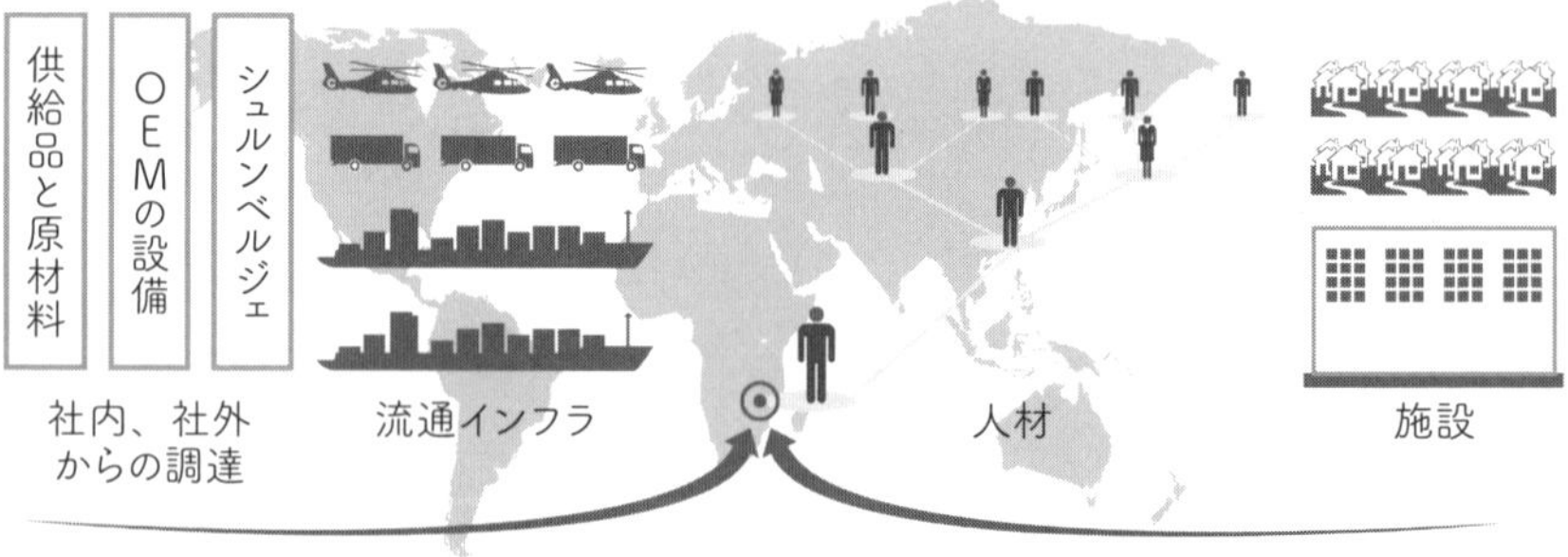

出典：シュルンベルジェ

井の完全性を維持するために慎重な適格性評価プロセスが必要になる。

物流

メキシコ湾の米国側や北海のスコットランド側のようにすでに確立した掘削場所の場合は、必要なインフラがすべて揃っている。設備や原材料を調達する際にサードパーティーの物流プロバイダーを見つけるのも難しくない。

しかし、モザンビークのような遠隔地にまでサービスを提供する体制を整えている物流企業はごくわずかだ。そのためシュルンベルジェは、すべての物資（コンテナー、導管、試験用設備など）が予定通りに同国北部カボ・デルガード州の州都ペンバに到着し、顧客が指定した期日にオペレーションを開始できるように、自社でトラックやチャーター機、民間航空機の手配をする必要がある。シュルンベルジェのトラックを使用する場合もあるし、道路がなければ土木業者と契約を結んで作らせることもある。

人材

坑井へのオペレーション要員の配置はさらなる困難をともなう場合がある。典型的な顧客プロジェクトの場合、現地または地域のオペレーション基地で要員を確保する。しかし一部の国では人材の採用や訓練が非常に難しいことがある。単純にその国に石油・天然ガス産業が発展していなかったり、あるいは教育インフラが整っていなかったりすることが原因で、優秀な人材が限られているのだ。そのためシュルンベルジェは、ビザや労働許可など赴任に必要なあらゆる条件を整えて、その他の地域の従業員を連れてくる。世界各国で1万人を超える「移動可能」な従業員を日々管理することは、それ自体が物流の難題である。

施設

各油田のオペレーションを支援するのがシュルンベルジェの基地であり、ここでは技術者がシュルンベルジェや顧客企業が坑井で使用する設備の保守や修理を行っている。大規模な基地にはオフィス、倉庫、作業場があり、700人もの熟練スタッフが勤務する。

シュルンベルジェは、一定数以上の石油・天然ガス企業が掘削オペレーションに関与している地域には、必ず基地を立ち上げる。まだ十分な量の資源が発見されていない地域の場合は遠隔基地から支援する。モザンビークの例ではアンゴラの基地を使用し、コンテナーを設置して一時的な拠点としている。その後、大量の天然ガスが発見されれば、より永続的な基地を整備する。同社は長年をかけて強固な基地ネットワークを作り上げてきた。現在、世界各地の合計1000を超える基地でオペレーションが行われている。

オフショアリグは自給自足で稼働しており、すべてのスタッフに食事や寝泊まりをする場所が用意されている。しかし地上のスタッフにも生活の場所が必要だ。そこでシュルンベルジェは事前に住宅やアパートを借り上げている。そうした賃貸物件さえ不足している遠隔地では、同社が手配して建設させる場合もある。

サービスのサプライチェーンを機能させる

油田開発の各ステップはいずれも複雑なオペレーションであり、複数のシュルンベルジェの製品ラインが、顧客対応を担当する「ジオマーケット」と緊密に連携して機能している。ジオマーケットとはコア管理、人材（HR）、財務、インフラ面のサポートを提供する組織である。ジオマーケットは世界に30以上存在し、アンゴラのように1つの国だけに対応する場合もあれば、欧州大陸のように多数の国にまたがる場合もある。

グローバル・シェアード・サービス

顧客に価値をもたらすためには、このようなリソースを全社的に調整することが重要である。そこで力を発揮するのがグローバル・シェアード・サービスだ。シュルンベルジェの傘下組織として「機能バックボーン」の役割を果たすグローバル・シェアード・サービスには、1万2000人の従業員が所属し、調達、物流、原材料、施設、情報技術(IT)、契約管理、経理、HR管理といった機能が含まれる。

グローバル・シェアード・サービスは、シュルンベルジェのすべてのジオマーケットの全製品ラインに対してこれらの機能を提供することにより、仕事の標準化やベストプラクティスの活用を実現している。同組織が目指すのは、各機能が現場オペレーションで提供するサポートの質とコスト効率を向上させることであり、さらにはシュルンベルジェが顧客に提供するサービスの質の向上に貢献することである。

「ワン・ファーム(One Firm)」

シュルンベルジェは「ワン・ファーム」というオペレーションプラクティスで組織の敏捷性を高めているが、シェアード・サービス・モデルはこのことを示す格好の例である。グローバル・シェアード・サービスの責任者を務めるステファン・ビゲ氏は次のように指摘する。「他社の場合、子会社や内部の取締役会議を通してからになりますが、当社が関心を持つのは顧客のために物事を実現させることだけです。そこには何の障害物もありません。ただ、電話をかけるだけのことです。初めて進出する国にも、地球の裏側にある国と同じ構造の組織を立ち上げます。そのためコミュニケーションがはるかに容易になり、当社の標準的なプロセスを迅速に実行することができるのです」

最先端の技術と設備のサプライチェーン

顧客の拠点でサービスを実行するためには多数の道具や設備が必要となるが、これらを準備するのがシュルンベルジェの技術開発組織である。この組織は、基礎研究から独自技術の開発、OEMの統合、製品の試験にいたるまで、あらゆる分野を担当する。この組織が開発する技術は、シュルンベルジェと他社との違いを生み出す重要な要素である。

最先端の技術を提供する役割は、リサーチ・エンジニアリング・マニュファクチャリング・サステイニング（REMS）が担う。REMSはシュルンベルジェのすべての製品ラインに関する技術的ニーズに応えるために設立された組織で、約1万人が所属する。REMSには製造センターや設計センターが含まれ、両者が近接して設置されていることも多い。

製品開発

シュルンベルジェは社内外で設備を設計・製造している。社内ではブラジル、英国、サウジアラビア、ロシア、ノルウェー、米国、カナダ、日本、シンガポール、フランスにR&Dセンターを置き、独自のツールや設備を設計・開発している。特に同社のR&D支出は世界一であり、その額は第2位と第3位の企業の合計をも上回る。

有線ロギングツール（検層機器）、すなわち油井の底から電気ケーブル経由で貯留層の特性データを取得する技術を例に説明しよう。ロギングツールは、直径わずか3.375インチの管の中にノートパソコンの10倍に相当する電子機器を搭載している。さらに瞬間的な圧力や極端な振動、最高150℃の高温に耐えることができる。欧州およびアフリカのシェアード・サービスを担当するバイス・プレジデントのマガリ・アンダーソン氏は次のように述べた。「パソコンをコンクリートの床に1000回落として、それからオーブンに入れるようなものです。当社の機器はこのような極端な条件にも対応しなければなりません」

シュルンベルジェはOEMが製造する設備も使用する。「企業間外部統合」と呼ばれるプロセスを通し、サプライヤーはシュルンベルジェの厳密な仕様に基づいてエンジンや変速機などの製品を製造する。信頼性と安全性が不可欠であることから、サプライヤーは事前に徹底的に審査され、品質、信頼性、安全性の基準に照らして評価される。サプライヤーの管理はそれだけでは終わらない。審査に合格したサプライヤーは、シュルンベルジェの技術者とともに仕事をし、生産する製品が必ずシュルンベルジェの高い基準を一貫して満たすようにする。各社のパフォーマンスは四半期に一度のビジネスレビュープロセスで検討される。

製品センター

シュルンベルジェの多様な「製品センター」は、同社の17の製品ライン向けに設備を供給している。例えば坑井サービシズ部門をサポートするのは、米国、フランス、シンガポールの製品センターだ。坑井サービシズ部門の製品センターは、トレーラーやトラック上で実行されたり、オフショアリグや船舶上にスキッド形式で展開されたりする坑井サービスに、ポンプやセメント打ちユニットなどの設備を提供する。また設計管理、調達、製造にも責任を負う。

製品センターには常に供給品の品質や信頼性に関する説明責任がある。各センターは継続的に製品の問題に関するフィードバックを現場担当者に求め、情報を得ている。こうした情報は、問題解決や、将来の使用に向けた設計の改善に生かされる。

例えば、ある種の坑井ポンプで使用される内部吸引ダンパー（ＩＳＤ）の例を見てみよう。製造センターは現場からの幅広いフィードバックを踏まえ、大幅な軽量化とコスト削減を実現しつつ性能も向上させた、新しいＩＳＤを設計した。

内部顧客の意見を把握することは非常に重要である。圧力ポンプおよび化学を担当する製品グループ・サプライチェーンマネジャーのタミー・マカルソ氏は次のように述べた。「私たちは定期的に現場の経験を持つ人材を採用し、製品センターに配属しています。こうすることで製品センターのスタッフは、製品の到着が遅れたり正しく機能しなかったりしたときの顧客の思いを知ることができます。おかげで組織としての完全性が高まるのです」

人材：違いを生み出す

シュルンベルジェの優れたサービスと技術はもちろん重要だが、同社の成功の鍵を握るのは人材だ。サービスの納入で最先端を行く同社は、それを維持するために従業員に多大な投資をする。同社はあらゆる手を尽くして最も優秀な人材を見つけ出し、厳しい訓練やキャリア管理を通して彼らを育成している。

最高の人材を雇用する

シュルンベルジェは毎年大量の――約５０００人もの――技術者や研究者を採用している。条件を満たす人材をこれだけ集めるためには、一流大学で機械、電気、産業工学を学んでいる学生、さらには物理学、化学、地球物理学を学んでいる学生を徹底的に探す必要がある。

新入社員は通常、フィールドエンジニアになる。これは新人にとって重要なポジションだ。一般的に、工学の講義では油井のオペレーションで必要となる実践知識を学ぶことはできないため、フィールドエンジニアは6〜7カ月の集中的な研修プログラムに参加する。シュルンベルジェでは社内の人材から幹部を育成する方針を取っており、研修やジョブローテーションが技術面やマネジメント面の能力開発に重要な役割を果たしている。

フィールドエンジニアは一般的に、昇進してオペレーションマネジャーになる。オペレーションマネジャーは担当する地域またはジオマーケットの特定の製品ラインに責任を負う。例えば東アフリカの掘削オペレーションや、オーストラリアの生産オペレーションといった具合であり、オペレーションマネジャーはそこでの活動に関連する事項を全般的に監督する。マガリ・アンダーソン氏は次のように述べた。「オペレーションマネジャーが、基本的にそのセグメントのビジネスを動かします。顧客の管理、入札への参加、受注の獲得、オペレーションの組織化など、あらゆる仕事が含まれます。つまり小規模な自分の会社を経営するのです」

グローバルな人材プールを開発する

フィールドエンジニアであれ、サービスマネジャーであれ、オペレーションマネジャーであれ、シュルンベルジェはそれぞれの職務について世界的な人材プールを作ることを目標としている。同社は従業員を外国に赴任させ、異なる現地オペレーションや技術開発の方法など、さまざまなことを実地で学ばせる。従業員がスキルや知識を身につけると、次の場所に挑戦するか、本国に戻って働くチャンスが与えられる。同社はこうして従業員を育てると同時に、真に世界的な組織でしか実現しえない従業員の多様性も育んでいるのだ。

オペレーションマネジャーの一部は、さらに上級の管理職に昇進する。実際のところ、同社の上級管理職の多くが現場でキャリアをスタートしている。フィル・テイヘイラ氏は次のように述べる。「シュルンベルジェは高い潜在能力を持った人材に、ビジネス全体を学ぶことを求めます。現場で働いているスタッフに、将来は人事や調達の仕事もさせるでしょう。彼らは上級管理職になるまでにすべての役割を経験し、すべての地域やオペレーションに精通するのです」
シュルンベルジェが専門能力を開発するのは技術者だけには限らない。調達のエキスパートや物流の専門家、IT担当者、経理担当者などの機能スタッフも、能力管理プログラムへの参加が求められる。

顧客の期待を超える

石油・ガス田では多様な技術が活用され、新たなプラクティスも開発されているが、ある懸念を払拭することはできていない。世界には需要を満たすだけのエネルギーがあるのか、ということである。国際エネルギー機関（IEA）の予測によると、一次エネルギーに対する世界の需要は2011年から2035年までに約35%増大する見通しだ。そして石油、天然ガス、石炭が引き続きエネルギー構成の大半を占めるという⑧。

この需要を満たすためには、幅広いエネルギー資源が必要だ。石油や天然ガスに関して言えば、新たな貯留層の大半は不便でアクセスしにくい場所にある。どのような悪条件でも一度目から確実な仕事をするために、シュルンベルジェには今後もこれまでと同様の努力が求められる。つまり、サービス遂行、技術、人材への焦点を維持しつつ、常に顧客の期待を超える仕事を目指すことである。

⑧ *World Energy Outlook 2012*, International Energy Agency, November 12, 2012, 51.

第7章

サプライチェーンの変革

サプライチェーンに変革をもたらすことは容易ではない。その理由の1つは、このような努力には組織内の多くの機能や場所との調整が必要だからだ。顧客、サプライヤー、あるいはその両方が絡むことは言うまでもない。しかも通常のオペレーションを止めずに実行しなければならない。変革によって本当に持続的な結果をもたらすためには、上級幹部やラインマネジャーがどちらも関与する組織的なアプローチが欠かせない。

本書ではサプライチェーンの5つの原則、すなわち戦略、プロセスアーキテクチャー、組織、コラボレーション、パフォーマンスの測定と管理について見てきた。しかしこれらの5原則を結集し、戦略を支えるものとして実行しない限り、真の戦略的な強みは得られない。では、サプライチェーンをより強力な戦略的資産とするために、どのようにこれら5つの原則をまとめればよいのだろうか。

企業改革の取り組みをテーマにした本は数え切れないほどある。しかしこれだけ多くの情報があるにもかかわらず、変革を目指してサプライチェーンの主要部分の改善に取り組んだ企業の多くが失敗してしまう。現実にはこうした努力がかえって業績に悪影響を与えることすらもある。その原因は、サプライチェーンの変革を他分野の変革の取り組みと同列で扱う企業があまりにも多いからである。変革を成功に導くには、サプライチェーンの変革がサプライチェーン特有の難しさをともなうことを認識しなければならない。

まず、サプライチェーンの変革の取り組みではほとんどの場合、組織全体の幅広い機能（製品管理、販売、エンジニアリング、財務など）が関連する。単なるサプライチェーンパフォーマンスの改善ではなく、全社的な変化を取りまとめられるかどうかが重要なのだ。たとえ1つの機能の改善だけに焦点を絞った取り組みであっても、その変更点が世界中の複数の拠点やチームに影響を及ぼす可能性もある。

例えばある企業が、20カ所の生産拠点に標準オペレーションモデルを導入しようとしたとする。オーダー管理、原材料管理、保守など各工場の異なるオペレーションを考慮すると、この取り組みで作業変更が発生するオペレーションチームの数はあっという間に100に達するだろう。企業の

図54　サプライチェーンの変革

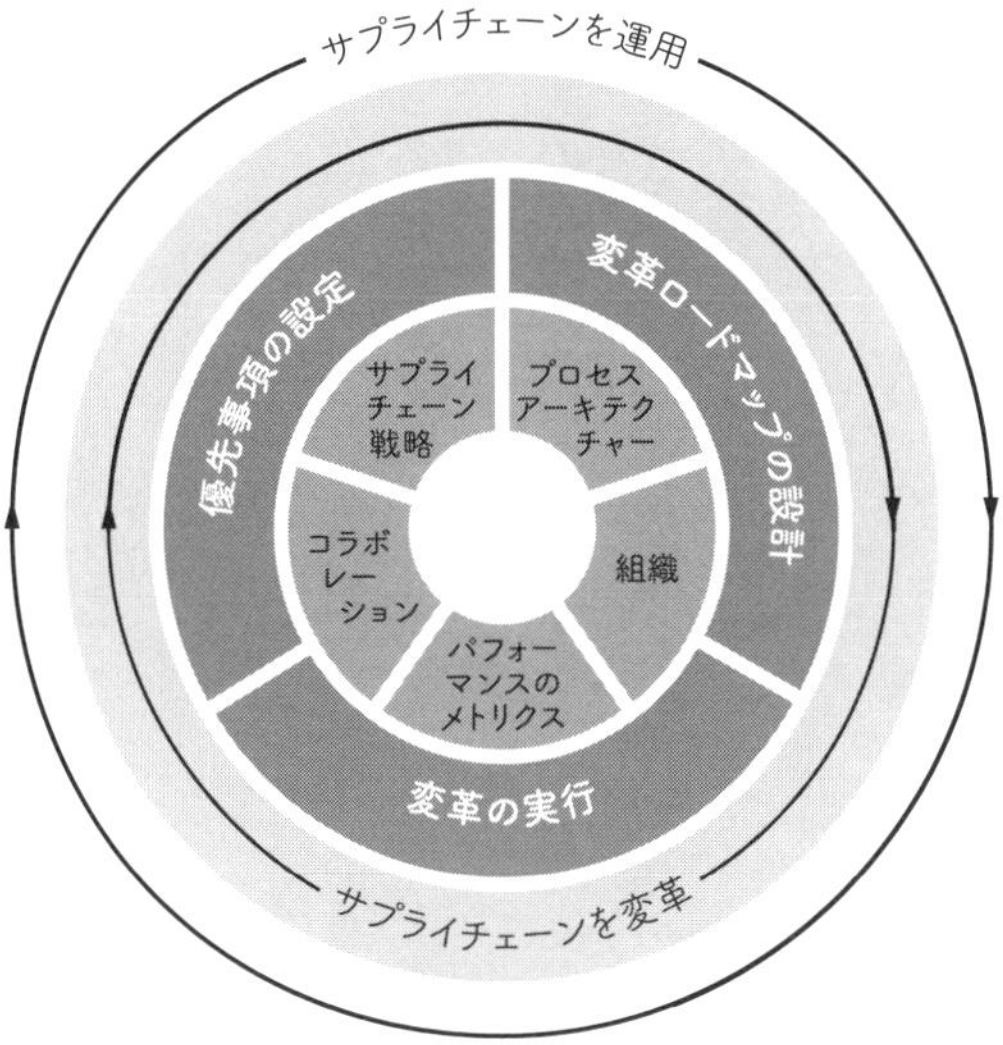

組織構造の1部門だけを対象にしても、この状況である。もし顧客やサプライヤーとのインタラクションも考慮に入れるとすれば、変革の取り組みはさらに複雑になる。

このような課題に加え、サプライチェーンの変革への取り組みは、オペレーションを続けたままで通常のリズムを崩さずに実行しなければならない。社内のプロセス、組織、メトリクスを調整中だからといって、入ってくる注文の処理やサプライヤーとの取引、顧客への納期順守をおろそかにすることはできない。車を走らせながら修理するようなものである。

我々は、こうした難問には4つの段階からなるアプローチで対処するのが最善だという結論に達している。第1段階では戦略目標に基づいて変革の優先事項を設定する。第2段階では変革ロードマップを設計し、第3段階ではソリューションを実行して変化を管理する。最後の第4段階ではサプライチェーンを運用し、パフォーマンスを確実に持続させる［図54］。

どの段階もごくありふれた内容だと思うかもしれない。しかし複雑で部門横断的なサプライチェーンの変革という文脈で考えた場合、各段階には、成功のために考慮しなければならない固有の要件がある。

変革の優先事項を設定する

サプライチェーンの変革は広い範囲に影響を与える可能性があり、多大な投資が必要な場合もある。従ってサプライチェーンを変革する場合は必ず、最初の段階で変革の優先事項を設定する。そのためには変革の規模、組織に与えうる影響、変革を実行する理由について、経営上層部が見解を一致させている必要がある。

ここで1つ明確にしておくことがある。企業のサプライチェーンの変革についての我々の議論は、その企業の基本的なオペレーションには問題がないことを前提とする。もし基本的なプロセス（製品の品質保証など）が機能していなかったり、サプライヤーが納期の約束を守れなかったりする状況ならば、サプライチェーンの変革以前に、その問題を解決しなければならない。

変革の規模について合意する

変革の優先事項を設定するための最初のステップは、必要な変革の範囲と規模について経営上層部が合意を形成することである。そうすることで、必要となるリソース、ガバナンス、スケジュールについて確実に見解を合わせることができる。企業は往々にして、サプライチェーンの改良を成功させるために必要となる時間やリソース、そして経営陣の関与のレベルを過小評価しがちである。それゆえに、見解が一致していることは非常に重要だ。一般に変革の取り組みには少なくとも1年間は必要で、それ以上かかる場合も多い。

サプライチェーンの変革の取り組みは、大きく3つのカテゴリーに分類できる［図55］。スペクトラムの上部に位置する「サプライチェーンのイノベーション」は、企業が業界初――場合によっては世界初――のプラクティスを取り入れるときに実行される。有名な例は、デルの受注生産による

① "Operational Innovation: Fortune Favours the Brave," *Economist Intelligence Unit*, 2007.

図55　サプライチェーンの変革のカテゴリー

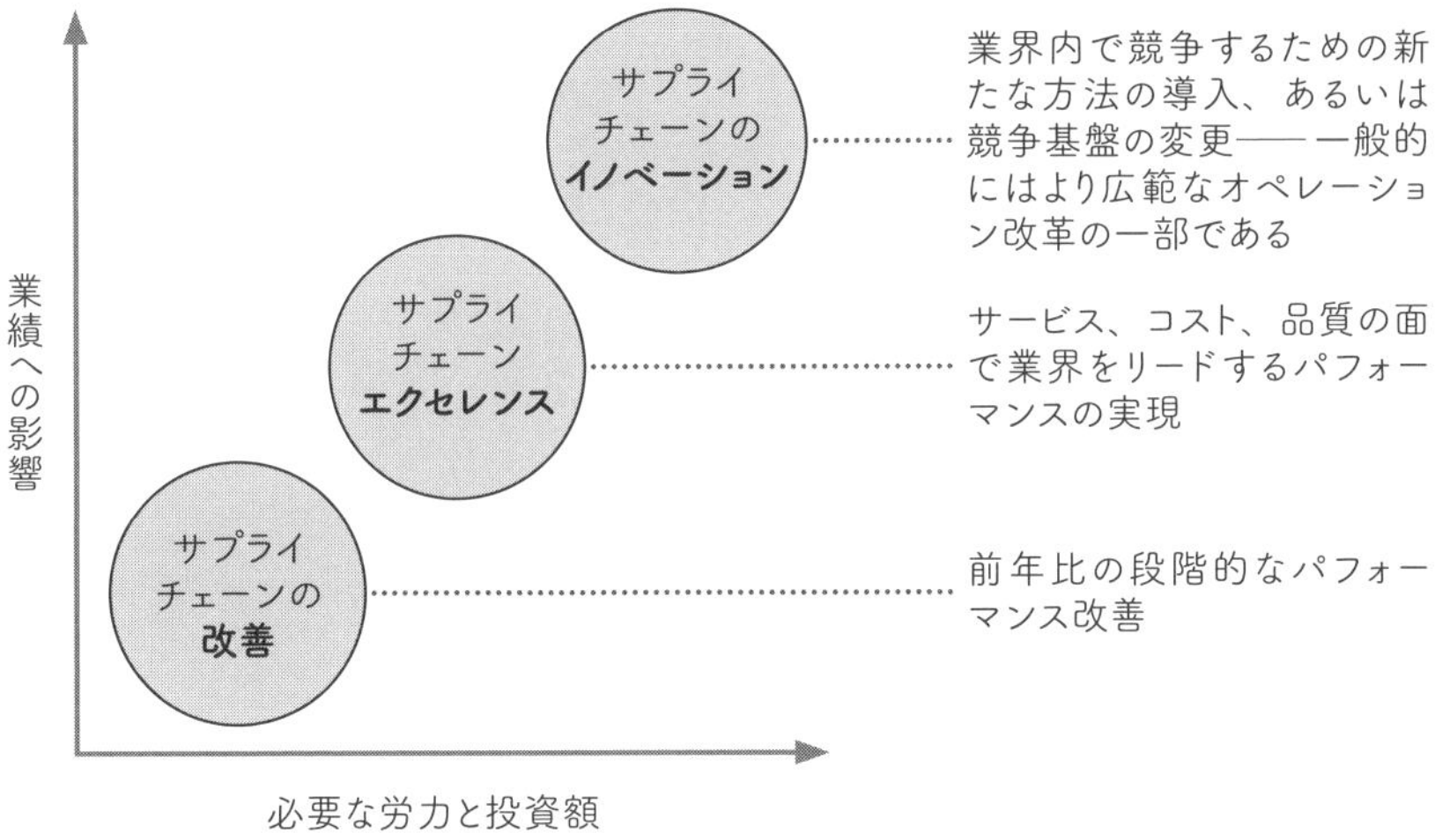
サプライチェーンのイノベーション
業界内で競争するための新たな方法の導入、あるいは競争基盤の変更——一般的にはより広範なオペレーション改革の一部である
サプライチェーンエクセレンス
サービス、コスト、品質の面で業界をリードするパフォーマンスの実現
サプライチェーンの改善
前年比の段階的なパフォーマンス改善
業績への影響
必要な労力と投資額

販売方法や、P&Gの消費者主導型サプライチェーンのイノベーションなどである。

当然のことながら、サプライチェーンのイノベーションが実現されるケースは比較的まれである①。これを実現するには、何年にもわたって多くのリソースをつぎ込み、複数のコアプロセスで大規模な変更を並行して進める必要がある。これは企業の競争基盤を変革（例えばコスト重視からサービス重視のモデルに変更）することと同程度に困難な取り組みだ。このカテゴリーに当てはまる変革では、変更がおよぶ範囲の広さを考慮し、経営陣が直接的にイノベーションの取り組みを監督して、取締役会に定期的に最新の進捗状況を伝える。

スペクトラムの反対側に位置する「サプライチェーンの改善」は、比較的小規模で段階的な変化で構成される。性質的に変革とは言えないが、持続的なパフォーマンスを確保するという点で重要な役割を果たす。通常、このカテゴリーの改善の取り組みはより現場に近い管理者が監督し、長期的に継続される。この取り組みに特化したリソースや、管理面での特別な配慮は不要である。

サプライチェーン変革の取り組みの大半はスペクトラムの中央部、すなわち「サプライチェーンエクセレンス」に当てはまる。「サプライチェーンのイノベーション」と「サプライチェーンの改善」の中間の位置づけだ。このカテゴリーでは、市場シェアや利益率の拡大、運転資本の改善などを目標として、サプライチェーン全体で業界トップレベルのパフォーマンスを実現するための変更が進められる。例えば、製品の発注、生産、納入を容易にするために設計を見直す、世界規模のサプライチェーン計画プロセスを導入する、製造やオーダー遂行を世界レベルではなく各地域で行う方法に移行するといった変化である。「サプライチェーンエクセレンス」の取り組みを実行するにはかなりのリソースと時間が必要だ。そのため、経営上層部の支援を受けて戦略的取り組みとして管理する。

本章では最も一般的な変革のタイプ、すなわち「サプライチェーンエクセレンス」の取り組みに焦点を当てる。本章で紹介するポイントの大半は「サプライチェーンのイノベーション」にも応用可能である。

変革が必要であることを示す

変革の必要性を説得力をもって示すには、サプライチェーンおよびサプライチェーン戦略で最も重要な個々のプロセスについて、具体的なパフォーマンス目標を定めるとよい。手始めとして、サプライチェーンパフォーマンスが市場シェア、利益率、運転資本のパフォーマンスにどれほど貢献できるのかを把握する必要があるだろう。

一般に、企業は変革プロセスの中で評価とベンチマーク分析を実施する。薄型テレビを製造する架空の企業、コンシューマー・エレクトロニクス・カンパニー（CEC）を例に説明しよう。CECの販売地域はアジア太平洋、南北アメリカ、欧州・中東・アフリカの3つであり、25カ国以上で販売活動をしている。同社はそれぞれの地域に存在する2種類の主な顧客セグメント、すなわち流通業者と小規模な専門小売店に製品を提供している。製造施設の大半はアジアにあるが、東欧にも1カ所、EU向け製品の工場がある。主要市場には地域レベルの物流センターを置き、迅速な納入を促進している。

CECの主な競争基盤は顧客体験であり、納入が極めて重要な要素である。ところが、比較的利

図56　サプライチェーン目標とビジネス目標の整合

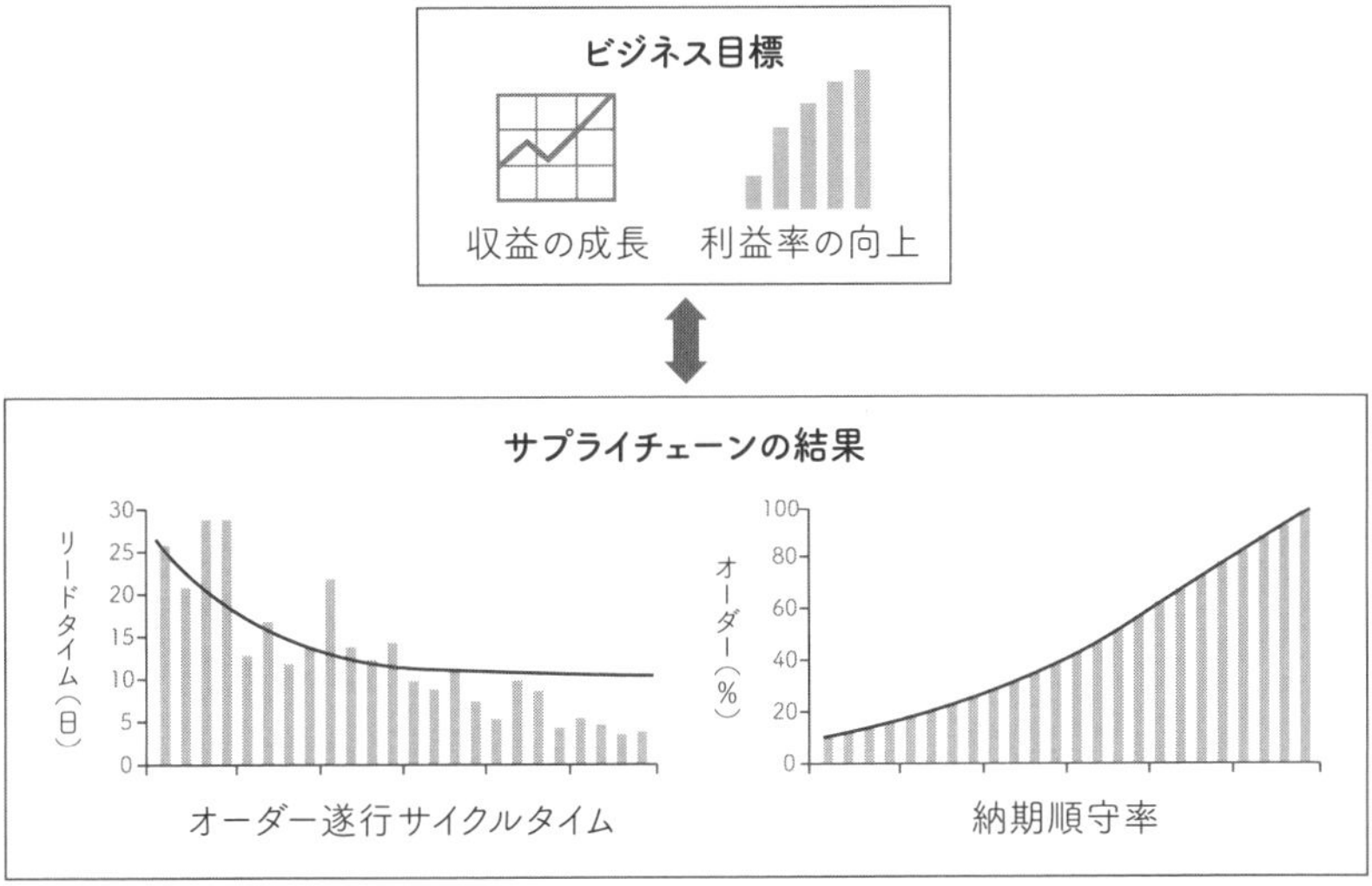

益率が高い先進国市場において同社の納人パフォーマンスは標準を下回り、市場シェアの低下やキャッシュサイクルタイムの増加を招いていた。外部のベンチマーク分析データによると、CECのオペレーションでは、オーダー遂行サイクルタイムが20日、納期順守率は75%である。これに対し主な競合企業では、オーダー遂行サイクルタイムが10日、納期順守率は95%だった。

ベンチマークのパフォーマンスに追いつくためには、サプライチェーンのメトリクスに、段階的に期限を定めた定量的な目標値を設定する必要がある。例えば「納期順守率のパフォーマンスを、6カ月間ごとに5%のペースで改善する」といった具合だ。さらに、この変革に関する投資利益率の見通しを示すために、これらの目標を市場シェアや運転資本の具体的な改善方針と結びつける必要がある［図56］。

ソリューションの拡張性を確保する

伝統的なチェンジマネジメント手法では、設計したソリューションをまず社内の小さな範囲で試験的に実行する。うまく機能するという確証が得られるまで、そのソリューションを全体（ソリューションが適用可能なすべての場所、部門、チーム、個人）に展開することはほとんど検討されない。

しかしここには重大な落とし穴がある。各拠点のスキルレベルや情報システム、業務の概要、業務量が違うために、そのソリューションを他の拠点に展開できない場合があるのだ。その結果、目標のパフォーマンスレベルに到達するために、とてつもない労力と時間を要することになる。

そこで我々が提唱するのは、ソリューションと展開方法を同時に開発することだ。そうすることで提案した変化を組織全体に展開できるようになる。今日の世界規模のサプライチェーンには、広範囲の多数の拠点や従業員がかかわっている。ソリューション実行時にスケジュールや予算の目標を守るには、拡張性を考えて実行方法を定義しておくことが不可欠なのだ。

組織のマッピング

拡張性を確保するためには、変革の取り組みがもたらす影響について、新しいソリューションの影響を受けるあらゆる場所、部門、チーム、個人を考慮したうえで、明確かつ包括的な見通しを持つ必要がある。これを実現するためには、組織のマッピング〔図57〕などの特別な作業が求められる。取り組みの細かい方針が決まるまでマップを確定することはできないが、マッピング作業の開始は早ければ早いほどよい（「変革ロードマップを設計する」282頁参照）。

変革に向けた組織のマッピングでは、まず関連する製品スコープ（製品ライン、部署など）や地理的スコープ（地域、国、拠点）を特定するために、個々の活動に注目する。それから、変更の影響を受ける——それゆえ、ソリューションの設計やテスト、展開に参加させなければならない——オペレーションチームやチーム内の役職を見極める。こうしたチームは通常、社内機能（販売、調達、オーダー管理、製造、製品管理、エンジニアリングなど）として既存の組織に対応している。

マッピングで得られる情報

図57　変化のための組織のマッピング

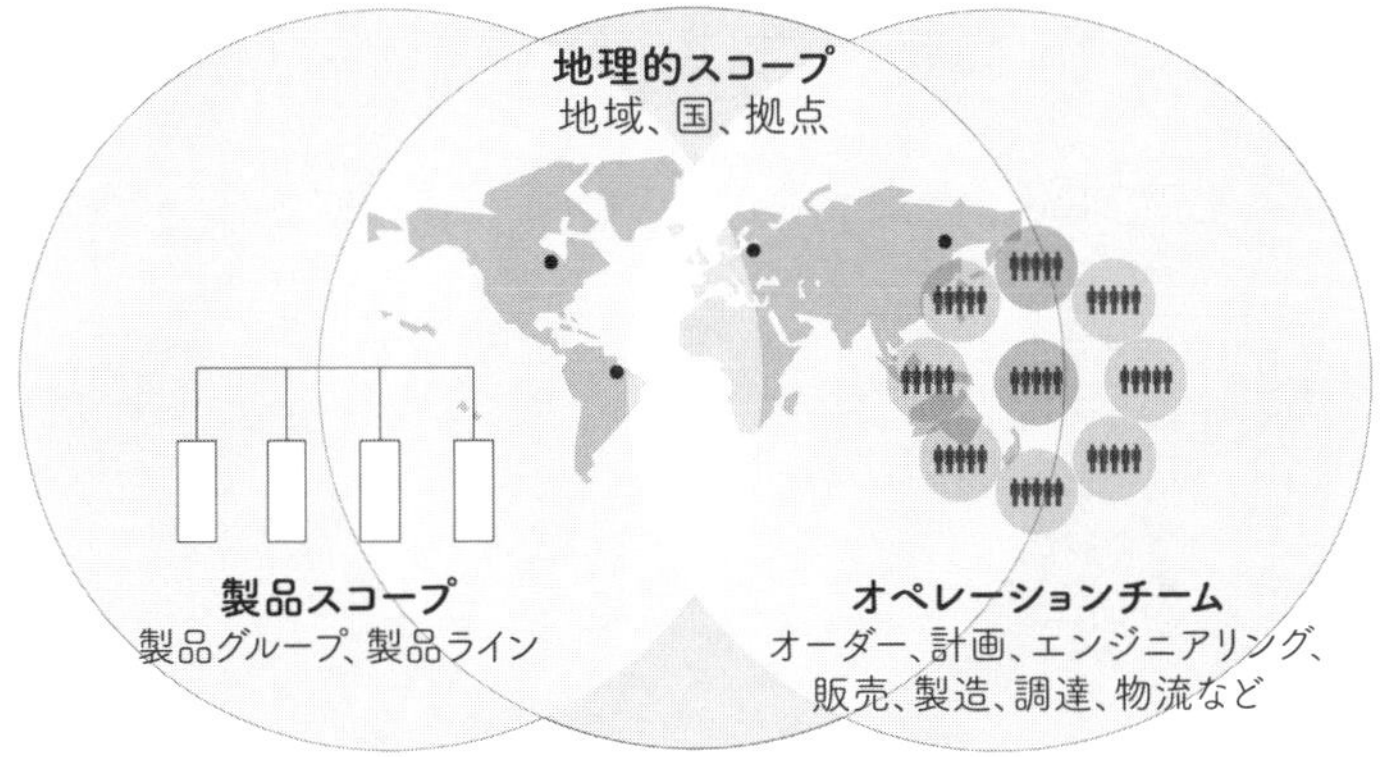

マッピング作業を行うと、変革の取り組みの影響を受ける人数が経営陣の当初の想定をかなり上回ることがわかる場合が多い。例えば計画プロセスを変更する場合、たいていは計画プロセスのチームだけでなく、製造、調達、物流のチーム、さらには財務、製品管理、販売、エンジニアリングのチームにも影響がある。複数の製品ライン、地域、国を考慮した場合は影響範囲がさらに拡大するため、ソリューションを調整する――あるいは、より管理しやすい単位にソリューションを分割し、より長い時間をかけて展開する――必要が出てくるかもしれない。

例えば、新しいセールス＆オペレーション・プランニング（S&OP）プロセスを12カ月間で導入することを決めたある資本設備メーカーは、この取り組みが販売予測、製造計画、供給計画に大きな変化をもたらすものになることを理解していた。

しかし間もなく、問題の根源がS&OPプロセス自体ではなく、販売担当者の管理手法の不備にあるという分析結果が出た。同社の20の販売エリアの多くで、実際に発注を受けるまで販売機会をCRM（顧客関係管理）システムに入力しないことが常態化していた。これが意味するのは、計画プロセスで使用する情報の大半がすでに古くなっているということであり、そこで生じた狂いがS&OPプロセス全体に波及していたのだ。

同社の経営陣は、必要な変更の規模が当初の想定よりもはるかに大きくなることを理解し、アプローチを見直した。S&OPプロセスの改善より前に、まずは販売予測を安定させるために数百人の販売マネジャーに焦点を当てることにしたのだ。

変革ロードマップを設計する

変革の範囲について合意し、変化の根拠についても意見を合わせることができたら、次は新たなパフォーマンス目標を達成するために必要な具体的な活動を決定し、変化の実行方法を定義する段階だ。変革ロードマップは、この作業全体を詳しく説明するものである。

1つのプロジェクトや活動を対象として作成するプロジェクト計画とは異なり、変革ロードマップは企業のビジネス目標の達成に必要なあらゆる活動を網羅し、実行する内容、順序、スケジュールを提示する。ロードマップには変革の取り組みの主な障害のほか、明確なマイルストーンや期限が示され、決められた期限内に具体的なパフォーマンス改善の成果を上げることに役立つ。また極めて重要なのは、ロードマップは活動の順序も決定し、必要な活動が必要な場所で確実に行われるようにする役割を果たすということだ。つまりロードマップとは、変革への道のりを誰にでもわかるように示す強力なツールなのである。

確実なロードマップを作成するために必要な項目を定義する

変革ロードマップを構築する前に、自社の現時点のパフォーマンス、能力、そして変化を吸収するキャパシティーをしっかりと理解しなければならない。言い換えれば、将来の計画を立てる前に、まず現時点のオペレーションを適切に制御できている必要がある。現時点のパフォーマンスレベルを評価するために、企業は次の2つの作業を実施すべきである。

- 現在のパフォーマンスのドライバーを見極める。
- 各活動の関係を理解する。

現在のパフォーマンスのドライバーを見極める

適切なソリューションを設計するためには、現在のパフォーマンスをもたらしている根本的な要因を――目標に届かない点や弱点だけでなく、サプライチェーンのオペレーションの方法も含めた視点で――特定する必要がある。サプライチェーンのプロセス間で多くのインタラクションがあることを考えると、これは容易な作業ではない。データの収集が出発点になるが、それだけでは不十分だ。従業員の実際の働き方を見極めるところまで掘り下げて、彼らがそのように作業している理由を理解しなければならない。

第5章で、サプライチェーンのパフォーマンスを測定することの重要性やベンチマーク分析の有用性について議論した。データや報告書、スコアカードは出発点となる。それに加えて、各プロセスがどのように稼働しているかを理解することも求められるだろう。

サプライチェーンは顧客のニーズを満たすために存在することから、顧客体験の視点を重視して分析を進めるべきである。顧客は自社の製品やサービスをどのように使用し、その体験をもとにサプライチェーンに何を期待しているだろうか。顧客は自社のパフォーマンスに満足しているだろうか。もし満足していないならば、それはなぜだろうか。計画、発注、納入、インボイス作成の面で、自社は取引しやすい企業だと思われているだろうか。

古典的な論文「*Staple Yourself to an Order*」（この注文を追跡せよ）は、この点をはっきりと主張している。この論文によると、企業とのインタラクションで生じる1つひとつの顧客体験を決めるのは、その企業のオーダー管理サイクルだ。顧客の視点で見た場合、オーダー遂行は顧客が発注したときに始まり、製品を受け取ったときに終わる。発注から納入までのすべてのインタラクションは顧客と接する機会であり、プラスあるいはマイナスの顧客体験を生み出す可能性がある②。

架空の企業CECの例に戻ろう。同社はすでに、自社のパフォーマンスを競合企業と比較して理解している。オーダー遂行のサイクルタイムや納期順守率の点で後れを取っているために、市場シェアや運転資本に悪影響が出ていることは把握済みだ。ここからは、さらに深く掘り下げて調査し、オーダー遂行や納入が遅れる根本原因を突き止める必要がある。そのためには、受注したオーダーがたどる経路を理解しなければならない。

つまり、オーダーが「足止め」されている場所と理由を突き止め、サプライチェーンの中にやり直し、撤回、重複作業が含まれていないかどうかを確認していく必要がある。これらの作業によってプロセスの所要時間がどれだけ延びているだろうか。ここで重要な問いが1つある。なぜその作業がそのように行われているのか、ということである。調査を進めながらこの問いを繰り返していくと、おそらく「いつもこの方法でやっているから」が本当の答えなのだと気づくだろう。CECの場合はその他にも、オーダー遂行の停滞を招いている内規による細かい信用確認プロセス、受注に関する明確なルール（注文のカットオフタイムなど）の欠如、発注デスクから工場に送られるオーダー情報の誤り、全体的な効率性を妨げる組織内の能力不足など、遅れや問題を生じさせる根本原因を探ることが必要だ。

このような根本原因分析を行うと、企業が問題視していた事項が納入パフォーマンスに与える影響は、実はごくわずかだとわかる場合が多い。その結果、分析プロセスを通して、企業は当初よりもずっと広い視野でオーダー遂行プロセスに注目することになる。例えば製品の供給力不足が大半の問題を引き起こしている場合は、さらに深く調査して、欠品の根本原因を突き止める必要がある。サプライヤーが期日通りに納品していないのかもしれないし、工場の生産量に問題があるのかもし

② Benson P. Shapiro, V. Kasturi Rangan, and John J. Sviokla, "Staple Yourself to an Order," *Harvard Business Review*, July 2004.

図58　コンシューマー・エレクトロニクス・カンパニーの変革ロードマップ

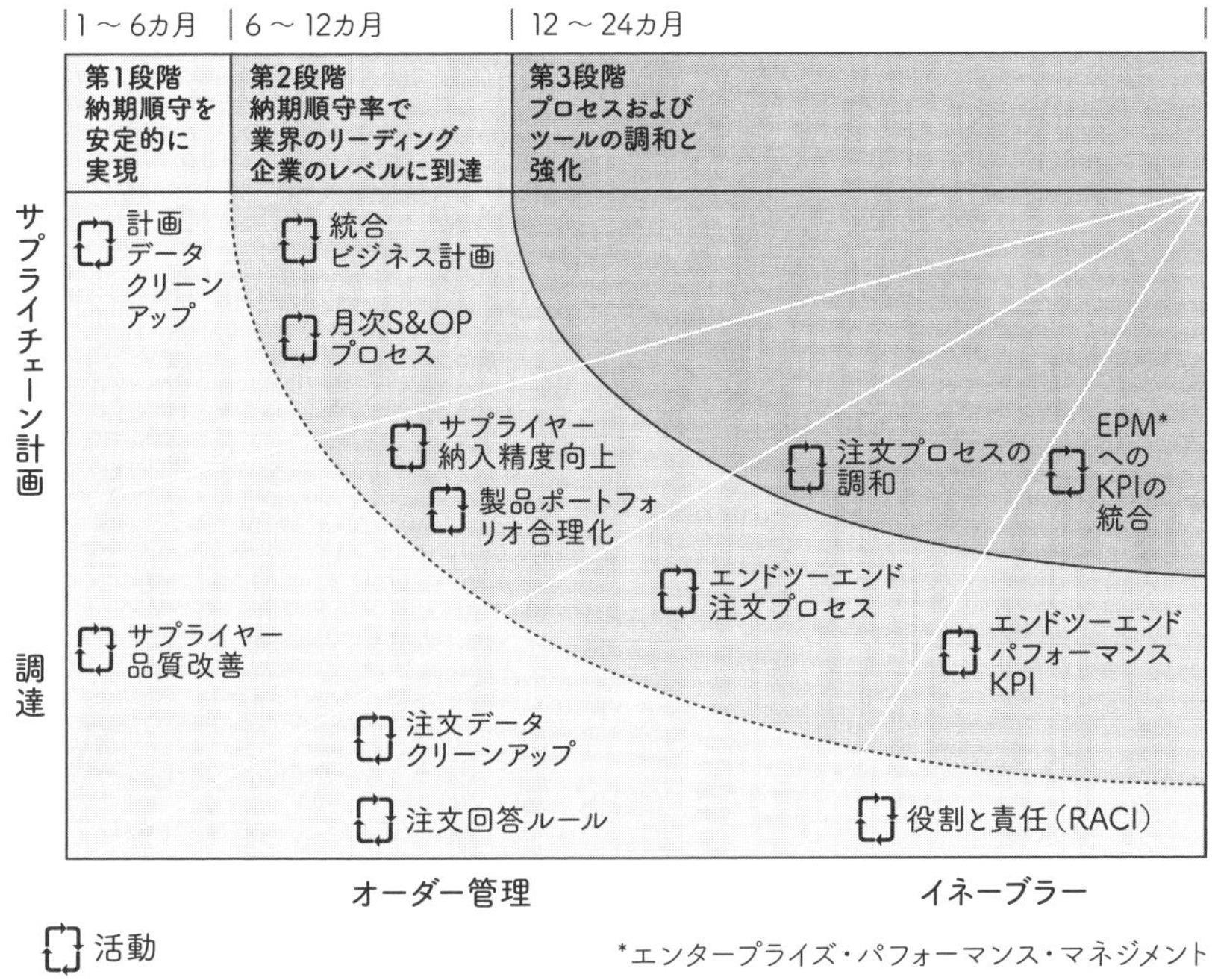

れない。あるいは予測や需要管理プロセスに不備があるのかもしれない。需給のバランスを取るためのシステムは正しく機能しているだろうか。システムが出力した情報を正しく解釈し、それに対する適切な行動を取っているだろうか。

このように検討していくことで、変革の取り組みの中で対処すべき主な領域や一連の作業を特定できるだろう。CECの場合、オーダー管理、調達、サプライチェーン計画、イネーブラー（具体的には組織とパフォーマンスの測定）がそれに当てはまる。CECの変革ロードマップではこれら4つの領域に対して、主な活動が3段階で実行される［図58］。

ロードマップを自社にとって有効なものにするためには、これを反復的で持続的な活動として設計・管理することが重要だ。ある活動で教訓を得ることにより、その後の活動、場合によってはすでに実行中の活動の進め方について、見方が変わるかもしれない。ロードマップはこのような変化を反映して更新すべきであり、変革の取り組み全体を通して更新し続けなければならない。

各活動の関係を理解する

サプライチェーンには相互に関連する活動が数多く含まれるため、各活動が適切な条件のもとで行われることが重要だ。これを念頭に、同時、または順番に実施すべき活動を特定する必要があるだろう。第2章で議論したように、実行プロセス（オーダー管理、生産、物流など）が健全でなかったり、イネーブラー（業務ルールなど）があらかじめ定義されていなかったりすると、計画プロセスは機能しない。

再びCECの例に戻り、納入パフォーマンスの改善という同社の目標について考えてみよう。実行、計画、イネーブリングの各プロセスの問題に対処するためには、改善活動の依存関係を明確に理解しなければならない。たとえ計画プロセスを再設計しても、新製品の発売に適したプラクティスを用いなければ、期待通りの効果は上がらないかもしれない。主な担当者は必要なプロセスの変更を定義して実行するだけの経験やスキルを持ち合わせているだろうか。新しいプロセスは新しい情報システムに依存するだろうか。

相互依存関係を見極めることで、あまり重要ではないと考えていた活動が、実は取り組み全体の成功のために不可欠だとわかることがある。CECの例では、計画した活動が既存プロジェクトの投資採算に打撃を与える可能性が判明し、すでに実行中の活動の優先順位を変更したり、場合によっては中止する必要が出てくるかもしれない。

これを理解しておくことで、CECは自社が改善活動のどの段階にいるのかを判断できる。CECの変革ロードマップは3段階で構成される。第1段階の目標は、納期順守を安定的に実現し、市場シェアを回復することである。この段階の活動には、在庫情報の精度を改善することなどが含まれる。第2段階の目標は、納入パフォーマンスにおいて業界のリーディング企業と同じレベルに到達し、専門小売店（CECが持つ2つの主要流通チャネルの1つ）向けの市場シェアを伸ばすことである。この段階の活動には、エンドツーエンドでの注文プロセスの再定義、月に一度の計画プロセスの導入、役割と責任の明確化などが含まれる。第3段階の目標は、確実で持続的なオペレーションの実現である。この段階で焦点を当てるのは、2つの市場セグメント（CECの場合は流通業者と小売店）の注文プロセスを調和させ、計画とパフォーマンス測定に新たな情報システムを導入することである。

5つの原則を適切な順序で展開する

成功するロードマップを作成するためには、コアとなる原則を適切な順序で実施しなければならない。5つの原則はいずれもサプライチェーンの変革に重要な役割を果たし、変革の取り組みの中で繰り返し登場することになる。とはいえ取り組みに着手する段階では特に、他の原則よりも重要性の高い原則がある。具体的には、最も初期の段階では戦略と組織の原則に特別な注意を向けるべきである。的確に定義されたサプライチェーン戦略が欠けていると、いくら改善してもビジネス戦略に貢献しないという結果になりがちだ。また組織のあり方が曖昧で、サプライチェーン活動の説明責任が明確になっていない場合、変革の取り組みはゴールにたどり着く前に立ち消えてしまうだろう。

戦略

最初に注目すべき原則はサプライチェーン戦略である。この原則は主なパフォーマンス目標や、ビジネス戦略を支えるためのサプライチェーンの組み立て方を決定するものだ。これを確立することで、他の原則——プロセスアーキテクチャー、組織、コラボレーション、パフォーマンスの測定と管理——について、効果的に意思決定を管理したり影響を与えたりすることができる。この原則が変革の取り組み全体の基盤になるのだ。

サプライチェーン戦略のレンズを通して見ることで、サプライチェーンパフォーマンスの主要目標を達成するために必要な変更を見極めることができる。例えば、市場シェアを拡大するためには、生産・納入に関してローカルモデルを導入し、納期を50％短縮することが必要であると、サプライチェーン戦略から導き出されたとする。その場合、これらの変化が他の4つの原則に与える影響に注目することになる。分析の結果、計画プロセスや関連する情報システム、そして世界、地域、国レベルの組織の責任分担において必要な変更が判明するだろう。

組織

人材の獲得と育成も重要な検討事項である。仕事の進め方が変われば、新たなスキルが必要になる可能性がある。そのため、不足するスキルをできるだけ早期に見極めることが重要だ。そうすることで変革の取り組みを、新たな人材の採用や既存の人材の育成を促進するチャンスにすることができる。

サプライチェーンの変革には、販売、製品管理、製品開発など多数の機能において、ライン組織による強力なリーダーシップが求められる。このことを考えると、次に注目すべき領域は組織の役割と責任である。リーダーシップを確立するためには、変革の取り組みの後に主要なサプライチェーン活動の実行責任と説明責任を負う人物を明確にする必要がある（第3章のRACIの説明／113頁参照）。明確な責任の定義が、適切な機能や個人を最初から参画させることに役立つ。

情報システムと5つの原則を連携させる

優れたサプライチェーンパフォーマンスを支えるのは、社内および社外の顧客やサプライヤーとの間で統合されたプロセスやデータである。しかし多くの企業は、統合の推進役である情報システムを十分に活用できていない。その理由としては、戦略の曖昧さ、プロセスの貧弱さ、必要なスキルや能力の欠如、パートナー候補企業の準備不足が挙げられる。

ロードマップ作成時に情報システムが果たすべき役割を理解するために、自社の現在のパフォーマンスレベルから目標のレベルへと伸びるはしごを想像してみよう。サプライチェーンの5つの原則ははしごを支える縦木であり、情報システムは足場となる横木である。横木がないはしごを登る──情報システムを使わず、5つの原則だけで目標達成を目指す──ことは不可能ではないが、大変な努力を要するだろう。横木（情報システム）だけあって縦木（5つの原則）がない場合はどうだろうか。これではまったく登れない。コアとなる原則のそれぞれに関する課題に対処しないまま、情報システムだけ導入しようとすると、これと同じことになる。ITは独立した要素ではなく、各原則に組み込まれるべきものなのだ。

この点は調査結果でも裏付けられている。情報システムを導入していても、プロセスや組織に同程度の関心を払っていない企業のパフォーマンスは、実は情報システムをまったく使用していない企業よりも劣るのである。このことを明らかにしたのは、先進的計画システムに注目した2002年の研究だ。意思決定をサポートする情報システムの分野では特に、今日でも通用する内容である③。技術はあくまでもツールであり、オペレーションのプロセスについて人間の代わりに明晰な判断を下してくれるわけではない。クラウドコンピューティングのおかげでサプライチェーンのアプリケーションがますます利用しやすくなるだろうが、プロセスと能力という確固とした基盤がなければ、システムのメリットを十分に活用することはできないのである。

③ Jakub Wawszczak and Mark Hermans, "Gaining a Competitive Edge with Supply Chain Planning," *Signals of Performance: Supply Chain*, PwC Performance Measurement Group, 2002.

変革を実行する

企業は通常のオペレーションや顧客のオーダー遂行を続けながらサプライチェーンを変革しなければならないため、その実行方法が収益を大きく左右する可能性がある。従って、変化にともなうリスクに対処し、合意済みの予算やスケジュールを守りつつ変革を実行するためには、組織的なアプローチが不可欠である。

「定義–テスト–展開」メソッドの導入

我々はクライアント企業と仕事をした経験から、「定義–テスト–展開」メソッドがサプライチェーンの変革を実行する確実な方法であることを理解している［図59］。このメソッドは以下のように機能する。

「定義」フェーズでは、専門家チームが、パフォーマンス目標未達の根本原因を解決するための具体的なソリューションを定義する。専門家チームはこのソリューションを、ロードマップに含まれる個々の活動やプロジェクト向けの「ツールキット」に組み込んで提供する。新しいプロセスがうまく実行できないようならば、各オペレーションチームに合わせて、新しい仕事の仕方を詳しく説明しなければならない。そのためには、所定の活動を遂行するうえでオペレーションチームや従業員に求められる能力が、十分に明らかになっていることが必要だ。従って各ツールキットにはプロセス、メトリクス、ルール、責任に関す

図59　展開のための組織的アプローチ

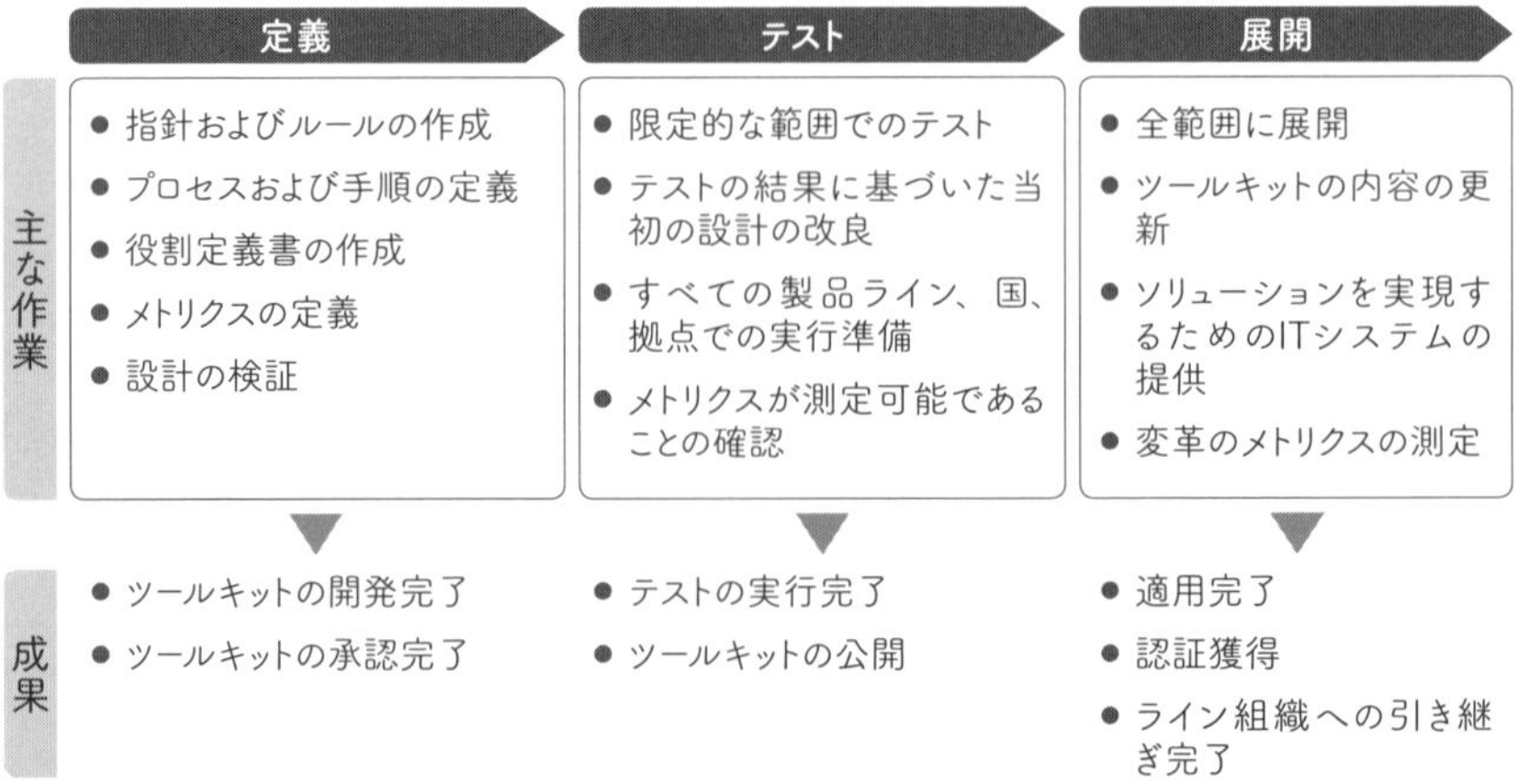

	定義	テスト	展開
主な作業	● 指針およびルールの作成 ● プロセスおよび手順の定義 ● 役割定義書の作成 ● メトリクスの定義 ● 設計の検証	● 限定的な範囲でのテスト ● テストの結果に基づいた当初の設計の改良 ● すべての製品ライン、国、拠点での実行準備 ● メトリクスが測定可能であることの確認	● 全範囲に展開 ● ツールキットの内容の更新 ● ソリューションを実現するためのITシステムの提供 ● 変革のメトリクスの測定
成果	● ツールキットの開発完了 ● ツールキットの承認完了	● テストの実行完了 ● ツールキットの公開	● 適用完了 ● 認証獲得 ● ライン組織への引き継ぎ完了

る詳細な説明と、具体例が示されたものが含まれていなければならず、またそれは研修等を通して従業員に浸透させなくてはならない。

「テスト」フェーズでは専門家チームが各ツールキットをテストし、技術的な適合性、実行可能性、健全性を確かめる。技術面のテストでは、ツールキットが意図した結果をもたらすことと、サプライチェーンが目標の品質を満たして通常どおりに機能しているかについて確認できる。実行可能性のテストでは、新プロセスを導入するために必要な工数を確認する（例えば、各顧客オーダーの処理時間の見通し）。健全性のテストでは、ツールキットの内容が十分に明確であり、オペレーションチームが所定のプロセスを変更する際に使用可能であることを確かめる。実行可能性テストと健全性テストの結果を合わせることで、ソリューションの拡張可能性を確認するために必要なフィードバックを得ることができる。

最後に、「展開」フェーズではオペレーションチームがインプリメンテーションを行う。その際には、どのチームも決められた手順を踏む必要がある。図60に示したように、この手順に含まれる活動は、動員（変革を実行するために組織を編成する）、適用（ツールキットの内容を適用する）、認証（所定の基準を満たす能力を検証する）、ライン組織への引き継ぎ（持続的なパフォーマンス改善のために、変化の主導権をプロジェクト組織からライン組織に移行する）である。展開フェーズの目標は、ソリューションを完了することというよりは、変革の取り組みで設定されたパ

図60　展開：開始から終了まで

手順1	手順2	手順3	手順4	手順5
動員	**適用開始**	**適用完了**	**認証**	**ライン組織への引き継ぎ**
必要な変化や求められるリソースについて、影響を受けるチームを明確にする	リソースを配直し作業の準備を整える	必要な変更が実行され、安定的なパフォーマンスが実現する	変化とパフォーマンスを検証する	さらなる改善はライン組織の責任で行う。プロジェクトとしての運営は終了する

フォーマンス目標を達成できる能力を獲得することである。

ボトムアップとトップダウンのアプローチを組み合わせる

サプライチェーンの変革を成功させるためには、あらゆる階層からの情報を集めることが必要だ。変革を強制するだけの「プッシュ」型の方法では、プロジェクトチームの10人では——あるいは100人いたとしても——サプライチェーンに携わるすべての人々の働き方を効果的に変えることはできない。サプライチェーンの変革に大成功した企業は、経営陣からのトップダウンの指示と従業員からのボトムアップの貢献を組み合わせた「プッシュ-プル」型のアプローチが最も大きな成果をもたらすことに気づいている④。

プッシュのみのアプローチの場合、経営陣がスケジュールや新しい働き方を指示するが、往々にして現場の実情が考慮されないことがある。これとは対照的に、プッシュ-プル型のアプローチでは現場のマネジャーが取り組みを指揮する役割を担う。重要な最終期限や目標は経営陣が決めるが、実行のスケジュールは現場のマネジャーが策定し、取り組みに必要なサポートも彼らが組織全体から集めてくる。

現場マネジャーはまた、専門家チームが設計を進めるソリューションを実際に展開する前に、内容に関するフィードバックを与える役割も果たす。プロセスの深い知識を持つ専門家チームの役割を管理することは重要である。専門家チームは、目標とする働き方について技術面では完璧に理解しているかもしれない。しかし彼らの生み出すソリューションは、技術的には素晴らしいが過度に難しいものになりがちなのである。

だが、単に現場のマネジャーに権限を与えるだけでは、プッシュ-プル型の強みを発揮することはできない。今日のグローバルなサプライチェーンは買収によって拡大したものが多く、現時点の

④ Joseph Roussel and Peter Vickers, *Capability Driven Operational Transformation: A New Approach to Large-Scale Change Management*, PRTM, 2008.

管理能力、プロセス能力、ツールのレベルが拠点ごとに大きく異なることも珍しくない。プッシュ型のアプローチではこのことを考慮して、他のチームよりも取り組みを早く進められるチームには、どんどん先に進ませる。また、変革プログラムを成功させるために必要な知識の多くが、中央の専門家チームだけではカバーできない範囲にあることも想定しておく。各チームの知識を活用することで、組織全体の学習と改善が加速するのだ。

こうしたすべての作業をこなすためには、何らかの指針や設計ルールが必要である。それらが欠けていると、統一性のないプロセスや関連する情報システムが乱立し、それにともなってコストや複雑性が増大するリスクを抱えることになる（第2章を参照）。

フランスを拠点とし、主に交通、発電、送電の事業を手がけるアルストムの例を見てみよう。同社の交通事業子会社であるアルストム・トランスポールは、鉄道セクターの多様なシステム、設備、サービスを開発・販売している。革新的なフランスのTGV（高速鉄道）やAGV（次世代高速鉄道）で知られる同社は、高速鉄道や超高速鉄道のカテゴリーの世界最大手である。また地下鉄や路面電車など都市交通の分野でも世界をリードするメーカーだ。同社の製品は上海、サンパウロ、ニューヨーク、ロンドンなど世界各地の都市で何百万もの人々に利用されている。

アルストム・トランスポールの顧客にはそれぞれ固有の要求事項がある場合が多く、同社は受注設計生産のオペレーションモデルを採用してカスタマイズしたソリューションを提供している。同社が製造する鉄道、地下鉄、路面電車にはたいてい、内装や外装の設計にカスタマイズ仕様が施されている。

同社は2004～2007年に、顧客プロジェクトの納入パフォーマンスの改善と新製品の市場投入時間の短縮を目指して、大規模な変革の取り組みを実施した。最終的な目標は利益率と市場シェアの向上である。この取り組みには世界60拠点、800のオペレーションチームが参加した。アルストム・トランスポールのシニアバイスプレジデントで、このプロジェクトを支援したベルナール・ゴネ氏は次のように述べた。「業界リーダーの地位に立つためには、製品開発や顧客プロジェクトの納入の点で標準プロセスを定義しなければなりませんでした。そのためには、目標とする標準と、オペレーションチーム、つまり設計、調達、製造、プロジェクトの各チームのニーズを確実に関連づける必要がありました」

ゴネ氏は変革の取り組みを自ら監督した。同氏は次のように説明する。「私はオペレーションチームが存在するすべての拠点を回り、彼らが取り組んでいる問題を調査し、その後、プロセスの設計を担当する専門家チームとそれらの問題について協議しました。この作業を繰り返すことにより、オペレーションチームが受け入れられる内容で変化を提案することができたのです」

アルストム・トランスポールの取り組みは素晴らしい成果を上げた。この改革は、鉄道業界に製品プラットフォームや標準サブシステムなどの新たなプラクティスの導入をもたらしただけでなく、同社に納入サイクルタイムの短縮、エンジニアリング費用の減少、異なる顧客向けの製品で設計を共有するケイパビリティーの向上、そして営業利益の

図61　変革のパフォーマンスの観点

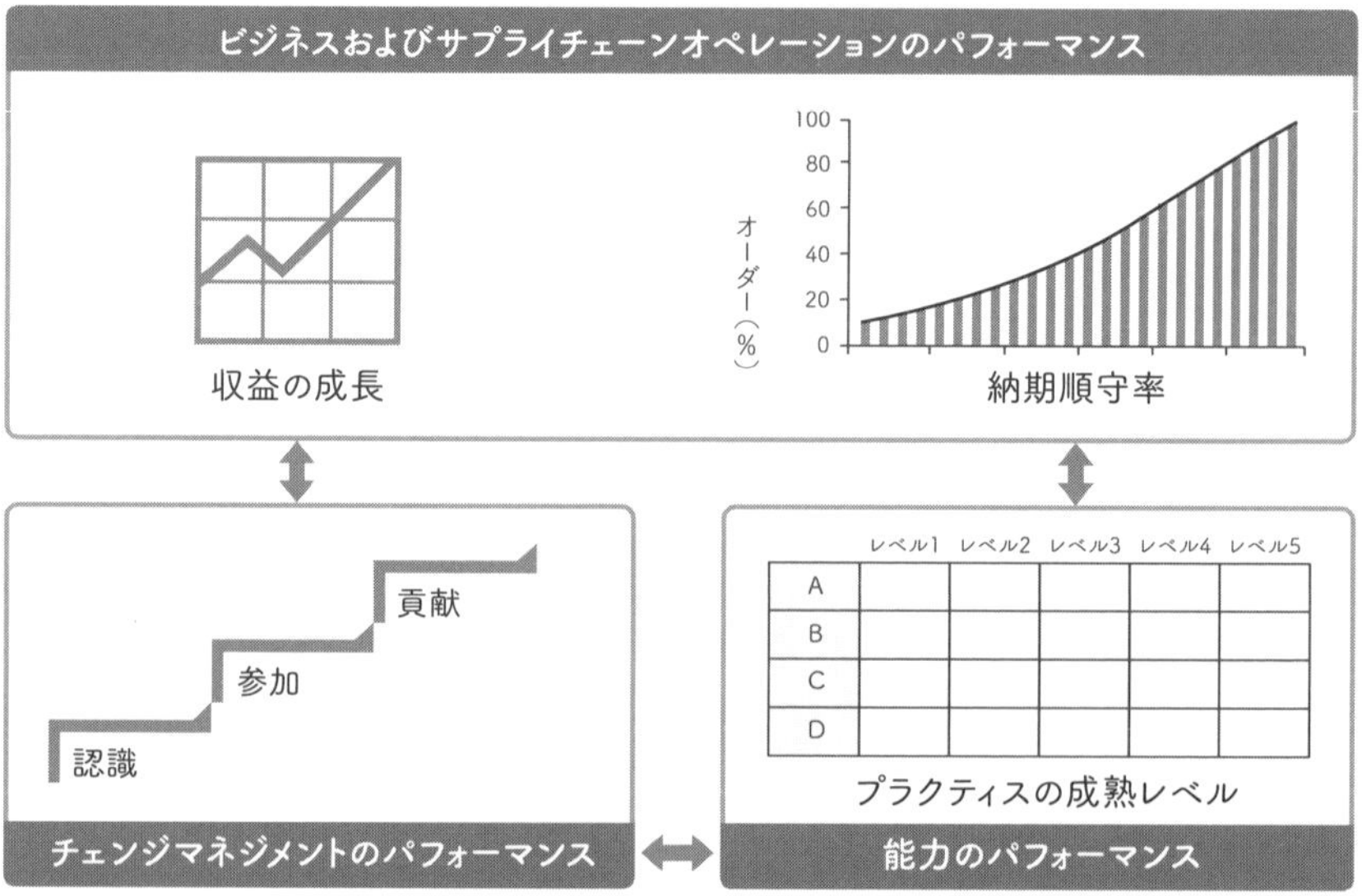

大幅な増加といったさまざまなメリットをもたらしたのだ。

変革を測定する

サプライチェーンの変革の成果を測定する際、多くの企業は具体的な数値としての結果——ビジネスやオペレーションのメトリクス——だけに注目しがちである。直感的にはこのアプローチでよいと思うかもしれないが、実際には不十分だ。これに加えて、変化が根付いているかどうか、また長期的にパフォーマンスを維持するために必要な新しいケイパビリティーを従業員が身につけられたかどうかも判定する必要がある。

ここで重要なのは、パフォーマンスを4つの観点でとらえることだ。すなわち、ビジネス、サプライチェーンオペレーション、チェンジマネジメント、ケイパビリティーの面から見たパフォーマンスである。これらを総合することで変革のパフォーマンスの全体像をとらえることができる［図61］。

変革のパフォーマンスの観点

変革のパフォーマンスの4つの観点には、それぞれ異なるメトリクスが関連している［表17］。

ビジネスのメトリクスは、サプライチェーンパフォーマンスがもたらすビジネス面の主な成果を表す。例えば運転資本の改

表17　サプライチェーンの変革のメトリクス

メトリクスの種類	対象範囲	例
ビジネス	PL、バランスシート、企業全体の成果	収益、市場シェア、利益率、運転資本、企業の社会的責任のスコア
オペレーション	エンドツーエンドのサプライチェーンKPI	オーダー遂行サイクルタイム、納期順守率、キャッシュサイクルタイム
	優先度の高いプロセス領域のサプライチェーンパフォーマンスの指標	オーダー品質、予測精度、部品表、期日通りの発送
チェンジマネジメント	拠点、部門、チームごとの主要マイルストーンに対する進捗	キックオフ完了、実行完了、認証獲得
ケイパビリティー	目標レベルに対するプロセス成熟度	成熟度が5段階中の3を達成した部門またはチーム

善のほか、収益成長率や利益率など損益に関する結果が含まれる。また企業の社会的責任に関するものなど、財務以外の結果も含めなければならない。

オペレーションのメトリクスは、ビジネスのメトリクスで設定した成果を達成するために必要なサプライチェーンパフォーマンスを対象とする。サプライチェーンとビジネス目標を密接に関連づけるオペレーションのメトリクスには、納期順守率、オーダー遂行のサイクルタイム、供給品の在庫日数、サプライチェーン総コスト、売上原価（COGS）、純資産回転率などが含まれる（第5章を参照）。

チェンジマネジメントのメトリクスは、変革のすべての段階について、明確に定義された目標に対する組織の進捗具合を示す。このメトリクスは、変化のペースやマイルストーンを定め、チームが苦戦していてサポートが必要かもしれない部分を明らかにする。最も多いのはマイルストーンの達成を示すメトリクス、例えば「ギャップ分析完了」「アクションプランの定義完了」「実行完了」といったものである。この種のメトリクスは、所定の成果内容を確認したうえで、チェックボックスに「完了」の印をつける。

ケイパビリティーのメトリクスは、長期的なパフォーマンスの維持に必要なプロセス能力を組織が獲得できたかどうかを示す。実証されたプロセスの成熟度レベルや、ベストプラクティスの導入状況（あるいは未導入状況）などを示すメトリクスによって、必要能力の獲得に向けた各オペレーションチームの進捗具合が示され、目標達成までにあとどのくらいの努力が必要かがわかる。さらに、こうした種類のメトリクスを追跡することで、多くのチームが苦戦している領域――従って追加的な研修が有効かもしれない領域――もはっきりと浮かび上がる。

メトリクスの定義は出発点に過ぎない。測定結果について直接的に説明責任を負う者を指名することも重要だ。オペレーションのメトリクス全般に関する全体的な責任は経営陣が負うが、基本的なパフォーマンスの指標については各領域の1人ひとりのマネジャーが責任を負う。例えば1つのサプライヤーへの依存を軽減するために、調達とエンジニアリングの責任者が共同で開発面の責任を負う。一方、各工場の責任者は、合意済みの供給計画を達成するために十分な労働力を確保することに責任を負う。このような取り組みは特に当事者にとっては苦労をともなうものだが、変革の計画に盛り込まれたビジネスパフォーマンス目標を達成するためには極めて重要である。

アルストム・トランスポールの取り組みは、このような透明性が必須であるという信念に基づいて始まった。ゴネ氏は次のように説明する。「すべての拠点に期限付きの目標としてケイパビリティーを認証するタイミングを設け、組織全体にプレッシャーを与えました。従業員の意識に焦点を当て、働き方にリアルな変化を起こすことを各オペレーションユニットに強制する方法でした。経営陣に目標を課し、それを組織全体に反映させていくことで、プレッシャーをかけ続けたのです」

アルストムでは、ケイパビリティーの認証が各拠点のマネジャーらと経営陣の両方にとって最上位の目標であった。各拠点は最低基準（5段階中の3）をクリアすると認証を受けることができる。品質組織が率いるチームが、客観的な第三者の立場で各拠点がこの基準を満たしているかどうかを判断した。

可視化を実現する

変化を促進する最も強力な方法の1つが、関係する社内のすべての拠点やチームに対し、進捗状況を可視化することである。特に有効なのが図表化である［図62／次頁］。このように可視化すると、チーム間のベストプラクティスの共有をいっそう進めることができる。また健全な競争意識が生まれるため、変化に対するモチベーションも高まる。さらに、最も支援を必要としているチームに組織がリソースを集中しやすくなることも重要な点である。

アルストム・トランスポールは、変革のパフォーマンスの4つの観点について進捗を追跡・共有することで可視化を実現した。同社は各顧客プロジェクトについて、オペレーションのメトリクス――プロジェクトの主要マイルストーン設定時の、目標開発コストに対する実際のコストなど――を設定した。チェンジマネジメントおよびケイパビリティーのメトリクスも綿密に追跡された。新しい手法の導入レベルは1から5のスコアで判定され、3以上が許容レベルとされた。

　アルストム・トランスポールの取り組みが示すように、巧みに設計されたサプライチェーンの変革の取り組みには、業績を広範囲に劇的に向上させる可能性がある。組織的なアプローチに適切なツールキットを組み合わせると、オペレーションの混乱を最小限に抑えたうえで、必要なステップを適切な順番で確実に実行することができる。適切な計画と組織の全面的な参加があれば、変革の取り組みを通して、目標とする価値と真の競争上の強みを生み出すことができるのだ。

図62　チェンジマネジメントおよびケイパビリティーの可視化：チームごとの進捗

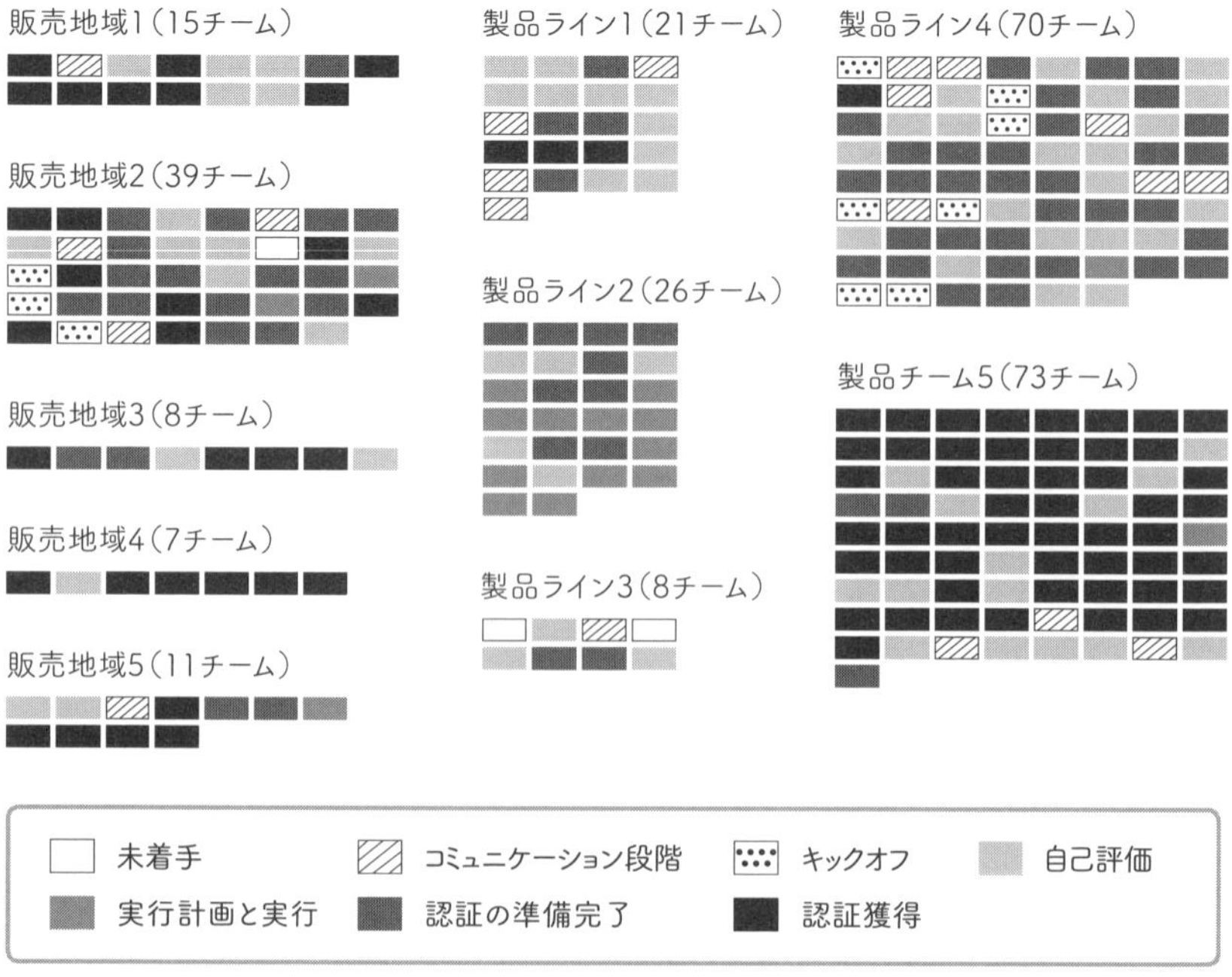

第7章のまとめ

- サプライチェーンの変革の取り組みが失敗に終わる例は多いが、その理由は他の分野の変革の取り組みと同じように扱ってしまうからだ。実際には、サプライチェーンの変革は社内の複数の機能に影響を及ぼすうえ、オペレーションを続けたままで変革を実行しなければならないため、はるかに複雑な取り組みなのである。
- 変革の取り組みで大きな成功を収めた企業は、取り組みを4つの段階に分けている。まずすべての関係者の合意に基づいてパフォーマンス改善目標を設定し、変革ロードマップを作成し、変革を実行し、最後にサプライチェーンを運用してパフォーマンスを確実に持続させている。
- 多くの企業は、サプライチェーンの変革の取り組みに必要な時間やリソース、経営陣の関与を過小評価している。このような取り組みには少なくとも1年間は必要だ。
- 5つの原則はいずれも変革に関係するが、特に変革の初期段階では戦略と組織の原則が最も重要である。
- 変革の結果を評価する際、多くの企業が具体的な数値であるオペレーションのメトリクスだけに注目しがちだ。しかし、変化が根付いているかどうか、また長期的にパフォーマンスを維持するために必要な新しいケイパビリティーを従業員が身につけられたかどうかも追跡する必要がある。

謝辞

第二版の改訂にあたり、調査・執筆・編集・デザインなど、出版にかかわるすべての作業には1年を要さなかった。第一版からの内容更新の量と、完成までの期間の短さを考慮すると、これらの作業がいかに密度の濃いものであったかが見て取れる。

これはコアメンバーだけでなく、揺るぎない支援を惜しまずに与えてくださった方々、企業の皆様の尽力によるものである。

この本は、コンテンツ作成に関する作業全般のマネジメントと質のコントロールを執り行ってくれた編集長のジュリア・ヘスケルなしでは完成させることは不可能であっただろう。ジュリアはライターチーム・編集者・グラフィックデザイナーの監督、また、なにより、企業情報収集のインタビューの実施、また企業情報のコンテンツにかかわる執筆を行ってくれた。さらに、ジュリア自身はボストンに席を置きながら、カリフォルニア、フランスに在住する筆者2人のコーディネートをこなしてくれた。これは容易なことではなかったはずだ。

この本の強みのひとつは、ＰｗＣのパフォーマンス・メジャーメント・グループ（ＰＭＧ）によるベンチマーキングデータと定量的分析を活用している点である。カーラ・カールドンがこれらの作業を率いてくれた。特に、サプライチェーンのパフォーマンス、プラクティス、複雑性に対する定量的分析においてソートリーダッシップを示しつつ、第6章を書き上げてくれた。また、PMGのアナリストのアルマ・アラヤーレは生データからインサイトを引き出すために長時間費やし、作業を行ってくれた。彼女の努力はこの本全体に生かされている。

また、PwCのグラフィックデザイン部のスーザン・キャンベルに深く感謝する。スーザンの作業は著者の走り書きをインサイトに富んだ図へと昇華させてくれた。彼女は筆者の度重なる変更や修正に、忍耐をもって対応してくれたプロフェッショナルの鑑といえるだろう。

弊社のプロジェクトマネジャーであるマーシャ・カーバルホ、そしてプロジェクトサポートマネジャーのマーク・ハリソンはMcGraw-Hill、リサーチチーム、著者、編集長との間の膨大なやりとりをこなし、プロジェクトをスケジュール通りに、かつ予算内で完成させるよう管理してくれた。マーシャとマークは予算管理を丁寧に行い、何百ものファイルを整理、週次のテレフォンカンファレンスを実施、重要な対面式でのワーキングセッションを何度も計画し、また引用や例などが適切に審査・承認されたかを確認するなどプロセスの管理や、その他様々な作業をこなしてくれた。これらの作業は、テレフォンカンファレンスやミーティングをサポートし執り行ってくれた、マリー・ル・コール、リサーチを手助けしたネハ・クリシュナのサポートにも大いに支えられた。

ここで、知見をシェアしてくださった企業――BASF、エシロール、ハイアール、カイザー・パーマネンテ、レノボ、シュルンベルジェ――の皆様にも心からの感謝の意を表したい。彼らが戦略的優位を確立するべくサプライチェーン構築に取り組み、成功を収めている姿には尊敬の念を感じざるを得ない。特に、BASFのアンドレアス・バックハウス、エシロールのエリック・ジャベロー、ハイアールのリム・チンチェ、カイザー・パーマネンテのローレル・ジャンク、ローリー・スプーン、レノボのマーク・スタントン、そしてシュルンベルジェのステファン・ビゲ、フィル・テイヘイラには企業との調整を行っていただき、深く感謝している。

加えて、企業からの協力を得るにあたり尽力してくださった、多くの方々に感謝を述べたい。BASFのヴォルカー・フィッツナー、ヘラルド・ジェイマー、マーク・ラスティグ、エシロールのエティエンヌ・ボリス、クリスティーン・ボブリー、ハイアールのクレイグ・カー、リリアン・ワン、カイザー・パーマネンテのヴタリィ・グロズマン、リック・ジュディ、レノボのケヴィン・キーガン、そしてシュルンベルジェのマーク・ワコーのサポートがあったからこそ、企業からの協力が確かなものとなった。

また、このプロジェクトは、執筆や編集を手伝ってくれた才能高いフリーランスライターでありエディターであるジェニファー・バルジーコ、ローレン・ケラー・ジョンソン、そしてニール・シスターたちのサポートのおかげであることを申し添えさせていただきたい。

この第二版は、PwCの協力なしでは存在し得なかったといっても過言ではないだろう。PwCネットワークが提供してくれた、多様なサポートに対しては感謝の念に堪えない。特に、出版プロジェクトの推進者となってくれたトニー・ポウルター、指導を与えてくれたマーク・ストロムとジョー・イポリットに感謝の意を表したい。またこの本は、本来、勤務時間外である深夜や休日を幾日も費やし、本の隅々までレビューを行ってくれたメンバーによって支えられた――ゴードン・カルボーン（英国）、マイク・ジギアー（米国）、ブラッド・ハウスホールダー（米国）、クレイグ・カー（中国）、ジョナサン・マーシャル（英国）そして田畑萬（日本）である。彼らの客観的なフィードバックは非常に参考になるものであった。また、執筆中に助言を提供し、相談役となってくださったスタンフォード大学のハウ・リー教授にも感謝を述べたい。

また、強力なサポートを提供してくれたMcGraw-Hill Educationの編集者であるノックス・ヒューストンへの感謝を忘れることはできない。彼は我々の知識や経験を尊重し、我々が思い描いていたような形で本を仕上げることを可能にしてくれた。また彼の尽力のおかげで、出版のサイクルが加速されたのである。

長年にわたる企業変革の経験がなければ、今回のような広い領域をカバーした本を作り上げることは不可能であっただろう。これらの長年の経験があったからこそ、我々は今日どのようなことが起きているのか、またそれがどのようにサプライチェーンマネジメントに影響してくるのかについてインサイトを持つことができているのである。最後に、一緒に仕事をし、豊富な経験を与えてくださったすべての企業の方々、また才能あふれるプロフェッショナルたちに感謝の意を表したい。

監訳者あとがき

日々、クライアントの方々とサプライチェーンの変革を推進しているコンサルタントとして、本書をぜひ手にして、持ち歩き、読み込んでいただきたいと思うのは、次のような方々である。

（1）経営者の方々。
（2）変革を志す、サプライチェーン業務の担当者の方々。
（3）グローバルリーダーを目指す、学生の方々。

経営者

経営者と言っても様々だが、この本に関しては、業界や会社の規模を問わず、経営者の方々であれば必ず得るものがある。事業環境の変化が激しく、不確実性・複雑性の高い現代において、企業が成長と収益性を追求するうえで、卓越したサプライチェーンは欠かすことのできない、重要な資産である。本書に登場する経営幹部の方々は口をそろえて、「サプライチェーンこそが競争上の真の強み」と語っている。

世界中にビジネスを展開しているグローバル企業の経営者であっても、広範なサプライチェーンの一部を担っているサプライヤーの経営者であっても、あるいはサプライチェーンとは一見かかわりの薄いIT業界の経営者であっても、サプライチェーンに無知であることは許されない。なぜなら、いま成功を収めている企業の競争力の源泉が、他ならぬサプライチェーンマネジメント（SCM）だからだ。革新的なサプライチェーンを通した感動的な顧客体験、競合を圧倒する低コストはいかにして実現できているのか。なぜ卓越したサプライチェーンは優れた財務パフォーマンスを発揮するのか。いまを生きる経営者にとって、本書は最良の教科書である。

サプライチェーン担当者

一昔前の国内に閉じたサプライチェーンオペレーションならば、その戦略、プロセス、組織、メトリクスといった要素は十分に整備、統合されていたが、海外オペレーションを組み込もうとすると、これらの要素の再構築が必要になってくる。

そうした状況の中で、本書はサプライチェーンのあり方を見直し、変革に向けて「目指すべき方向性」を見定めるうえで、うってつけの一冊と言えるだろう。サプライチェーン組織の構築やメトリクスの活用、要素間の相互連携といった本書の核となるメッセージは、SCMの実務家にとっては初歩的なことと感じられるかもしれない。だが、本書を読んで基本に立ち返ってみると、これらのメッセージを頭では理解できていても、現場では実践できていないケースが多いと感じられるのではないだろうか。

この本が特に優れていると感じるのは、最新の業界動向を踏まえながらSCMの基本事項が網羅されている点。そしてもうひとつは、白物家電の王者「ハイアール」や、PC業界のイノベーター「レノボ」をはじめとする企業のサプライチェーン事例が深く掘り下げられている点である。SCMを企業活動の中核として業界をリードしていくリアルストーリーを通して、自分たちの会社がこれからどう変わっていけばよいのか、自分はその中でどんな役割を成すことができるのか、そうしたことを具体的にイメージすることができるだろう。

学生

時代の変化とともにサプライチェーンも変化を遂げる。その象徴的なことのひとつとして、一部の先駆企業は、経営陣のひとりとしてチーフサプライチェーンオフィサー（CSCO）を据えている。これからサプライチェーンは、企業の中で、製品・サービス・技術の開発、マーケティング・販売と同等と見なされ、それに伴い、サプライチェーン活動を実行・指揮できる人材の獲得競争も激化していくだろう。

本書の中で人材紹介会社コーン・フェリーのパートナーがサプライチェーン人材の要件について述べているように、これまで重視されていた専門的・技術的なスキルに加えて、販売、マーケティング、エンジニアリング、財務など、幅広い分野の経験が、サプライチェーン人材には必要とされるようになってきた。必要とされる領域の広範さに圧倒されるかもしれないが、それだけサプライチェーン人材は重宝されるのである。

これからビジネスの世界で活躍していく学生のみなさんにとって、本書がグローバルリーダーになるための一助となれば、監訳者として望外の喜びである。

最後に、本書刊行に尽力いただいた方々に謝辞を述べたい。本書出版に尽力してくださった英治出版の原田英治社長、山下智也氏、ガイア・オペレーションズの和田文夫氏。丁寧な翻訳作業をしてくださった翻訳協力の辻仁子氏（株式会社アークコミュニケーションズ）。PwC PRTMジャパン翻訳チームの西郷清和、湯本隼士、眞鍋亮子。この場をお借りして、心から感謝を申し上げたい。

2015年1月

プライスウォーターハウスクーパース PRTM
マネジメントコンサルタンツジャパン
テクノロジーグループ担当ディレクター　鈴木慎介

参考文献

書籍、論文、調査報告、参考記事

__________. "3D Printing: The Shape of Things to Come." *Economist*, December 10, 2011.

Bruning, Bob, Kaness, Matt, and Lewis, Kevin. "Close Encounters." *PRTM Insight* (First Quarter 2007): 1–9.

Cheema, Pamela. "The Right Prescription: Dr Reddy's Laboratories Discusses Their Complex Supply Chain." *LogisticsWeek*, July 5, 2011. http://logisticsweek.com/feature/2011/07/the-right-prescription-dr-reddy%E2%80%99s-laboratories-discusses-their-complex-supply-chain/

Clifford, Stephanie. "Nordstrom Links Online Inventories to Real World." *New York Times*, August 23, 2010. http://www.nytimes.com/2010/08/24/business/24shop.html?_r50

Cohen, Shoshanah and Roussel, Joseph. *Strategic Supply Chain Management*. New York: McGraw-Hill, 2004.

Cohen, Shoshanah and Hermans, Mark. "A Blueprint for Green." *PRTM Insight* (Third Quarter 2008): 2–8.

Constance, Scott, White, Tavor, Blanter, Alex, and Snyder, Jim. "Pot of Gold." *PRTM Insight* (First Quarter 2010): 1–5.

__________. *Creating a Collaborative Enterprise: A Guide to Accelerating Business Value with a Collaboration Framework*. Cisco Systems, 2009.

Crone, Mark, Holmes, Jeff, and Hill, Kyle. "Ounce of Prevention." *PRTM Insight*, 2009.

__________. *Delivering Results: Growth and Value in a Volatile World*. 15th Annual Global CEO Survey. PwC, 2012.

De Waart, Dirk. "Be SMART About Risk Management." *Supply Chain Management Review*, 2007.

Doorey, Dick. "The Transparent Supply Chain: from Resistance to Implementation at Nike and Levi Strauss." *Journal of Business Ethics* 103 (May 19, 2011): 587–603

__________. *Global Supply Chain Trends 2011: Achieving Flexibility in a Volatile World*. PRTM, 2011.

Geissbauer, Reinhard and Cohen, Shoshanah. "Globalization in Uncertain Times." *PRTM Insight* (Fourth Quarter 2008): 2–7.

Giguere, Michael and Goldbach, Glen. "Segment Your Suppliers to Reduce Risk." *CSCMP's Supply Chain Quarterly* (Quarter 3, 2012). Accessed November 2, 2012. http://www.supplychainquarterly.com/topics/Global/20121001-segment-your-suppliers-to-reduce-risk/.

Gilmore, Dan. "The Integrated Supply Chain Organization." *Supply Chain Digest*, June 5, 2008.

Goodman, Russell. "IBM's Integrated Supply Chain Creates Strategic Value Throughout the Enterprise." *Global Logistics & Supply Chain Strategies*, December 1, 2006.

Haier press release, December 16, 2011, http://www.prnewswire.com/news-releases/haier-ranked-the-1-global-major-appliances-brand-for-3rd-consecutive-year--euromonitor-135722313.html. Accessed March 11, 2013.

Gouillart, Francis and Deck, Mark. "The Craft of Co-Creation: Taking B2B Collaboration to a Whole New Level." *PRTM Insight* (Second Quarter 2011): 1–6.

__________. "Inditex Annual Report, 2011; Fashion Forward." *Economist*, March 24, 2012.

__________. *Insights from the Boardroom 2012: PwC's 2012 Annual Corporate Directors Survey*. PwC, 2012.

Jacka, J. Mike and Keller, Paulette. *Business Process Mapping: Improving Customer Satisfaction,* 2nd ed. Hoboken: John Wiley and Sons, 2009.

Kaplan, Robert S. and Norton, David P. "Using the Balanced Scorecard as a Strategic Management System." *Harvard Business Review*, July 2007. http://hbr.org/2007/07/using-the-balanced-scorecard-as-a-strategic-management-system/ar/1

Martindale, Nick. "Scrubbing Up Well: An Interview with Marc Engel." *CPO Agenda*, Spring 2010. http://www.supplybusiness.com/previous-articles/spring–2010/features/interview-scrubbing-up-well/?locale5en

Messerschmidt, Marcus and Stüben, Jan. "Hidden Treasure: A Global Study on Master Data Management." PwC, November 2011.

Mount, Ian. "Men's Clothing Firm Wants to Expand into Online Sales." *New York Times*, November 2, 2011.

__________. *Next-Generation Supply Chains: Efficient, Fast, and Tailored.* Global Supply Chain Survey 2013, PwC, 2012.

Oerke, Erich-Christian. "Crop Losses to Pests." *The Journal of Agricultural Science*. Vol. 144 Issue 01 (February 2006): 31–43.

O'Marah, Kevin. "Collaborative Execution: Speed, Innovation, and Profitability." *SCM World*, March 2012.

__________. Our Company, Johnson & Johnson. Accessed December 6, 2012, http://www.jnj.com/connect/about-jnj/.

__________. "Operational Innovation: Fortune Favours the Brave." *Economist Intelligence Unit*, 2007.

Porteous, Angharad H., Rammohan, Sonali V., Cohen, Shoshanah, and Lee, Hau L. "Maturity in Responsible Supply Chain Management." Working paper. Stanford Global Supply Chain Management Forum, Stanford University, October 10, 2012.

Porter, Michael. *Competitive Advantage*. New York: Free Press, 1998. [M.E.ポーター『競争優位の戦略』土岐坤ほか訳, ダイヤモンド社, 1985年]

Riley, Michael and Vance, Ashlee."Inside the Chinese Boom in Corporate Espionage." *Bloomberg BusinessWeek*, March 15, 2012.http://www.businessweek.com/articles/2012–03–14/inside-the-chinese-boom-in-corporate-espionage

Roussel, Joseph and Vickers, Peter. "Capability Driven Operational Transformation: A New Approach to Large-Scale Change Management." PRTM, 2008.

Rowe, Nathaniel. "The State of Master Data Management 2012." Aberdeen Group, May 2012.

Samani, Mithun and Cayot, Brett. "The Best of Both Worlds: Strategies for a High-Service, Low-Cost Supply Chain." PwC, 2011.

Sentence, Andrew. "Time for West to Adjust to 'New Normal.'" Accessed November 1, 2012, http://www.ft.com/intl/cms/s/0/9213d8a4-d4d4–11e1-b476–00144feabdc0.html#axzz2Ay16urJX.

Shapiro, Benson P., Rangan, V. Kasturi, and Sviokla, John J. "Staple Yourself to an Order." *Harvard Business Review* (July–August 2004): 113–121.

Sharma, Sanjiv. "How to Manage and Mitigate Risk Using S&OP." Institute of Business Forecasting and Planning, May 10, 2011. Accessed January 7, 2013. http://www.demand-planning.com/2011/05/10/how-to-manage-and-mitigate-risk-using-sop/.

__________. Supply Chain Operations Reference Model, Revision 11.0. Supply Chain Council, October 2012.

"Supply-chain Management: Growing Global Complexity Drives Companies into the 'Cloud.'" *Knowledge@Wharton*, January 12, 2011. http://knowledge.wharton.upenn.edu/article.cfm?articleid52669

Tamino, Takahiro. "Nissan Production Way and Build-to-Order Systems: Comparative Study to Toyota System." July 3, 2010.

. "10Minutes on Business Continuity Management." PwC, 2012.

__________. "10Minutes on Supply Chain Flexibility." PwC, 2013.

__________. Tropicana Products, Inc. Accessed January 7, 2013. http://www.tropicana.com/#/trop_grovetoglass/grovetoglass.swf.

__________. Unilever Supply Chain Company, Unilever. Accessed December 6, 2012. http://www.unilever.ch/karriere/einstiegsmoeglichkeiten/supply_chain_company/.

__________. "Unilever supply chain in top 10 wereldwijd." Unilever. Accessed January 7, 2013. http://www.unilever.nl/media/persberichten/2012/UnileverSupplyChaininTop10wereldwijd.aspx.

Vandoorne, Jean-Léon. "Danone Bounces Out of the Slump." *Danone 09 Economic and Social Report* (2009): 43–51.

VanGilder, Suzanne. "Manufacturing IKEA Style." *Surface and Panel*. Accessed January

7, 2012. http://www.surfaceandpanel.com/articles/cool/manufacturing-ikea-style.

Vickers, Peter and Thomas, Charles. "Reducing Exposure." *PRTM Insight* (Fourth Quarter 2009): 24–32.

Wawszczak, Jakub and Hermans, Mark. "Gaining a Competitive Edge with Supply Chain Planning, Signals of Performance: Supply Chain." Performance Measurement Group, 2002.

__________, "The Wheels of Change: Questions & Answers with Ed Melching." *Inbound Logistics*, January 2011. http://www.inboundlogistics.com/cms/article/the-wheels-of-change-questions-and-answers-with-ed-melching/

Xerox Green World Alliance. "Managing supplies responsibly." Xerox Corporation, 2010. Accessed January 7, 2013. http://www.xerox.com/digital-printing/latest/GWAFL-01UA.pdf.

インタビュー

Christine Altimore (Kaiser Permanente), interview with Shoshanah Cohen and Julia Heskel, August 29, 2012.

Magali Anderson (Schlumberger), interview with Joseph Roussel, Marc Waco, and Julia Heskel, September 24, 2012.

Andreas Backhaus (BASF), interview with Joseph Roussel and Julia Heskel, August 8, 2012.

Stéphane Biquet (Schlumberger), interview with Joseph Roussel and Julia Heskel, September 20, 2012.

Jose Luis Bretones (McDonald's), interview with Shoshanah Cohen, June 27, 2012.

Claude Brignon (Essilor), interview with Joseph Roussel and Julia Heskel, August 7, 2012.

Natasha Cherednichenko (Schlumberger), interview with Joseph Roussel and Julia Heskel, October 3, 2012.

Henry Comolet (BASF), interview with Joseph Roussel and Julia Heskel, November 12, 2012.

John Egan (Lenovo), interview with Shoshanah Cohen and Julia Heskel, November 28, 2012.

Brooke Fan (Kaiser Permanente), interview with Shoshanah Cohen and Julia Heskel, August 29, 2012.

Greg Frazier (Avnet), interview with Shoshanah Cohen, June 26, 2012.

Carlos Garcia (Korn/Ferry International), interview with Shoshanah Cohen, May 15, 2012.

Liang Haishan (Haier), interview with Joseph Roussel, Lillian Wang, Craig Kerr, Helen

Zhang, and Julia Heskel, October 17, 2012.

Michael Innes (Kaiser Permanente), interview with Shoshanah Cohen and Julia Heskel, August 29, 2012.

Eric Javellaud (Essilor), interview with Joseph Roussel and Julia Heskel, July 16, 2012; September 16, 2012; and September 21, 2012.

Laurel Junk (Kaiser Permanente), interview with Shoshanah Cohen, August 10, 2012; and August 29, 2012.

Lim Chin Chye (Haier), interview with Joseph Roussel, Lillian Wang, Craig Kerr, Helen Zhang, and Julia Heskel, September 3, 2012; and October 16, 2012.

Tammy Macaluso (Schlumberger), interview with Joseph Roussel, Marc Waco, and Julia Heskel, October 25, 2012.

Traci May (BASF), interview with Joseph Roussel and Julia Heskel, November 23, 2012.

Geoff Meinken (Stanford University), interview with Shoshanah Cohen, September 30, 2012.

Carl Mount (Yum! Restaurants International), interview with Shoshanah Cohen, June 29, 2012.

Temara Peet (Schlumberger), interview with Joseph Roussel, Marc Waco, and Julia Heskel, October 4, 2012.

Robert Schlaefli (Exalt Communications), interview with Shoshanah Cohen, July 2, 2012.

Gerry Smith (Lenovo), interview with Shoshanah Cohen and Julia Heskel, September 4, 2012.

Phil Teijeira (Schlumberger), interview with Joseph Roussel and Julia Heskel, September 24, 2012.

Gérard Tourencq (Essilor), interview with Joseph Roussel and Julia Heskel, September 21, 2012.

Xiao Hui (Haier), interview with Joseph Roussel, Lillian Wang, Craig Kerr, Helen Zhang, and Julia Heskel, October 17, 2012.

Gray Williams (Oclaro), interview with Shoshanah Cohen, June 28, 2012.

Yang Qiaoshan (Haier), interview with Joseph Roussel, Lillian Wang, Craig Kerr, Helen Zhang, and Julia Heskel, October 17, 2012.

Zou Xiwen (Haier), interview with Joseph Roussel, Lillian Wang, Craig Kerr, Helen Zhang, and Julia Heskel, October 17, 2012.

詳細目次

鈴木慎介　Shinsuke Suzuki

PwC PRTM マネジメントコンサルタンツジャパン テクノロジーグループ担当ディレクター。大手機械メーカーでの事業開発、設計開発業務、大手投資ファンドでの投資、経営支援業務を経て当社に参画。20年近く一貫してテクノロジー企業の様々な経営課題に取り組んできた経験を活かし、戦略コンサルタントとしてSCM、R&D、M&A関係のコンサルティングプロジェクトをリード。東京大学工学部卒業（BE)、カリフォルニア大学アーバイン校経営大学院修了(MBA)。

訳者紹介

PwC PRTM マネジメントコンサルタンツジャパン

1976年に米国シリコンバレーで設立された経営コンサルティングファーム。事業戦略と実務をつなぐ、実務戦略（Operational Strategy）の重要性を提唱し、戦略・イノベーションにおける先駆的経営コンサルティングファームとして国際的に認められている。実務戦略の要素として、R&D、製品・サービスイノベーション、サプライチェーンマネジメント、マーケティングとセールスマネジメントおよびカスタマーサービスなどの幅広い分野でのコンサルティングを行っている。

所属するコンサルタントは、事業会社での実務経験持ち、理工系または医薬系のバックグラウンドを有していることが特徴。

東京オフィスは1999年に開設。2011年、世界最大級の会計・税務・アドバイザリーなどのプロフェッショナルサービスネットワークであるPwC（プライスウォーターハウスクーパース）のメンバーファームとなり、プライスウォーターハウスクーパース PRTMマネジメントコンサルタンツジャパンとなる。

http://www.pwc.com/prtm

PwC

世界157カ国758都市に195,000人以上のスタッフを有し、高品質な監査、税務、アドバイザリーサービスの提供を通じて、企業・団体や個人の価値創造を支援。

www.pwc.com

訳者チーム

西郷清和　シニア・アソシエイト

湯本隼士　シニア・アソシエイト

眞鍋亮子　マーケティング・マネジャー

著者紹介

ショシャナ・コーエン　Shoshanah Cohen

スタンフォード大学経営大学院グローバル・サプライチェーン・マネジメント・フォーラムのディレクター。専門分野はサプライチェーンの設計およびグローバルオペレーション戦略。PRTMマネジメント・コンサルティングではパートナーを務め、PRTMのグローバル・サプライチェーン・イノベーション事業を指揮した。スタンフォード大学でインダストリアル・エンジニアリングの学士号、ボストン大学で技術戦略の修士号、ハーバード・ビジネススクールでMBAを取得。

ジョセフ・ルーセル　Joseph Roussel

プライスウォーターハウスクーパース（PwC）の戦略およびオペレーション事業のパートナーを務め、企業の世界的オペレーションの変革に取り組む。PwCに所属する前は、PRTMマネジメント・コンサルティングのパートナーを務め、サプライチェーンマネジメントのための共通言語として「SCOR®モデル」の開発に携わった。現在はオペレーションのイノベーションや変革に関する幹部教育を定期的に実施。ルイジアナ州立大学、ブリュッセル自由大学、タフツ大学フレッチャースクールを卒業。

監訳者紹介

尾崎正弘　Masahiro Ozaki

PwC PRTM マネジメントコンサルタンツジャパン 代表パートナー。製造業（製薬、エレクトロニクス、機械、自動車、ソフトウェアを含む）におけるR&DおよびSCMを専門とする。大手エレクトロニクスメーカーにて13年間に渡り製品開発・事業開発に従事後、コンサルタントとして約15年のキャリアを持つ。各種マネジメント誌に論文を執筆する他、国内経営大学院においてオペレーション戦略等の講師を勤める。北海道大学工学部卒業、同大学院工学研究科修士課程修了（ME)。ノースウェスタン大学、ケロッグ経営大学院修了（MBA)、ノースウェスタン大学、マコーミック工学大学院修了（MEM)。

戦略的サプライチェーンマネジメント

競争優位を生み出す5つの原則

発行日	2015年 2月10日　第1版　第1刷
	2023年 2月10日　第1版　第4刷
著者	ショシャナ・コーエン、ジョセフ・ルーセル
監訳者	尾崎正弘《おざきまさひろ》、鈴木慎介《すずきしんすけ》
訳者	PwC PRTMマネジメントコンサルタンツジャパン
発行人	原田英治
発行	英治出版株式会社
	〒150-0022 東京都渋谷区恵比寿南1-9-12 ピトレスクビル 4F
	電話　03-5773-0193　　FAX　03-5773-0194
	http://www.eijipress.co.jp/
プロデューサー	山下智也
スタッフ	高野達成　藤竹賢一郎　鈴木美穂　下田理　田中三枝
	平野貴裕　上村悠也　桑江リリー　石﨑優木　渡邉吏佐子
	中西さおり　関紀子　齋藤さくら　下村美来
印刷・製本	大日本印刷株式会社
装丁	英治出版デザイン室
翻訳協力	株式会社アークコミュニケーションズ　辻仁子
校正	株式会社ぷれす
DTP	ガイア・オペレーションズ

ISBN978-4-86276-199-6　C0034　Printed in Japan